KB193752

지명을 읽으면 **성경**이 보인다

지명을 읽으면 **성경**이 보인다

5 예루살렘에서 밧모까지

초판 1쇄 인쇄 2016년 10월 20일 **초판 1쇄 발행** 2016년 10월 30일

지은이 한기채 **펴낸이** 연준혁

펴낸곳 (주)위즈덤하우스 **출판등록** 2000년 5월 23일 제13-1071호
주소 경기도 고양시 일산동구 정발산로 43-20 센트럴프라자 6층
전화 031)936-4000 **팩스** 031)903-3893
홈페이지 www.wisdomhouse.co.kr
종이 월드페이퍼 **인쇄·제본** (주)현문 **후가공** 이지앤비

값 17,000원
ISBN 978-89-94806-06-8 04230
　　　 978-89-961233-9-2 (세트)

* 위즈덤로드는 (주)위즈덤하우스의 기독교 전문 브랜드입니다.
* 잘못된 책은 바꿔드립니다.
* 이 책의 전부 또는 일부 내용을 재사용하려면 반드시
  사전에 저작권자와 (주)위즈덤하우스의 동의를 받아야 합니다.

국립중앙도서관 출판시도서목록(CIP)

지명을 읽으면 성경이 보인다. 5. 예루살렘에서 밧모까지 /
지은이: 한기채. ― 고양 : 위즈덤로드 : 위즈덤하우스, 2016
　 p. ;　 cm

위즈덤로드는 위즈덤하우스의 기독교 전문 브랜드임

ISBN 978-89-94806-06-8 04230 : ₩17000
ISBN 978-89-961233-9-2 (세트)

성서 역사[聖書歷史]
성서 지리[聖書地理]

233.09-KDC6
220.9-DDC23　　　　　　 CIP2016023553

지명을 읽으면 성경이 보인다

5 예루살렘에서 밧모까지

한기채 지음

위즈덤로드

추천사

이스라엘에 근무하며 성지의 구석구석을 다녀볼 수 있었던 것은 엄청난 축복이었다. 히브리어에 대한 지식이 생기면서 성지의 지명들이 단순히 고유명사가 아니라 특별한 뜻을 갖고 있다는 것을 발견하며 감동하기도 했다. 한기채 목사님이 학자로서의 탐구 정신과 목회자로서의 영성을 결합시켜 집필한 『지명을 읽으면 성경이 보인다』는 구약과 신약 시대의 지리적, 인문적 환경을 상상하는 데 긴요한 열쇠인 지명들을 통해 우리를 그 시대로 바로 안내해준다. 성경의 말씀을 보다 입체적으로 음미하고 가슴에 더 가까이 와 닿게 하는 특별한 지침서로서 매우 소중하게 여겨 기쁨으로 추천한다.

김일수 | 주 이스라엘 대사

성경의 지명을 이해하면 성경이 새롭게 열린다. 하나님은 사람과 사건과 장소를 따라 일하신다. 성경에 나오는 모든 장소에는 의미가 있다. 하나님께는 우연은 없고 섭리만 있을 뿐이다. 저자는 성경의 지명에 의미를 부여해 줌으로써 성경을 잘 이해할 수 있도록 도와준다. 이 책은 만남의 책이다. 구약과 신약이 만나고, 하나님과 인물이 만나고, 장소와 사건이 함께 만나 구속사를 펼쳐간다. 저자는 설교자요, 학자요, 예술가다. 저자는 이 책 속에 성경과 지리와 그림과 문학을 함께 담았다. 그리고 무엇보다 하나님의 손길을 담았다. 이 책은 성경을 이해하도록 도와주는 안내자요, 성경을 읽는 눈을 열어 주는 빛 같은 책이다.

강준민 | LA새생명비전교회 담임목사

성경의 바른 이해를 위해서는 무엇보다도 균형 있는 성경해석이 필요하다. 바른 성경해석 방법으로 빼놓을 수 없는 것이 성경의 지리적 요소이다. 이번에 출간된 한기채 목사의 『지명을 읽으면 성경이 보인다』는 그런 필요를 충족시켜 주는 강해설교집이다. 성경의 지명 설명과 함께 삽입된 명화와 사진 그리고 지도들은 쉽고 재미있게 성경을 풀어주는 시청각 자료 역할을 톡톡히 하고 있다.

권혁승 | 서울신학대학교 구약학 교수, 성결교회성서연구원장

신약성경에서 발생하는 사건들의 무대는 대부분 지중해 사회(Mediterranean society)와 그레꼬-로마 세계(Greco-Roman World)라고 불리는 로마제국의 광범위한 지역이다. 이 것은 지리(geography)와 이동성(movement) 문제에 주목할 때 보다 참신한 독서가 가능 함을 암시한다. 이처럼 성경 읽기에서 중요한 모티프를 적용한 구약 시리즈(3권)를 출 간해 호평(好評)받은 저자는 소위 지리적 강해라는 관점에서 읽어낸 금과옥조(金科玉 條)의 정보를 다시 축적하여 신약 시리즈(2권)를 탄생시켰다. 본서는 영적 독서를 위 한 최상의 안내서를 기대하는 평신도들과 실물설교의 전범(典範)을 갈망하는 설교 자들에게 필독서임에 틀림없다.

윤철원 | 서울신학대학교 신학전문대학원, 신약학 교수

이 책은 성경의 지명과 성경 본문 그리고 오늘의 메시지가 절묘하게 결합된 수작이 다. 성경의 내용을 지명을 중심축으로 해설하는 최초의 시도로 그 기발한 아이디어 에 저절로 감탄이 나온다. 지명과 결부된 성경해석이라는, 성경해석의 새로운 지평 이 성공적으로 펼쳐지고 있는 점도 놀랍다. 게다가 적절하게 제시된 관련 성화(聖畵) 와 그에 대한 해박한 해설, 그리고 한기채 목사의 삶으로 해석된 진솔한 고백도 이 책의 독창성과 가치를 한껏 드높여준다. 모든 독자들을 성경의 세계로 초대하는 탁 월한 시도로 보여서 적극적으로 추천한다.

차준희 | 한세대학교 구약학 교수, 한국구약학연구소장

한기채 박사의 학자적 탐구가 목회 현장에서의 영성적 통찰에 의해 열매를 맺어 『지명을 읽으면 성경이 보인다』라는 책으로 나왔다. 그래서 기대를 하게 된다. 고대 이방종교들이 신화에 근거한 것들이었다면, 특별히 신구약성경의 하나님 계시는 역 사적 사건 위에 서 있다. 바로 그 구원사는 이스라엘이라는 지리적 공간과 그 시간 에서 인간을 통해 일으키신 하나님의 사건으로 구성되었다. 그렇다면 성경의 배경 인 지리와 지명을 바로 알고 깨닫는 것은 하나님의 계시를 바로 이해하는 통로가 된다. 이 책을 읽고 따라가다 보면 하나님의 섭리와 우리에게 주시는 메시지를 확인 하게 될 것이다.

최종진 | 전 서울신학대학교 총장, 한국기독교학회장

일러두기
·본문에 사용된 한글성경은 개역개정 제4판을 참조했습니다.
·지명 및 고유명사 표기는 개역개정판 한글성경의 표기에 우선하여 사용했습니다.

머리말

학창시절, 저는 지리를 지지리도 못했습니다. 지리 과목이 차지하는 비중이 다른 과목들에 비해 그렇게 크지 않았던 교육 현실도 그렇지만, 조그만 시골에 살면서 지리 과목을 굳이 열심히 해야 할 필요성을 별로 느끼지 못했던 것 같습니다. 그러나 미국에 유학을 갔을 때, 그들의 생활에서 지도와 날씨가 얼마나 중요한 비중을 차지하는가를 보면서 저도 차츰 그 생활에 익숙하게 되었습니다. 세계 각 지역을 여행하면서 지정학적인 요소가 얼마나 그들의 역사나 문화에 중요한 영향을 미치는가를 보면서 지리적인 요소와 삶의 양태에 대해 많은 관심을 갖게 되었습니다.

개인사에서 지리적인 요소가 차지하는 비중도 만만치 않지만, 성경의 이해에 있어서도 지정학적인 요소는 나라와 역사의 승패는 물론이고, 그 방향마저 좌우할 정도로 매우 중요한 역할을 하는 것을 보게 됩니다. 이것은 성경의 기록이 지정학적인 위치에서 생긴 사건 현장에서 나오기 때문입니다.

성경에 나오는 대부분의 지명들은 그곳에서 일어난 의미 있는 사건들을 설명하고 있습니다. 사건이 먼저 있었든지, 그 사건 때문에 이름이 그렇게 바뀌었든지 간에 사건과 지명이 서로 밀접한 관계에 있는 경우가 많습니다. 사건이 지명이 되고, 지명이 사건을 설명해 주는 함수관계를 이루고 있는 것입니다. 그러므로 어떤 지역과 그 지역을 배경으로 하는 사건을 하나님의 말씀 속에서 살펴보면 성경의 이야기가 살아 움직이며 더욱 현장감 있게 다가옵니다. 이런 면에서 성경은 지리학이라고 할 수 있습니다.

기독교 신앙은 역사적 신앙사건에 근거하고 있고, 거기에서 인물과 현장은 매우 중요하게 다루어집니다. 그러므로 신앙사건을 인물과 현장 중심으로 풀어내는 것은 말씀의 현장성을 높여 주고 그 말씀을 실천으로 옮기는 데 도움을 줍니다.

그러므로 성경의 지리를 아는 것이야말로 성경을 잘 이해할 수 있는 지름길이라 할 수 있습니다. 성경 현장을 답사하는 것은 책으로 읽고 귀로만 듣던 하나님의 말씀을 입체적으로 보고 느끼고 체험할 수 있는 기회를 갖는 것입니다.

성경 현장답사는 기독교 신앙인이라면 한 번쯤 계획하고 꿈꾸어볼 가치가 있는 일입니다. 따라서 저는 이 가치 있는 일의 사전 답사 차원에서 성경의 순서와 지명을 따라가면서 그곳을 배경으로 어떤 사건들이 벌어졌는지 살펴보는 '지명강해'를 시도해 보았습니다. 물론 모든 지명을 다룰 수 없어서 선별하여 신앙적으로 중요한 사건이 일어난 지역을 골라서 엮어 보았습니다. 이 지명강해의 여정을 따라가는 동안 어쩌면 우리는 뜨거운 모래바람 때문에 입속에서 어석거리는 모래를 느낄 수 있을지도 모르겠습니다. 또 어떤 때는 사건 속의 주인공과 함께 긴 여정 끝에 오아시스에 도달하여 달디단 물맛의 진수를 경험할 수도 있을 겁니다.

이 여정을 통해 성경의 사건들이 현장감 있게 전달되어 성경을 관념적·이론적으로만 이해하는 데서 그치는 것이 아니라, 성경에 대한 이해를 일상생활에 적용하고 실천하는 데 도움이 되기를 바랍니다. 저는 평소에 말씀을 효과적으로 전달하기 위해서 실물 설교 방식인 '쇼엔텔'(show and tell, 보여 주며 말하기)을 즐겨했습니다. 여기에서도 지도나 그림들을 동원하여 이해를 돕도록 하였습니다. 전개해 가는 방식은 이야기식입니다. 성경을 이론이나 관념으로 풀어내지 않고 이야기로 풀면 체험에 훨씬 가깝게 도달할 수 있습니다.

사실 신앙 체험에서 이야기가 나왔고, 이야기에서 상징으로, 그리고 이론이나 원리로 발전합니다. 따라서 이론으로 체험을 나누기에는 너무 멀기 때문에 소기의 목적을 달성하기가 어렵습니다. 이야기가 체험에 가장 가깝기 때문에 이야기 형식을 통해 생생한 경험인 감동, 긴장, 흥분, 실망, 반전, 공감을 쉽게 나눌 수 있습니다. 더구나 성경이 기록되기 이전에 구전의 이야기로 오랜 세월 동안 전해진 것을 감안한다면 성경은 이야기로 들어야 제 맛을 느낄 수 있는 것입니다. 그래서 저의 증언은 귀납법적 이야기식 강해설교라고 할 수 있습니다. 여기에서 말씀은 지도이고 성령은 위치를 조명하는 장치로 자동위성항법장치(GPS) 같은 역할을 하고 있습니다.

지도 따라, 사람 따라, 사건 따라 말씀을 생동감 있게 경험할 수 있는 기회를 누리시길 바랍니다.

이 책이 이렇게 나오기까지 많은 분들의 수고와 도움이 있었습니다. 말씀을 경청해 준 중앙교회 성도님들, 원고 정리를 도와준 김재명 목사님, 추천해 주신 선후배 목사님들, 그리고 좋은 책을 만들어 주신 위즈덤하우스 박선영 부사장님과 편집부에 감사드립니다.

역사와 지리 따라 성경 꿰뚫어 읽기

성경은 그 자체로서 기적입니다. 지구 상에 이런 책은 없었습니다. 성경 66권은 장장 1400년의 세월 동안, 3개 대륙에 걸쳐 살던 40여 명의 기자(記者)들이 3개 이상의 언어로 기록한 책입니다. 시공간이 달라 일면식(一面識)도 없던 사람들이 쓴 것임에도 불구하고 성경의 모든 책들은 하나님의 구원사, 즉 예수 그리스도를 믿는 믿음으로 말미암는 구원을 일관되게 말하고 있습니다. 성경의 주인공은 예수님이고, 성경의 내용은 하나님의 사랑이며, 말씀의 목적은 우리의 구원입니다. 사실 인간들을 통해 하늘에 속한 신령한 복을 계시하신 궁극적 저자(著者)는 하나님이십니다. 오직 이 책을 통해서 인류는 구원의 길, 진리의 길을 발견합니다. 이 책은 만고불변의 베스트셀러이자 스테디셀러이며, 인류 역사상 가장 많이 배포되어 읽혀진 책입니다.

성경은 우주만물과 인간을 만드신 창조주 하나님이 우리에게 주신 매뉴얼입니다. 이 매뉴얼에는 만물의 작동 원리만이 아니라 인간의 생명 원리도 담겨 있습니다. 이 사용설명서를 숙지하지 못하면 잠재되어 있는 그 많은 은혜와 풍성한 생명을 누리지 못하게 됩니다. 그러나 성경의 그 방대한 공간과 시간을 혼자서 여행하기에는 힘이 듭니다. 그래서 저는 성경에 대한 가이드가 되는 책을 5권으로 나누어 집필했습니다.

현대의 많은 사람들은 자신의 이야기에서 앞과 뒤를 잃어버린 채 살아가고 있습니다. 그래서 인생이 나가야 할 방향도 모르고, 살아가는 의미도 잃은 채 방황하고 있습니다. 내 인생의 잃어버린 이야기를 찾아야, 내 생명과 인생의 좌표를 설정하고 올바른 방향으로 항해할 수 있습니다. 성경은 우주만물의 기원으로부터 마지막 날까지의 일들이 어떻게 전개될지를, 하나님의 관점과 영원의 관점에서 우리에게 알려 줍니다. 따라서 성경은 내 이야기 전에 무엇이 있었으며, 내 이야기 후에 무엇이 전개될 것인가를 알려 줍니다. 뿐만 아니라 여기 하나님의 거대한 이야기를 읽는 동안에, 내 이야기와의 만남이 발생하고 그곳에서 주시는 말씀이 실시간으로 나타납니다. 이렇게 우리는 하나님의 이야기에서 내 자리를 찾고, 그 거대한 이야기 속으로 합류되어 들어가야 합니다. 처음에는 내가 성경을 읽어가지만 읽는 중에 주체가 바뀌어 성경이 나와 세상을 읽어 주는 것을 느낄 수 있습니다. 성경 바로 읽기는 성경으로 나를 읽고, 성경으로 세상을 읽는 것입니다. 하나님은 성경을 우리 삶의 표준으로 삼으라고 주셨습니다. 말씀으로 자신을 알고 세상을 해석하면서 살라고 주신 것입니다. 말씀은 우리를 비추어 주는 거울이요, 넓은 세상을 보여 주는 창입니다. 말씀은 우리의 몸을 입고 싶어 합니다. 이것이 말씀의 육화입니다. 말씀을 삶으로 읽을 때, 말씀은 생생하게 살아서 역사합니다. 하나님을 사랑하는 것은 하나님이 주신 말씀을 귀하게 여기고 말씀에 순종하는 것입니다. 말씀을 기뻐하고 말씀대로 사는 것이 우리에게 복이요 생명입니다. 말씀을 환대하면 말씀이 더욱 풍성해지고, 이전에 알지 못했던 신비스러운 언약들이 삶에 이루어집니다.

1911년에 신구약 성경이 한글로 완역되었으니, 제가 목회하는 중앙교회가 창립된 1907년은 아직 성경 전체가 우리말로 옮겨지지 않은 때입니다. 그만큼 성경이 귀했고 말씀을 사모하는 마음이 지극했습니다. 그러나 말씀의 홍수 시대인 지금은 오히려 말씀 귀한 줄을 모르고, 말씀을 경시합니다. 역설적이게도 말씀의 홍수 시대에 말씀에 대한 갈증도 깊어지고 있습니다. 홍수에 마실 물이 없는 격입니다. 2017년은 중앙교회 창립 110주년이자 종교개혁 500주년입니다. 이번 기회에 개혁교회의 전통을 따라 말씀으로 돌아가는 운동이 일어났으면 좋겠습니다. 모든 교우가 성경 전체를 통독하는 운동이 일어났으면 합니다.

　하나님의 말씀은 진공 상태나 책상 위에서 주어진 것이 아닙니다. 그것은 구체적이며 역사적인 시공간 속에서 벌어진 사건을 통해 계시되고 전달된 이야기입니다. 저는 지난 6년간 성경의 대서사시를 구약 3권, 신약 2권, 총 90개 장으로 나누고, 역사적인 흐름에 따라 중요한 사건과 사람을 이야기 형식으로 풀어냈습니다. 역사의 흐름을 따르며, 특정 지역에 배인 신앙 사건의 향기를 추적하였으니, 성경을 꿰뚫어 읽으려는 분들에게는 성경 통독의 좋은 길잡이가 될 것입니다. 지리적으로 보면 에덴(메소포타미아로 추정됨), 바벨론(현재 이라크)에서 시작하여 아라랏 산, 하란(현재 터키)을 거쳐 가나안(현재 이스라엘) 그리고 이집트, 다시 가나안과 소아시아 터키를 거쳐 유럽으로 가는 여정을 추적하면서, 신구약을 역사서 중심으로 순차적으로 개괄했습니다.

　사도행전의 교회는 선교적 교회였고 모든 신자는 선교사적 삶을 살았습니다. 교회 시대에는 안디옥 교회를 중심으로 소아시아와 로마와 스페인을 향한 여정이 나와 있습니다. 요한계시록은 재림을 소망하는 바람직한 교회와 성도의 모습을 제시하고 있습니다. 결국 복음은 유럽과 미국을 지나 한국과 중국, 인도, 중동, 이스라엘로 향하

고 있습니다. 에덴에서 시작된 것이 이제 새 에덴을 소망하면서 요한
계시록에서 대장정을 마치게 됩니다.

 어떤 성경 가이드도 성경을 직접 읽는 것만 못합니다. 다만 이 시리
즈가 여러분의 성경 통독에 도움이 되었으면 좋겠습니다. 성경을 읽
을 때 성령의 감동과 조명하심으로 그 말씀이 깨달아지고, 그 말씀이
여러분의 생각, 지혜, 언어, 삶이 되기를 바랍니다. 여기에 기록된 모
든 말씀의 복과 은혜가 평생에 넘쳐나시길 바랍니다. 아멘.

2016년 10월
한기채

차례

추천사 4

머리말 7

책머리에_ 역사와 지리 따라 성경 꿰뚫어 읽기 11

19 예루살렘 Jerusalem 오순절의 사람 18

20 다메섹 Damascus 나의 택한 그릇 40

21 욥바와 가이사랴 Joppa and Caesarea 더 넓은 비전 66

22 안디옥 Antioch 복음의 전진기지 90

23 루스드라 Lystra 우리도 여러분과 같은 사람이라 110

24 빌립보 Philippi 어떻게 하여야 구원을 받으리이까? 134

25 아덴 Athens 알지 못하는 신에게 154

26 고린도 Corinth 하나님의 말씀에 붙잡혀 180

27 에베소 Ephesus 너희가 믿을 때에 성령을 받았느냐 200

28 로마 Rome 예수님을 위한 죄수 바울 220

29 밧모 Patmos 성령에 감동되어 246

30 에베소 교회 The Church of Ephesus 처음 행위를 가지라 266

31 서머나 교회 The Church of Smyrna 네가 죽도록 충성하라 286

32 버가모 교회 The Church of Pergamum 진리를 수호하는 교회 308

33 두아디라 교회 The Church of Thyatira 나날이 좋아지는 교회 332

34 사데 교회 The Church of Sardis 살아 있는 교회 350

35 빌라델비아 교회 The Church of Philadelphia 열린 교회 376

36 라오디게아 교회 The Church of Laodicea 열심을 내는 교회 400

예루살렘 옛성 지역

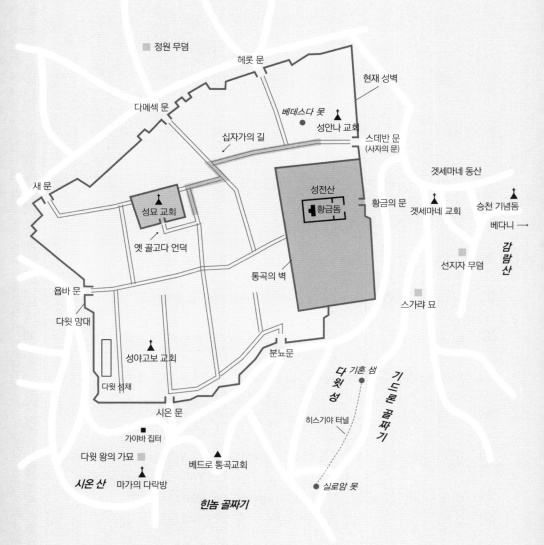

정원 무덤

헤롯 문

다메섹 문

현재 성벽

베데스다 못
성안나 교회

십자가의 길

스데반 문
(사자의 문)

겟세마네 동산

새 문

성전산

겟세마네 교회

승천 기념돔

성묘 교회

황금돔

황금의 문

베다니 →

옛 골고다 언덕

감람산

선지자 무덤

욥바 문

통곡의 벽

스가랴 묘

다윗 망대

성야고보 교회

분뇨문

기혼 샘

다윗성

기드론 골짜기

다윗 섬채

히스기야 터널

시온 문

가야바 집터

다윗 왕의 가묘

베드로 통곡교회

실로암 못

시온 산

마가의 다락방

힌놈 골짜기

예루살렘
Jerusalem

오순절의 사람
사도행전 2:1-13

성령 시대의 시작

예수님의 생애에 대한 그림 중 승천은 상대적으로 적게 그려졌습니다. 예수님의 승천은 사도행전 1장에 기록되어 있는데, 예루살렘의 감람산 꼭대기에서 제자들이 지켜보는 가운데 올라가셨습니다. 부활하신 예수님이 왜 승천하셔야 했을까요? 요한복음에 그 이유가 나와 있습니다. 고별 설교에서 예수님은 자신이 아버지께로 돌아갈 것이며 자신이 떠나가는 것이 오히려 제자들에게 유익하다고 말씀하셨습니다.

그 이유는 예수님이 가시면 성령이 오시기 때문입니다. 예수님이 승천하시고 열흘 뒤에 마가의 다락방에 성령이 임하신 것은 약속과 성취라는 관점에서도 살펴볼 수 있습니다.

아버지 품으로 돌아가신 예수님은 이제 성부와 함께 계십니다. 따라서 성부의 형상은 그리지 않는다는 불문율에 따라 부활 승천하신 예수님의 모습을 잘 그리지 않았던 것입니다. 중세에는 바위나 모래 위에 난 발자국을 통해, 혹은 화면 상단에 두 발만 그림으로써 승천 하시는 예수님을 보여 주려 했습니다.

그러나 렘브란트는 대담하게 승천하시는 모습을 그렸습니다. 전체 화폭 구성도 의미가 있습니다. 상단은 아치형으로, 하단은 사각형으 로 그렸는데, 이는 각각 하늘과 땅을 상징하는 것입니다. 흰옷을 입은 예수님이 하늘을 바라보며 공중으로 부양하십니다. 자세히 보면 예 수님의 손에는 못자국이 있습니다.

예수님이 구름을 타고 오르시고, 천사들은 구름을 받들어 올리는 모습이 재미있습니다. 아마도 부활하신 예수님이 몸으로 부활하셨음 을 보여 줌으로써 가현설(docetism)의 허구성을 드러내려는 듯합니다. 예수님이 바라보시는 천상에는, 성부가 태양처럼 비취고 성령이 비둘 기같이 임하고 있습니다. 성부, 성자, 성령이 빛 가운데 계십니다. 예 수님의 승천 이후에 성령이 임하실 것을 암시하고 있습니다.

성령은 예수님이 세례를 받으실 때도 비둘기처럼 임하셨습니다. 비 둘기는 거룩하신 성령의 성품을 드러내고 있습니다. 승천하시는 예수 님을 우러러 바라보는 제자들의 표정에는 놀라움이 가득하지만 두려 움보다는 경외감이 더 커 보입니다. 예수님의 승천으로 예수님의 공 생애는 종결되고 이제 바야흐로 성령의 시대가 시작됩니다. 성령의 임 재가 임박했습니다. 예수님을 대신해서 성령이 오순절에 임하십니다.

성령을 받은 날
유대교에서 오순절은 본래 하나님께 첫 보리 수확을 드리고 50일이

......
「예수 승천(The Ascension)」, 1636, 렘브란트(Rembrandt Harmenszoon van Rijn), 캔버스에 유화, 92.5×68.5cm, 알타 피나코텍, 뮌헨.

예수 승천 기념돔 | 건물 안 중앙에는 예수님이 승천하실 때의 발자국이 남았다고 전해지는 바위가 있다.

되는 칠칠절이며 맥추절인데, 예루살렘 성전 파괴(주후 70년) 후에는 모세가 율법을 전수받은 날을 기념하는 감사절기로 바뀌었습니다.

부활하신 예수님은 40일간 지상에서 활동하시다가 승천하시면서 제자들에게 '약속한 성령'을 기다리라고 하셨습니다. 제자들은 예수님의 명령에 순종하여 '마가의 다락방'에 모여 간절히 기도하며 기다리다가 열흘 뒤에 성령을 체험하게 됩니다. 제9일까지도 아무 징조가 보이지 않았는데 10일째가 되자, 임계점에 도달한 물이 끓기 시작하듯 성령의 역사가 나타났습니다.

기도가 쌓이고 믿음이 준비된 후에 성령이 임하신 것입니다. 그러므로 우리는 약속하신 말씀을 붙들고 성령이 임하실 때까지 믿음의 분량, 기도의 분량을 채워야 합니다. 오순절은 초대교회의 시발이 된 성령강림절이기도 합니다. 그래서 기독교에서는 오순절을 성령 받은 날로 기념하여 지킵니다. 예수님의 부활 이후 50일이 되는 날입니다.

구약 백성이 '율법을 받은 날'로 기념했던 날을, 신약 백성은 '성령을 받은 날'로 기념하게 되었습니다. '돌에 새긴 것'에서 '마음에 새긴 것'으로, 하드웨어에서 소프트웨어로, 율법의 종교에서 성령의 종교로 바뀌었습니다.

이는 교회가 시작된 날이기도 합니다. 성령이 임하심으로써 교회가 태동하게 되었으니, 성령 시대와 교회 시대가 동시에 시작된 것입니

....
「최후의 만찬(The Last Supper)」, 1495-1498, 레오나르도 다 빈치(Leonardo da Vinci), 회반죽에 템페라화, 460×880cm, 산타마리아 델레 그라치에 수도원, 밀라노.

다. 최후의 만찬 자리에 참여했던 사람을 기준으로 보면 배신자 가룟 유다의 자리를 맛디아가 대신했고, 예수님의 빈자리를 성령이 채우십니다. 사도행전의 초반은 이와 같이 빈 두 자리를 채우는 데서 시작됩니다.

'마가의 다락방'은 예루살렘 성 시온 문에서 바깥쪽으로 100미터 정도 되는 곳에 있습니다. 여기에 나오는 마가는 마가복음의 저자이며, 바나바의 생질이기도 합니다. 그는 사도 바울과 함께 제1차 선교여행을 갔다가 중도에 포기하고 돌아왔던 적이 있습니다. 하지만 이후에 베드로와 함께 로마에서 사역을 했고, 바울과도 화해를 했다고 알려져 있습니다. 마가의 다락방은 라틴어로 '키나쿨룸'(cenaculum) 즉 '식당'으로 불리는데, 예수님은 로마군에 잡히시기 전에 제자들과 최후의 만찬을 이곳에서 나누셨습니다. 또한 예수님의 승천 이후에 가룟 유다를 대신하여 맛디아를 열두 제자 그룹에 가입시킨 곳이며, 120명의 성도들이 열흘 동안 간절히 기도하다 성령의 임재를 체험한 곳이기도 합니다.

현재 마가의 다락방은 2층 석조 건물로 되어 있는데, 안쪽은 로마네스크 양식입니다. 홀 중앙에 기둥이 세 개 있고 주위 벽을 따라 세워진 기둥들은 곡선으로 연결되어 아치를 이루면서 천정을 받치고 있습니다. 주후 70년 로마의 티투스 장군이 예루살렘을 정복하는 과정에서도 해를 입지 않았지만 페르시아 군대의 침입으로 많은 부분이 파괴되었고(614년), 십자군이 예루살렘을 정복한 뒤 1176년에 다윗 왕의 가묘를 아래층에 모시고 2층은 현재와 같은 모습으로 꾸미게 되었습니다.

성서 현장을 다니는 이들은 가는 곳마다 기도를 하지만 특별히 마

마가의 다락방

가의 다락방에서는 더욱 뜨겁게 기도하는 모습을 볼 수 있었습니다. 이곳에서 기도하다가 강력한 성령의 임재를 체험했기 때문입니다. 그래서 홀로 혹은 단체로 기둥과 벽을 향하여 기도하는 모습을 많이 보게 되는 곳이 마가의 다락방입니다.

오순절의 사람들

사도행전의 저자인 누가는 자신이 쓴 복음서인 누가복음 24장 49절에서 예수님의 마지막 당부를 소개하고 있습니다.

> 내가 내 아버지께서 약속하신 것을 너희에게 보내리니 너희는 위로부터 능력으로 입혀질 때까지 이 성(예루살렘)에 머물라

제자들은 이 말씀에 순종하여 예루살렘에 있는 마가의 다락방에 올라가 마음을 같이하여 오로지 기도에 힘썼습니다. 그 결과 오순절에 모든 제자들은 '위로부터 능력'을 힘입게 되었습니다. 그들 모두 '오순절의 사람'이 되었습니다.

오순절의 사람은 위로부터 오는 능력을 힘입은 사람입니다. 베드로의 경우만 보아도, 위로부터 오는 능력을 힘입기 이전에는 어린 여종 앞에서도 예수님을 부인하는 나약한 사람이었습니다. 그러나 성령의 능력을 힘입은 후에는 그의 설교를 듣고 3,000명씩 회개하고 돌아오는 다이나마이트(헬. 두나미스) 같은 능력의 소유자가 되었습니다.

성령은 하나님이 세상을 창조하실 때부터 운행하며 역사하셨지만 구약 시대에는 특정한 사람에게 특별한 일을 위하여 일시적으로 임하셨습니다. 구약의 사사들, 선지자들은 다 '여호와의 신'이 임할 때 하나님의 역사를 나타냈습니다. 옷니엘에게 "여호와의 신이 임했고"(삿 3:10), 입다, 기드온, 삼손(삿 11:29, 14:6, 15:14)에게도 성령이 임했습니다. 사람이 감당할 수 없는 위대한 일은 오직 하나님의 영으로 됩니다.

> 만군의 여호와께서 말씀하시되 이는 힘으로 되지 아니하며 능력으로 되지 아니하고 오직 나의 영으로 되느니라(슥 4:6)

사울이 사무엘을 만났을 때 "하나님의 신이 사울에게 크게 임했으며"(삼상 10:6, 10), 나중에 하나님의 신은 사울을 떠나 다윗에게 임하여 "다윗이 여호와의 신에 크게 감동"(삼상 16:13)하였습니다. 구약의 선지자들은 하나님의 신에 크게 감동된 사람들이었습니다. 이들은 말하자면 구약에 살았던 오순절의 사람들입니다.

오직 나는 여호와의 신으로 말미암아 권능과 공의와 재능으로 채움을 얻고(미 3:8)

위로부터의 능력

능력은 '위'로부터 옵니다. 온갖 좋은 것은 하늘로부터 옵니다.

온갖 좋은 은사와 온전한 선물이 다 위로부터 빛들의 아버지께로부터 내려오나니 그는 변함도 없으시고 회전하는 그림자도 없으시니라(약 1:17)

위로부터의 능력을 입기 전과 그 이후의 삶은 전적으로 다릅니다. 위로부터의 능력을 힘입지 않고서는 신앙생활도, 교회의 부흥도, 능력 행함도, 어떠한 기적도 나타날 수가 없습니다.

요엘 2장 28-29절에 이미 "그때에 내가 또 내 신으로 남종과 여종에게 부어줄 것"을 약속하셨고, 사도행전 2장 33절에서는 "하나님이 오른손으로 예수를 높이시매 그가 약속하신 성령을 아버지께 받아서 너희 보고 듣는 이것을 부어주셨느니라"고 했습니다.

성령의 임함은 물을 붓는 것에 빗대어 표현됩니다. 물은 위에서 아래로 부어집니다. 갈멜 산 엘리야의 제단에서 불이 위로부터 아래도 내려오는 것은 자연적 발화와는 달리 하늘로부터 내리는 것임을 보여줍니다.

위로부터 임하는 능력은 바로 성령의 능력입니다. 제자들은 오순절에 능력을 받았습니다. '오순절 이후' 그들은 능력 있는 사람이 되었습니다. 위로부터 능력이 임하지 않고서는 우리의 문제가 해결되지 않습니다. 우리가 거듭나는 것도, 성령의 능력도 위로부터 납니다.

아래에서 오는 힘인 건강, 지식, 권력, 물질로는 충분하지 않습니다. 세상에서 오는 힘보다 하늘에서 오는 힘을 받아야 합니다. 위로부터 임하는 성령의 능력(영력)과 세상의 힘은 하늘과 땅 차이입니다. 인간의 능력으로 하는 일과 성령이 오셔서 하는 일은, 비유하자면 삽과 포크레인의 차이입니다. 포크레인으로 한 번 떠내는 분량은 삽질 수천 번에 해당합니다. 하지만 성령의 능력은 이런 비교조차도 뛰어넘는 놀라운 일을 행하는 것입니다.

우리 모두 이런 오순절의 사람이 되길 원합니다. 교회사에서 웨슬리, 찰스 피니, 무디, 이성봉 목사님 같은 사람들이 다 오순절의 사람입니다. 오순절의 성령 강림은 예수님의 약속을 믿는 무리가 한 마음이 되어 같은 장소에서 합심해서 10일 동안 기도할 때 일어났습니다.

이 약속은 그들에게만 주어진 것이 아닙니다. "이 약속은 너희와 너희 자녀와 모든 먼 데 사람 곧 주 우리 하나님이 얼마든지 부르시는 자들에게"(행 2:29) 주어진 것입니다. 그러므로 우리들도 같은 약속을 붙들고 한 마음으로 열심히 기도하면 오순절 성령 강림을 똑같이 체험할 수 있습니다.

오순절의 체험

마가의 다락방에 모였던 성도 120명은 세 가지 신비한 체험을 했습니다.

■ 바람 같은 성령

첫째는 '청각적인 것'으로, 급하고 강한 바람이 부는 소리를 들었습니다(sound). '바람 같은 성령'입니다. 그것은 집안에 있던 모든 사람이 느낄 수 있을 정도로 세찬 바람이었습니다. 그들은 닫혀진 방 안에 있었기 때문에 그 안에서 바람이 부는 소리를 들었다는 것은 참으로 신비로운 일입니다.

'바람'이라는 단어는 헬라어(프뉴마)와 히브리어(루아흐) 모두에서 '영'(sprit)과 깊은 연관을 맺고 있는 동족어입니다. 바람은 곧 영이요 숨이요 생명이라는 의미입니다. 오순절에 불었던 바람은 '생명의 기운'을 의미합니다. 바람이신 성령은 우리의 영혼에 생명을 불어넣으십니다.

이러한 성령의 작용은 이미 하나님의 창조 이야기(창 2장)에 나와 있습니다. 하나님이 진흙으로 사람을 빚으신 이후 그 코에 생기를 불어넣으시자 비로소 사람이 영적으로 살아 있는 존재(=생령)가 되었다는 기사는, 사람 안으로 들어간 생명의 기운, 즉 하나님의 영이 인간 생명의 기원임을 보여 주는 대목입니다. 에스겔 또한 마른 뼈들이 하나님의 숨으로 말미암아 생명 있는 존재로 변화되는 과정을 보았습니다 (겔 37:4-6). 숨, 기운, 바람 등의 이미지는 성령의 생명력을 보여 줍니다. 성령이 생명입니다(롬 8:10).

예수님은 성령의 역사를 바람에 비유하신 적이 있는데(요 3:8), 바람 같은 성령의 역사는 주로 '변화'로 나타납니다. 성령의 바람이 불어와 놀라운 변화가 일어나기를 바랍니다. 모더니즘 시대의 큰 오해는 '나무가 바람을 일으킨다'는 것입니다. 이는 눈에 보이는 물질이 눈에 보이지 않는 세계를 결정한다는 신념입니다. 그러나 나무는 바람을 일으킬 수 없습니다. 바람이 나무를 움직이게 하는 것입니다. 다시 말해 진정한 힘은 물질에서 나오는 것이 아니라 보이지 않는 영적인 세계에서 나오는 것입니다.

성경은 이 힘의 근원이 바로 '성령'이라고 분명하게 가르쳐 주고 있습니다. 하지만 모더니즘 시대는 성령 대신 소위 좋은 프로그램이 변화를 일으킬 수 있다고 생각했습니다. 그래서 교회는 좋은 프로그램 개발에 전적으로 매달렸습니다. 하나님이 만드신 세상은 물질이 아니라 영이라는 것을 잊은 채, 나무를 부둥켜안고 완벽한 프로그램을 찾아 애처로운 질주를 했던 것입니다. 이제 교회는 나무를 껴안는 대신 바람을 타야 합니다. 교회의 지도자는 바람을 잘 타는 이가 되어야 합니다. '성령의 바람'을 타고 하나님의 세계를 항해하는 사람이 되어야 합니다.

■ 불 같은 성령

둘째는 '시각적인 것'으로, 불이 갈라져 각 사람에게 위로부터 임하는 광경을 보게 되었습니다(sight). 이것은 불 같은 성령입니다. 모세가 본 그것은 가시떨기에 붙었던 불입니다. 예수님이 지상생애 중에 "내가 불을 던지러 왔다"고 하시며 주기를 원하셨던 불입니다. 이것은 우리를 정결하게 하시는 성령의 사역을 나타냅니다. 온갖 허물과 죄를 사하고 우리를 정금같이 나오도록 만드는 것입니다. 제자들은 눈이 열려 각 사람에게 임하는 성령의 불을 똑똑히 보았습니다. 이 불은 성령의 능력(power)을 나타내기도 합니다. 성령을 통하여 제자들은 사역을 감당할 수 있는 많은 은사와 능력을 받게 되었습니다.

프랑스의 수학자이며 철학자인 파스칼(1623-1662)은 평소 심장에 가까운 호주머니에 종이 한 장을 넣고 다녔다고 합니다. 그것은 성령의 불을 받았던 감격을 적어 놓은 종이였습니다.

밤 10시 30분부터 12시 30분 무렵. 불! 오! 철학자들과 지혜로운 자들의 하나님이 아닌 아브라함의 하나님, 이삭의 하나님, 야곱의 하나님, 오직 복음을 통해서만 알 수 있는 예수 그리스도의 하나님. 든든한 마음, 감정, 평화, 기쁨, 눈물, 아멘.

불은 또한 열정의 상징입니다. 성령은 우리에게 열정을 불러일으키시는 분이십니다. 성령의 불은 우리를 소멸시키지 않고도 우리 안에서 훨훨 타오릅니다. 우리의 마음이 하나님을 찾고, 그분과 연합하기를 갈망하게 합니다. 또한 성령은 우리로 하여금 이웃에 대한 불붙는 사랑의 마음을 지니게 하십니다. 우리 자신이 고통에 이를지라도 고난받는 이들과 함께하고자 하는 열정을 주십니다. 불 같은 성령을 통해 우리는 마음을 다하고 목숨을 다하고 뜻을 다하고 힘을 다하여 하나님을 사랑하고, 이웃을 내 몸과 같이 사랑할 수 있습니다.

■ 다른 방언

셋째로 오순절에 임하신 성령은 제자들이 '다른 방언'으로 말하게 하셨습니다(speech). 그들은 자의로 말하지 않고 성령이 주시는 말씀을 했는데, 그들이 서로 다른 모국어를 구사했음에도 불구하고, 서로 알아들을 수 있었습니다. 16개 나라에 흩어져 살던 디아스포라 유대인들이 서로의 말을 알아듣게 된 것입니다.

이는 요즘 말하는 방언의 은사와는 조금 다른 면이 있습니다. 같은 언어를 쓰는 사람이 말하는 방언도 통역의 은사를 받은 사람 외에는 알아듣지 못하는 반면에, 오순절에는 다른 언어를 쓰던 사람들이 서로의 말을 알아듣게 된 것입니다. 통역 은사까지 함께 받았다고 할까요? 서로 못 알아듣는 방언이 아니라 모두가 알아듣는 방언입니다. 불통이 소통으로 바뀌었습니다. 여기 알아들을 수 있는 방언을 말하게 하시는 성령의 역사는 성령의 우주적인 사역을 보여 주는 대목입니다. 성령 안에서 모든 나라와 부족과 인종과 언어가 하나로 통일되는 순간입니다.

성령 안에서 우주가 소통하고 연합됩니다. 성령은 온 세상을 향한 선교의 영입니다. 세계선교를 예고하는 예언적 사건입니다. 성령을 받으면 막혔던 입이 열리게 되고, 이전에 하던 말이라도 새로운 수준으로 달라집니다.

새로운 영적 세계

오순절 성령 강림으로 인해 바야흐로 새로운 영적인 세계가 열리게 됩니다. 신령한 귀와 눈과 입이 열립니다. 그리고 모든 것이 새로워집니다. 듣는 것, 보는 것, 말하는 것이 바뀝니다. '새 사람'은 다른 말로 표현하면 '듣는 것, 보는 것, 말하는 것이 바뀐 사람'이라고 할 수 있습니다. 이것이 바뀌면 생각이 달라지고 나아가 행동이 변화됩니다. 성령은 그러한 역사를 일으키는 능력입니다.

존 베일리(John Baillie, 1886-1960, 스코틀랜드의 신학자)는 다음과 같이 기도했습니다.

오 하나님, 제게 열린 귀를 주시어 더 높은 소명으로 부르시는 주님의 음성을 듣게 하소서. 저는 너무나 자주 주님의 소리에 귀먹어 있었습니다. 이제 '제가 여기 있나이다, 저를 보내소서'라고 대답할 용기를 주소서. 주

님의 자녀 중 누구든 곤경 속에서 부르짖을 때 그 외침 속에서 주님의 음
성을 들을 수 있는 열린 귀를 주시어 섬기게 하소서. (중략) 오 하나님, 열
린 눈을 주소서. 주님이 만드신 이 세상에서 주님의 임재를 금방 알아차
릴 수 있는 열린 눈을. (중략) 오 하나님, 열린 손을 주소서. 제게 주신 주
님의 복을 어려운 사람들과 나누는 일에 재빠른 열린 손을. 모든 야비함
과 인색함에서 저를 건지소서. 제 모든 돈을 청지기처럼 관리하게 하시고
제 모든 소유를 주님께 맡기게 하소서.

성령 강림 사건을 체험한 성도들은 귀가 열리고 눈이 열리고 입이
열린 다음, 마음이 열리고 손이 열렸습니다. 모든 막혔던 것이 열렸습
니다.

성령 강림을 표현하고 있는 바람, 불, 언어는 변화이며 에너지이며
운동입니다. "각 사람 위에 하나씩 임하여 있더니"라는 표현에서 알
수 있듯이 성령은 공동체의 영이면서 동시에 각 개인에게 임하시는 영
입니다. 신앙의 성장은 하나님이 나의 일부에서 나의 전부가 되는 것입
니다. 성령이 역사하실 때 하나님이 나의 전부가 되시고 내가 하나님
의 일부가 됩니다. 성령이 충만하면 성령이 나의 주인이 되십니다.

엘 그레코는 오순절의 모습을 그렸습니다. 마가의 다락방은 어두운
배경입니다. 이는 예수님의 부활 이후에 유대인과 로마 당국으로부터
체포 혹은 심문을 당할까 봐 두려워하는 심리 상태를 보여 주는 것 같
습니다. 혹은 성령의 임재를 더욱 극명하게 표현하기 위함인지도 모릅
니다. 어둠이 짙을수록 빛의 역사도 강렬한 법입니다.

방 안에는 마리아가 중앙에 자리하고 있습니다. 마리아의 손동작

。。。。。。。
「오순절(The Penteost)」, 1596–1600, 엘 그레코(El Greco), 캔버스에 유화, 275×127cm, 프라도 미술관, 마드리드.

은 그들이 기도를 하고 있었다는 것을 보여 줍니다. 위로부터 비둘기 형상을 한 성령이 임하십니다. 그리고 불의 혀 같은 것이 각 사람의 머리 위에 임하고 있습니다. 남자와 여자, 모두에게 성령이 임합니다. 엘 그레코는 화면을 세로로 길게 잡음으로써 상하의 움직임을 강조하고 있습니다. 성령의 임재는 위로부터 내려오는 하나님의 능력임을 화면 구성을 통해서도 보여 주고 있습니다.

소통의 회복, 관계의 회복

성령의 역사는 '소통'으로 나타납니다. 당신은 자녀들과 대화가 잘 되십니까? 미국 이민자들의 제일 큰 어려움은 자녀와의 대화 문제입니다. 영어를 몰라서도 그렇지만, 아이들 문화를 모르기 때문입니다. 한국에 사는 사람들도 마찬가지입니다. 무촌(無寸)이라고 부르는 부부간에도 대화불통의 문제가 있고, 영적인 형제자매라고 칭하는 교회 내 성도 사이에도 말이 통하지 않고, 심지어 창조주요 구원자 되시는 하나님과도 소통이 되지 않습니다. 그런데 소통하지 않으면 고통을 당합니다.

이 땅에 화평을 가져오신 예수님의 모든 사역은 하나님과 우리 사이의 단절된 관계를 회복시키신 '개통'으로 보아야 합니다. 이 소통의 작업이 구체적으로 오순절에 일어나고 있습니다. 왜냐하면 오순절 체험은 '의사소통의 기적'이기 때문입니다. 오순절에, 그동안 단절되어 왔던 하나님과의 관계, 이웃과의 관계가 회복됩니다. 인간의 타락은 모든 관계의 단절을 가져왔습니다. 하나님과 인간, 인간과 인간, 인간과 자연이 단절되고 적대적이 되었습니다. 가인과 아벨 사건은 이런 단절이 비극적인 살해 사건으로 비화된 것입니다.

창세기의 바벨 탑 사건(창 11:1-9)에서는 이러한 단절을 극복해 보려는 인간적인 몸부림이 그려져 있습니다. 그들에게 남아 있는 '언어소통의 능력'을 통해 하나님께 올라가는 탑을 만들고, 하나님과 같이 되고, 그들의 이름을 드러내려 했습니다. 그들의 힘을 합하고 지혜를 모아 하나님께 도달하는 길을 만들고, 위대한 건축물 바벨탑을 중심으로 하면 흩어지지 않고 함께 살 수 있다는 어리석은 생각을 하였습니다.

여기에는 불신앙 교만, 인간적인 수단과 지혜, 물질 숭배, 출세 지향주의, 인본주의가 깔려 있습니다. 바벨탑의 본질은 '땅에서부터 하늘로'입니다. 자력적인 것이고 공로주의입니다. 그것이 과학 만능, 기술 숭배, 바벨 종교, 바벨 문화로 나타납니다. 그러나 이것은 하나님의 뜻이 아닐 뿐 아니라 하나님이 미워하시는 것입니다. 결국 그들의 계획은 물거품으로 돌아갔을 뿐 아니라 상황은 더욱 악화되었습니다. 인간의 계획과 정반대되는 결과가 나타났습니다. 탑 쌓기도 중단되고, 그들의 언어가 혼잡하게 되어 사방팔방으로 흩어지게 되었습니다. 단절을 극복해 보려는 인간의 계획은 더 철저히 분열되는 결과만을 초래했습니다. 그 후 인류는 말이 달라져 의사소통이 되지 않고, 대화가 단절되고, 서로 오해하고 멀어지고 대적하게 되었습니다.

이제 오순절 성령 강림은 이 일에 대한 하나님의 응답입니다. 오직 성령으로, 오직 하나님의 은혜로 이 일이 이루어집니다. 오순절은 무릎 꿇고 열심히 기도하며 하나님의 역사를 기다리는 자들에게 '하늘에서부터 땅으로' 오는 방식으로 일어납니다. 이것은 하나님이 주시는 은혜입니다. 하나님과의 교제가 회복되고, 이웃 간의 교제도 회복됩니다.

소통(communication)이 일어납니다. 먼저 하나님과 통함으로써, 하나님을 통하여(중심으로) 서로가 통하게 되는 순서입니다. 바벨탑 사건은 불통의 역사인데, 오순절 사건은 소통의 역사입니다. 그 소통은 피상적인 것이 아닙니다. 창조적인 소통입니다. 우리는 잘못 말하고 잘못 듣는 경우가 많은데, 오순절 성령 강림은 잘 말하고 잘 알아듣는 역사입니다. '성령의 교통하심'입니다. 사도행전 2장의 방언은 고린도전서 12장에 나오는 방언의 은사와 달리 '알아듣는 방언'입니다.

회복의 증거들

하나님과의 교제 회복은 두 가지로 나타나는데, 먼저 기도의 문이 열린 것을 볼 때 확실히 알 수 있습니다. 제자들은 기도하고 하나님은 응답하십니다. 또 하나는 제자들이 하나님의 이름으로 능력을 행함에서 하나님이 함께하심을 볼 수 있습니다. 오순절의 사람은 기도의 사람이며, 능력을 행하는 사람입니다. 하나님과 사이에 막혔던 벽이 기도로 열립니다. 성령의 교통하심이 없다면 인생들은 고통을 당할 뿐입니다.

이웃과의 교제 회복은 친교와 전도로 나타납니다. '친교'를 영어로 'Fellowship'이라고 하는데 이는 '같은 배를 탄 동료'(fellow in the same ship)라고 파자할 수 있습니다. 친교란 우리가 운명 공동체라는 의식을 가지고 긴밀하게 협조하며 사랑하는 관계를 맺는 것입니다.

오순절 이후 초대교회는 세상 어느 기관에서도 찾아 볼 수 없는 아름다운 친교의 공동체를 이루었습니다.

믿는 사람이 다 함께 있어 모든 물건을 서로 통용하고 또 재산과 소유를

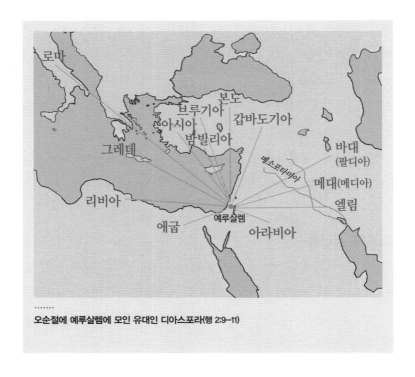

....
오순절에 예루살렘에 모인 유대인 디아스포라(행 2:9-11)

팔아 각 사람의 필요를 따라 나눠 주며 날마다 마음을 같이하여 성전에
모이기를 힘쓰고 집에서 떡을 떼며 기쁨과 순전한 마음으로 음식을 먹고
(행 2:44-46)

소유의 벽, 거리의 벽, 마음의 벽이 다 없어지고 이것들까지 소통됩
니다. 하나님의 언어가 전달되는 소통의 역사가 일어났습니다. 그래서
날마다 믿는 사람들이 더했습니다. 친교의 공동체가 점점 확장되어
가는 것입니다.

우리 모두가 오순절의 주인공이 되기를 원합니다. 오순절의 사람은

위로부터 은혜와 능력을 힘입는 사람입니다. 하나님과 통함으로써 기도와 능력을 받는 사람입니다. 이웃과 통함으로써 교제와 전도의 역사가 나타나는 사람입니다.

오순절의 사람이 되는 단계는 베드로의 오순절 설교에 암시되어 있습니다. 예수 그리스도의 말씀을 듣고 회개하고 믿음으로, 예수 그리스도의 이름으로 세례를 받음으로, 성령의 세례와 선물을 받게 될 것입니다. 오순절의 사람이 되어 하나님으로부터 좋은 날이 이르기를 바랍니다.

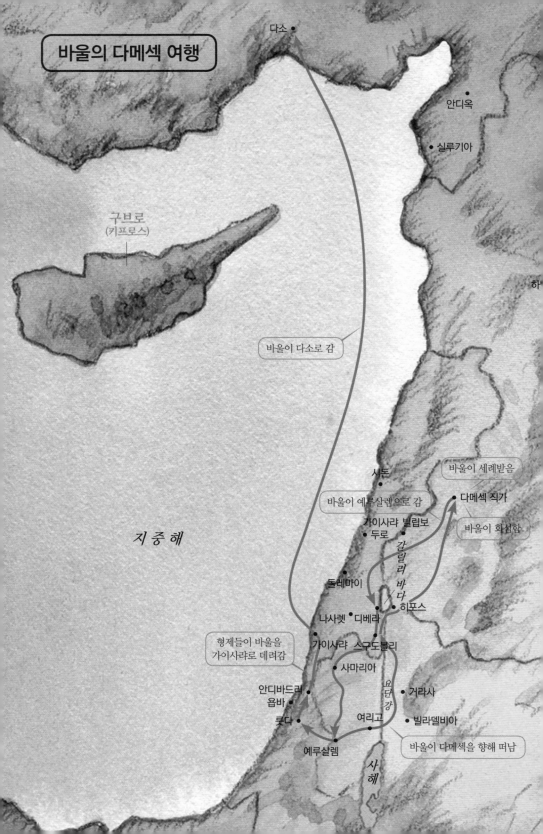

다메섹
Damascus

나의 택한 그릇
사도행전 9:1-19

다메섹(다마스쿠스)은 구약 시대 아람 왕국의 수도였으며 현재는 시리아의 수도입니다. 다메섹은 헤르몬 산을 품고 있는 안티레바논(Anti-Lebanon) 산맥 기슭, 골란 고원으로부터 북동쪽 해발 685미터의 고지대에 위치하고 있습니다. 열왕기상 19장 15절에 보면 하나님이 엘리야를 다메섹에 보내시며 하사엘을 아람 왕으로 기름 부으라는 기사가 나옵니다. 아람 군대장관 나아만도 다메섹에서 유대 지역에 있던 엘리사를 찾아온 적이 있습니다(왕하 5:1-14). 아람은 이스라엘과 접하였고 두 나라는 오랫동안 적대 관계였기에 많은 전쟁을 했습니다.

바울의 다메섹 체험

기독교 역사상 가장 위대한 회심은 사울이 바울 된 것입니다. 바울은 기독교를 기독교 되게 한 사람이며, 로마서를 비롯한 신약 여러 서신의 저자이며, 이방인의 사도로서 로마에까지 말씀을 전한 사람입니다.

사도행전 9장은 바로 이 바울의 회심장입니다. 여기에서 사도행전의 저자 누가는 객관적인 입장에 서서 바울의 다메섹 체험을 기록하고 있습니다. 부활하신 예수님이 바울에게 개인적으로(여러 사람들이 있었는데), 인격적으로(이름을 두 번씩 부르시면서), 불가항력적으로(강력한 빛 때문에 말에서 떨어질 정도로), 목적을 가지고(이방인을 위한 증인 삼기) 찾아오십니다.

나중에 사도행전 22장과 26장에서 바울은 자신의 회심 체험을 거듭 간증하고 있습니다. 바울은 기회 있을 때마다 이 다메섹 회심 사건을 직접 간증했습니다. 예루살렘에서는 천부장 앞에서(행 22:3-16), 가이사랴에서는 아그립바 왕 앞에서(행 26:10-18) 회심 체험을 증언했습니다. 다메섹 체험 이후 거의 30년이 지났는데도 바울은 마치 어제 일처럼 생생하게 간증하고 있습니다. 바울은 다메섹의 그 감격, 그 은혜, 그 헌신, 그 사랑, 그 소명을 날마다 기억했을 것입니다. 그래서 여기 사도행전에 기록된 것뿐 아니라 자신이 가는 곳마다 반복적으로 이 일을 간증했을 것입니다.

다메섹 체험은 바울 자신에게는 물론 초대교회 아니 기독교 역사상 중대한 사건임에 틀림없습니다. 신앙 체험은 중요한 것입니다. 하나님은 한 사람의 변화에서부터 그분의 위대한 역사를 시작하십니다. 이 사람이야말로 하나님이 택하신 그릇입니다. 우리도 하나님의 택한 그릇이 되기 위하여 바울의 다메섹 체험을 나누어야 할 필요성이 있습니다.

이방 백성을 향한 하나님의 선교 계획

사도행전 8장부터 이방 백성에 대한 하나님의 선교 계획이 본격적으로 진행되고 있음을 볼 수 있습니다. 사도행전 8장에는 사마리아인들의 회심과 에티오피아 내시의 회심, 9장에는 핍박자였던 사울의 회심, 10장에는 로마 고넬료 백부장의 회심이 나옵니다. 특별히 9장과 10장은 사울이 이방인을 위한 사도로 부름 받은 것과 고넬료가 이방인 최초로 회심하게 되는 중요한 기사가 연속됩니다.

바울의 회심장은 세 가지로 크게 구분할 수 있습니다. 믿기 전의 사울의 모습(9:1-2), 예수님을 만난 사건(9:3-9), 회심 이후 바울의 모습(9:10-31)이 그것입니다. 이것은 간증의 3대 요소이기도 합니다. 우리는 간증을 할 때, 믿기 전 상태와 믿게 된 동기 그리고 믿고 난 이후를 말하게 됩니다. 바울이라는 이름은 세계 선교를 하던 중에 본격적으로 사용한 이름이고, 그의 유대 이름은 사울입니다. 따라서 이하에서는 제목을 제외하고는 바울을 사울이라고 표기하겠습니다.

회심 전의 사울

로마의 길리기아 속주에 포함되어 있던 다소 출신의 사울은 학문적으로나 가문이나 지위에 있어서 내놓을 것이 많은 사람이었습니다. 세상적인 안목에서 촉망받는 사람이었습니다. 사울은 태어나면서부터 로마 시민권을 가지고 있었습니다. 그는 히브리어, 헬라어, 아람어를 자유롭게 구사하였고, 히브리와 헬라 문화 속에서 자랐으며, 당시 최고의 학부에서 공부하였고 최고의 학자인 가말리엘에게서 배웠습니다. 아마도 예루살렘의 가말리엘 문하에서 공부한 이유는 랍비가 되기 위해서였을 것입니다. 유대인들 가운데 바리새인은 율법을 철저히 지킨다는 자부심이 대단했습니다.

> 내가 팔 일 만에 할례를 받고 이스라엘의 족속이요 베냐민의 지파요 히브
> 리인 중의 히브리인이요 율법으로는 바리새인이요… 율법의 의로는 흠이
> 없는 자로라(빌 3: 5-6)

사울은 열심 있는 유대교인으로서 예루살렘을 넘어 외국 땅까지 찾아다니며 예수 믿는 자들을 핍박하였습니다. 사울이라는 이름이 처음 등장하는 사도행전 7장 58절에서는, 스데반이 돌에 맞아 죽을 때 현장에서 돌을 던지는 사람들의 옷을 맡아 줌으로써 그들의 행위를 동조하였습니다. 사도행전 9장에서 그는 기독교인에 대해서 격분하고 살기가 등등하여 교회를 진멸하기 위해 대제사장의 공문을 받고 예루살렘에서 다메섹까지 내려갔습니다.

예루살렘의 대제사장이 발행하는 체포영장이 과연 로마 제국에서 얼마나 효력이 있었을까요? 유대 지역을 넘어 다른 행정구역에 소속된 다메섹에서 얼마나 효력을 인정받았을까요? 정확한 실상은 알 수 없지만, 로마 제국은 유대인과 관련하여 산헤드린의 권위를 인정해 주었고 대제사장에게는 종교와 관련해서 어느 정도 자치권을 인정한 듯 보입니다. 예루살렘 사람으로서 다메섹으로 도피한 유대인에 대해서는 그 권한을 어느 정도 인정해 주었을 것으로 보입니다. "여러 회당에 가져갈 공문"이라는 표현은 유대인에게 종교가 갖는 의미, 회당이 갖는 의미가 컸기 때문에, 도피한 기독교인들을 그곳 회당에서 체포할 권세를 받은 것이 아닌가 추정하게 합니다.

초대교회의 두 신학 노선

무엇이 사울을 이토록 격분하게 했을까요? 기독교가 유대교와 어떤 면에서 달라서였을까요? 초대 기독교는 분명 유대교라는 모판에서 성장했습니다. 초기의 히브리파 기독교인들(베드로를 위시하여 열두 제자들)은 유대교와 거의 구별되지 않았습니다. 철저한 유일신론을 지켰고, 성전 중심으로 살아가고, 율법의 모든 규정을 준수했고 강조했기 때문입니다. 그들은 유대교인들로부터 칭찬을 받기도 했습니다.

반면 헬라어를 사용하고 헬라 문화와 철학을 접한 헬라파 기독교인들은 입장을 달리했습니다. 그들은 편협한 민족주의 대신 보편성을 강조했습니다. 예수님을 단순히 '하나님의 종'으로 규정하는 것에 만족하지 않고 신적인 속성을 강조했습니다. 공간과 건물로서의 성전을 강조하지 않았습니다. 율법의 문자적 준수보다는 내면적 준수를 강조했습니다. 따라서 교회 내부에서도 갈등의 소지가 있었습니다. 구제를 위해서 일곱 집사를 헬라파 신자 가운데 임명하는 장면에서 초대교회의 두 신학 노선을 감지할 수 있습니다(행 6:1-6).

스데반의 설교는 헬라파 기독교인들의 신학을 잘 보여 줍니다. 핍박을 받고 흩어진 사람들이 바로 이들입니다. 히브리파 기독교인들인 베드로를 비롯한 열두 제자들은 예루살렘에 그대로 머물러 있었던 것으로 보입니다. 헬라파 기독교인들이 핍박의 주요 표적이 되었던 것 같습니다. 예수님의 신성을 강조하고 예루살렘 성전의 거룩성을 인정하지 않는다는 것이 핍박의 주된 이유입니다.

사울이 보기에 헬라파 기독교인은 유대교의 자존심을 건드리고 여호와 유일 신앙을 깨뜨리는 이단자였을 것입니다. 여호와 외에 예수를 인정하기 때문입니다. 스데반이 유대인들에게 돌을 맞게 된 마지막 발언을 보면 그것을 분명하게 이해할 수 있습니다. "보라, 하늘이 열리고 인자가 하나님 우편에 서신 것을 보노라"(행 7:56).

이런 골수 유대교인, 골수 바리새인의 신앙을 가지고 있던 사울을 바꿀 수 있는 것은 영적인 체험뿐입니다. 사울과 그의 일행이 다메섹 가까이 이르렀을 때에 부활하시고 승천하셔서 하나님 보좌 우편에 계신 예수님이 그에게 나타나셨습니다.

예수님의 나타나심은 홀연한 빛, 하늘로부터 임하는 빛, 대낮의 빛보다 더 강력한 빛의 형태였습니다. 그리고 음성이 들렸습니다.

사울아 사울아 네가 어찌하여 나를 박해하느냐(행 9:4)

빛과 음성으로 임하신 '나'가 누구인지 사울이 묻자, 주님은 자신을 '예수'라고 하셨습니다.

나는 네가 박해하는 예수라(행 9:5)

사울은 육신적으로 공생애 중의 예수님을 본 적도 없고 예수님을 박해한 일도 없습니다. 사울은, 나사렛 예수가 십자가형을 받고 죽었는데 기독교인들은 예수를 신격화하고 그가 다시 살아나서 승천했다고 하면서 사람들을 미혹한다고 보았습니다. 그리고 사울이 박해한 대상은 예수에 대해서 헛된 주장을 하는 예수쟁이들(?)이지 죽은 예수가 아니었습니다. 그런데도 예수님은 마치 살아 계신 것처럼 사울이 자신을 박해하고 있다고 말씀하셨습니다. 정말 사울은 당황스러웠을 것입니다. 이는 예수님이 하나님 우편에 계시며 그분을 믿는 자들과 함께하신다는 것을 확증하는 것이기 때문입니다.

이것은 스데반의 설교와 정확하게 일치하고 있습니다. 예수님을 믿는 제자들을 박해하는 것은 곧 예수님을 핍박하는 것입니다. 다시 말하면 "네가 나의 제자들을 박해하는 것은 곧 나를 박해하는 것"이라는 말입니다. 예수님은 자신을 그분을 따르는 자들과 동일시하셨습니다. 이것은 믿는 자들에게 큰 위로와 용기를 줍니다. 예수님이 우리를 보시는 시각을 보여 주기 때문입니다.

사도행전 26장에는 동일한 체험에 대하여 이런 말씀도 나옵니다. "가시채를 뒷발질하기가 네게 고생이니라"(행 26:14). 가시채는 경작에 이용하는 가축에게 자극을 주어 움직이게 하려는 목적으로 만들어진 도구인데 가시채를 싫어하여 뒷발질하는 짐승도 있었습니다. 그런데 뒷발질을 하면 가시채가 망가지는 것이 아니라 자신의 발에 상처를 입습니다.

사울은 그동안 유대교인으로서 열심을 내어 자신의 종교를 지키기 위해서 무척 애를 썼습니다. 하지만 그 모든 일이 자신의 영혼에 해를 입히는 백해무익한 일이었습니다. 교회와 성도, 예수님을 대적하는 일은 자기에게 해를 입히는 어리석은 일입니다. 그동안의 열심은 잘못된 열심이었고, 헌신적인 일들이 그에게 평안과 확신을 주지 못했습니다. 그가 가진 것, 아는 것, 행하는 것이 그에게 기쁨도 평안도 확신도 주지 못했습니다. 자신의 지식과 신념에 따라 열심을 다했지만 확신도 평안도 얻을 수가 없었습니다. 이것이 바로 다메섹으로 가던 사울의 영적 상황이었습니다. 사울은 이런 것을 느끼고 있었기에 더욱 기

독교인 박해에 열심을 내었는지도 모릅니다. 자신의 불안을 상쇄시킬 목적으로 악에 더욱 투신했던 것입니다.

다메섹의 바울

사울은 다메섹에서 예수님을 만남으로써 인생의 일대 전환을 맞이하게 되었습니다. 그런데 사울이 예수님을 찾은 것이 아닙니다. 사울이 다메섹을 향하여 가는 길에 예수님이 찾아와 불러 주셨습니다. 오직 하나님의 주권적인 은혜로 사울을 변화시키셨습니다.

　　너희가 나를 택한 것이 아니요 내가 너희를 택하여 세웠나니(요 15:16)

사울은 다메섹 도상에서 영광을 받으신 예수님을 체험하게 되었습니다. 하늘로부터 해보다 더 밝은 빛이 임하였고 사울은 말에서 떨어졌습니다. 곧바로 하늘에서 음성이 들렸는데 사울을 책망하는 예수님의 음성이었습니다. 그러나 동행하던 사람들은 사울의 체험을 같이 하지 못했습니다. 사울의 동행들은 빛을 보지 못하고 소리만 들었다고 기록되어 있고(행 9:7), 혹은 빛은 보았지만 소리는 듣지 못했다고 기록되어(행 22:9) 있습니다.

영적인 체험을 온전하게 한 것은 사울뿐이었습니다. 동행들은 어떤 신비한 현상이 있다고 감지할 정도만 부분적인 체험을 한 것으로 보입니다. 아마도 그들이 나중에 사울의 회심에 대해 증언해야 할 필요성 때문에 부분적으로 신비 현상을 체험하게 하신 것이 아닌가 생각됩니다.

주님과의 만남

사울의 영적 체험에는 감각적인 요소가 많습니다. 빛을 보고, 음성을 듣고, 눈이 머는 등 여러 가지 기적적인 표적이 동반되었습니다. 사울은 그렇게 빛과 음성으로 오신 예수님을 만났던 것입니다. 주님과의 만남은 심령 안에서의 만남만이 아니라, 시각적이고 청각적인 사건이었습니다. 이런 현상을 통해 사울의 눈이 열리고 귀가 열리게 되었습니다. 물론 이 영적 체험 후에 사울의 눈은 비늘 같은 것으로 덮여서 보지 못하게 되었다고 합니다. 그는 옛날의 시력을 잃어버렸습니다. 옛날의 관점이 사라진 것입니다. 하지만 새로운 안목이 열렸습니다. 이것은 모세가 호렙 산에서 하나님을 만난 체험과 같고, 변화산에서 제자들이 체험한 것과도 유사합니다.

사울의 체험은 극적인 것이었습니다. 그는 이 체험을 통해 '예수를 핍박하던 자'에서 '예수 때문에 핍박을 받는 자'로 변화됩니다. 180도 변화이기 때문에 극적일 수밖에 없습니다. 이때가 주후 33년경으로, 사울은 28세 청년이었습니다. 이렇게 그는 어둠에서 빛으로, 사탄의 권세에서 하나님께로(행 26:18) 돌아왔습니다.

르네상스 시대의 이탈리아 화가인 카라바조는 바울의 회심을 소재로 해서 두 개의 그림을 그렸습니다. 오른쪽 페이지의 그림이 첫 번째로 그린 것입니다. 두 그림 모두 주문한 사람에게 퇴짜를 맞았다고 하는데 그 이유는 알려지지 않았습니다.

그림의 내용은, 다메섹으로 도피한 기독교인을 색출하기 위해서 사울이 예루살렘 대제사장들에게서 공문을 받고 가던 중 예수님을 만난 광경입니다. 이 그림에서 예수님은 빛으로 오셨다기보다는 천사의 수행을 받고 계신 것으로 보입니다. 예수님은 위로부터 팔을 내미시고, 천사는 제어하는 것처럼 보입니다.

이 그림은 예수님을 만났을 때 사울의 영적인 현주소를 적나라하게 보여 줍니다. 예수님을 만나기 전의 사울은 말을 타고 가는 지체 높은 사람이었습니다. 권위의 옷을 입고 어리석은 백성을 교도하는 혜안을 지닌 사람으로 자부했을 것입니다.

하지만 예수님을 만난 뒤의 사울은 그 교만이 땅에 떨어졌고 그를 포장하고 있던 모든 옷이 찢어졌으며 그의 눈은 멀게 되었습니다. 허위와 가식의 옷이 갈기갈기 찢어지고 말았습니다. 사울의 영적 실상은 마치 요한계시록에 나오는 라오디게아 교회와 같았습니다.

......
「사도 바울의 회심(The Conversion of St. Paul)」, 1600, 카라바조(Michelangelo Merisi da Caravaggio), 목판에 유화, 237×189cm, 오데스칼키 컬렉션, 로마.

네가 말하기를 나는 부자라 부요하여 부족한 것이 없다 하나 네 곤고한 것과 가련한 것과 가난한 것과 눈먼 것과 벌거벗은 것을 알지 못하는도다 내가 너를 권하노니 내게서 불로 연단한 금을 사서 부요하게 하고 흰 옷을 사서 입어 벌거벗은 수치를 보이지 않게 하고 안약을 사서 눈에 발라 보

게 하라(계 3:17-18)

예수님을 만나 땅에 떨어진 사울의 두 다리는 엉성하게 벌려져 있는
데 이는 처량하고 가련하고 무기력한 인간의 모습을 그대로 보여 줍니
다. 예수님을 만난 사울이 말에서 떨어졌다는 표현은 그의 영적인 변
화를 암시하고 있습니다. 주님은 다시 그를 일으켜 세우실 것입니다.

택한 나의 그릇

다메섹에 살고 있던 경건한 아나니아에게 주님이 말씀하셨듯이 사울
은 "택한 나의 그릇"입니다. 비록 사울은 예수님을 거역하고 하나님의
나라를 박해했지만 사울은 하나님이 특별히 선택하시고 사용하기 위
해서 택정하신 자였습니다. 창조주 하나님에 의한 주권적 선택의 은
혜를 받은 자였습니다. 이제부터 사울의 삶은 하나님 앞에 기억될 수
있는 가치 있는 삶으로 변화됩니다. 예수님 없이 산 이전의 삶은 아무
리 열심히 살았더라도 무익한 삶입니다.

하나님이 주권적으로 사울을 선택하시고 만나신 것은 그에게 특별
한 계획을 가지고 계셨기 때문입니다. 그는 "이방인과 임금들과 이스
라엘 자손들을" 섬기기 위한 그릇으로 선택되었습니다. 우리가 주님
을 만날 때, 비로소 우리의 그릇에 담아 쓰시려는 하나님의 계획이 드
러나기 시작합니다.

다메섹 도상에서 빛으로 임하신 예수님을 만난 사울은 보지 못한
채 사흘 동안 금식하며 기도했습니다. 과거의 모든 것을 회개하였습
니다. 세상을 보는 눈은 멀었지만 밝은 눈으로도 보지 못하던 자신

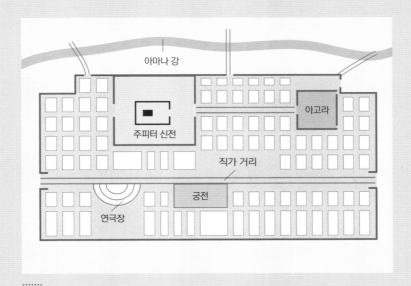

아마나 강

주피터 신전

아고라

직가 거리

궁전

연극장

바울 당대의 다메섹 성

다메섹 직가 거리

을 성찰하게 되었습니다. 어둠 가운데 빛이 임하는 새 창조의 역사입니다.

바울의 사명

하나님은 사울이 감당해야 할 사명을 다른 사람을 통해 전달하십니다. 다메섹 도상에서 직접 예수님이 사울에게 사명을 전하실 수도 있지만 굳이 아나니아라는 사람을 통해 그의 사명을 깨닫게 하십니다.

나중에 사울은 그의 사도권에 의문을 제기하는 사람들로 인해서 곤욕을 치르게 됩니다. 사울은 갈라디아서를 통해 자신이 사도 직분을 받은 것은 그 어떤 인간적인 통로에 의지하지 않았다고 합니다. 자신의 사도권은 "사람에게서 난 것도 아니요 사람으로 말미암은 것도 아니라"고 합니다. 그런데 누가는 사울의 소명 기사에서 아나니아의 역할을 기록하고 있습니다.

누가는 아나니아를 사울의 사도권을 중재하는 인물이 아니라 증인으로 제시하고 있습니다. 사울이 영화롭게 되신 예수님을 체험하고 만난 사건, 그가 받은 이방인 선교의 사명은 증명할 수 없는 사적인 체험 혹은 망상적 체험이 아니라 객관적인 일이었음을 증명하고 있습니다. 사울의 체험과 소명은 교회 공동체가 증언할 수 있는 일이었습니다. 그런 의미로 제삼자였던 아나니아가 부름을 받아 사울의 소명 기사에 등장하는 것입니다.

아나니아를 보내심

예수님은 아나니아에게 "일어나 직가라 하는 거리로 가서 사울을 찾으라"고 말씀하셨습니다. 헬라화된 도시들은 도시계획을 세울 때 시

아나니아 기념교회 앞에 선 필자

를 관통하는 주(主) 도로를 건설하였는데, 넓고 반듯한 이 도로를 직가(straight street)라고 불렀습니다. 따라서 직가는 다메섹 외에도 많은 도시에서 발견됩니다. 다메섹의 직가는 너비 15미터에 길이가 1,500미터나 되었고, 도로 양옆에는 고린도식 석주들이 줄지어 서 있는 로마식 대로였습니다.

아나니아는 환상 중에 주님의 음성을 들었습니다. 마치 베드로나 고넬료가 기도와 환상 중에 인도함을 받은 것과 같습니다(행 10:1-23). 아나니아는 다메섹 유대인 신자 가운데 경건하여 칭찬과 존경을 받는 사람이었습니다(행 22:12). 예루살렘에 살던 아나니아, 그의 부인 삽비라와 함께 성령을 속이려다 죽은 사람과는 다른 인물입니다.

예수님이 아나니아에게 말씀하시기를 "지금 사울이 기도하고 있는데, 아나니아라는 사람이 들어와 안수할 때 다시 보게 되는 환상을 보고 있노라"고 하셨습니다. 정말 재미있게도 아나니아가 순종하기도 전에 주님은 언제 사울에게 이런 환상을 보여 주신 것입니다. 당사자인 아나니아는 아직 갈 생각도 못하고 있는데 말입니다. 아나니아는 사울이 성도들을 잡아가기 위해 다메섹에 오고 있다는 소문을 들은 터라 주님께 말씀드렸습니다. "주여, 이 사람에 대하여 내가 여러 사람에게 듣사온즉 그가 예루살렘에서 주의 성도에게 적지 않은 해를 끼쳤다 하더니 여기서도 주의 이름을 부르는 모든 사람을 결박할 권한을 대제사장들에게서 받았나이다"(행 9:13-14).

하지만 이것은 하나님의 능력을 아직 깨닫지 못한 발언입니다. 하나님은 얼마든지 사람을 변화시키실 수 있는 분이십니다. 예수님은 아나니아에게 "이 사람은 내 이름을 이방인과 임금들과 이스라엘 자손들에게 전하기 위하여 택한 나의 그릇이라"(행 9:15)고 하시면서 사울에 대한 계획을 말씀하셨습니다.

아나니아는 주님의 지시를 따라 사울을 찾아갑니다. 아나니아는 직가에 있는 유다의 집에서 금식 기도하고 있는 사울을 만났습니다. 아나니아는 눈도 멀고 금식하고 있는 사울에게 "형제 사울아"(행 9:17)라고 마음을 열고 부릅니다. 원수 같은 사울을 형제라고 불렀습니다. "주 곧 네가 오는 길에서 나타나셨던 예수께서 나를 보내어 너로 다시 보게 하시고 성령으로 충만하게 하신다"라며 아나니아가 안수할 때 사울의 눈에서 비늘 같은 것이 벗겨져 다시 보게 되었습니다.

아나니아는 예수님께 순종하여 사울에게 첫 번째로 손을 내민 훌륭한 기독교인이었습니다. 나중에 아나니아는 다메섹의 첫 주교가 되었습니다. 아나니아를 통하여 사울은 하나님과 예수님을 바르게 보게 되었습니다. 자기 자신과 사명을 바로 보게 되었습니다. 그리고 이웃을 다시 보게 되었습니다. 새로운 안목이 생긴 것입니다.

사울은 아나니아의 안수로 성령 충만을 받았습니다. 마치 오순절 마가의 다락방에서처럼 말입니다. 그 후 아나니아는 사울에게 물세례를 주었습니다. 사울은 성령세례를 받고 난 후에 물세례를 받았습니다. 이 순서는 고넬료 가정과 동일합니다.

아나니아가 다메섹에 있는 성도들에게 사울을 소개하고 그의 변화 체험을 보증하자 교회는 그를 받아들이게 되었습니다. 사울이 바울로 회심하는 체험은 예수님의 십자가 그리고 부활의 역사적 성격을 분명히 해줍니다. 한 사람의 전적인 변화에서 살아 역사하시는 하나님을 보여 주고 있습니다.

찬송가 "나 같은 죄인 살리신"(Amazing Grace)을 쓴 것으로 유명한 존 뉴튼의 자서전을 보면, 도덕적으로나 영적으로 캄캄한 죄악의 수렁에서 살던 그를 구원하시는 은혜의 하나님을 보게 됩니다. 노예 무역상을 마침내 사랑의 하나님을 전하는 목회자로 변화시키시는 은혜의 기념비를 보게 됩니다. 복음에는 이렇게 사람을 변화시키는 위대한 능력이 있습니다.

회심 후의 바울

사울은 회심 전과 후가 분명하게 달랐습니다. 핍박자가 변하여 전도자가 되었습니다. 회심 후에 "다메섹에 있는 제자들과 함께 있었고", "즉시로 각 회당에서 예수가 하나님의 아들이심을 전파"(행 9:19-20)하였습니다.

> 힘을 더 얻어 예수를 그리스도라 증언하여 다메섹에 사는 유대인을 당혹하게 하니라(행 9:22)

그는 행동하는 지식인이었습니다. 사울의 회심은 복음 전파의 사명으로 이어졌습니다. 이전의 사울은 눈 먼 열심을 가지고 있었습니다. 그러나 회심한 후 바른 열심을 가지게 되었습니다. 회심 이후에도 사울의 열정은 동일했습니다. 동쪽으로 잘 달리는 말은 서쪽으로도 잘 달립니다.

사울은 새 사람이 되는 것에서 끝나지 않고 새로운 사명을 부여받았습니다. 사울은 그동안 유대교에 있을 때 성경에 정통했을 것입니다. 이제는 그러한 과거의 지식도 예수님을 증언하는 강력한 무기가

다메섹의 바울 기념교회(광주리 기념교회) 전경

광주리 모형

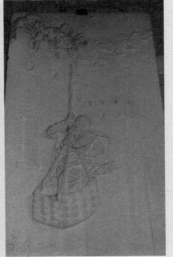

광주리 부조

되었습니다. "예수가 바로 하나님의 아들이시다"라는 그의 선포는 개인적 체험 이상으로 성경을 통해 증명되었을 것입니다. 과거에는 확신을 가질 수 없었고 무엇인가 결여되었던 지식이 예수님을 만난 후 확실한 진리로 다가왔습니다. 그래서 유대인들은 감당할 수가 없었던 것입니다.

쫓던 자에서 쫓기는 자로

결국 다메섹 회당에 있던 유대인들은 사울을 죽이고자 합니다. 박해하던 자가 이제 박해를 받는 자가 되었습니다. 유대인들이 궤계를 세우고 사울을 죽이기 위해서 밤낮으로 성문까지 지켰기에 제자들은 밤에 사울을 광주리에 담아 다메섹 성벽에서 내려 탈출시켰습니다.

이제 쫓던 자가 쫓기는 자가 됩니다. 사도행전 9장은 사울이 성도들을 핍박하기 위해 예루살렘에서 다메섹으로 떠나는 것으로 시작했다가, 후반에는 사울이 핍박을 피해 다메섹에서 예루살렘으로 올라갑니다. 그리고 바나바의 중재로 베드로를 위시한 사도들을 만나 다메섹에서의 체험을 나누고, 바나바는 사울이 다메섹에서 행한 전도 사역을 증언합니다.

대제사장의 공문을 가지고 예수님을 따르는 이들을 잡아들이던 자가 이제는 하늘의 대제사장 되신 그리스도의 편지를 전하는 사신이 되었습니다. 그러나 다메섹도 예루살렘도 사울에게 안전한 곳이 아니었기 때문에 가이사랴로 가서 아마 배편으로 고향 다소로 돌아갑니다. 그곳에서 새로운 사역을 준비하며 나름의 사역을 감당하게 됩니다.

믿은 후 사울은 삶의 방향이 바뀌었습니다. 참된 소망을 갖게 되

......
「적대적인 유대인들로부터 피신하는 바울」, 12–13세기, 몬레알 성당의 모자이크, 시칠리아.

었습니다. 남이 못 보는 것을 보게 되었습니다. 새로운 목표와 사명을 갖게 되었습니다. 자신을 향한 주님의 계획을 알게 되었습니다. 이제 그의 삶은 중심이 잘 잡히고 목적지가 분명한 인생이 되었습니다. 그러므로 인생 항해 중 만나는 고난의 파도 속에서도 기쁨과 평안을 소유할 수 있게 되었습니다.

사울이 바울 되기까지 수고한 사람들

사울이 이렇게 위대한 주의 종으로 변화되기까지 많은 성도들의 수고가 있었습니다. 영화 마지막에 나오는 자막에는 영화를 만드는 데 수고한 사람들의 이름이 나열되어 있습니다. 이것을 '엔딩 크레디트'라고 부릅니다. 영화가 완성되기까지 수고한 사람들입니다. 사울의 회심 배후에도 최소한 다섯 명의 중요한 이름이 나와 있습니다.

먼저 스데반입니다. 그는 성령과 지혜가 충만하여 칭찬을 듣는 사람으로서 예루살렘 교회에서 구제와 행정을 도맡았던 것으로 보입니다. 그는 유대인과의 충돌에서 자신의 믿음의 도리와 원리를 잘 설교했습니다. 마지막 죽어가는 순간에도 성령이 충만하여 하나님 우편에 서신 예수님을 보며, 유대인들이 던지는 돌에 맞아 죽임을 당했습니다. 그의 마지막 모습은 지켜보는 사람들에게 충격을 안겨주었습니다. 스데반은 "주 예수여, 내 영혼을 받으시옵소서. 주여, 이 죄를 그들에게 돌리지 마옵소서"라고 기도했습니다. 이는 예수님이 십자가에서 돌아가실 때 하신 말씀과 동일합니다.

스데반이 죽을 때 기도하는 광경을 사울도 목격했습니다. 그때 사울의 마음속에 '도대체 예수가 누구이기에 돌로 치는 자들을 위해서 저렇게 기도하고, 죽음의 순간에서도 평안히 자기 영혼을 맡길 수 있는 믿음과 평안을 주는가' 하는 호기심이 생겼을 것입니다. 스데반의 임종 기도가 사울의 다메섹 체험을 준비시킨 것입니다. 스데반은 순교를 당했지만 사울의 생애 내내 그 안에서 살아 있었을 것입니다.

두 번째는 예수님입니다. 예수님은 사울에 대한 계획을 가지고 찾아오셔서 그를 만나 주시고 말씀하셨습니다. 모든 것의 배후에서 역사하셨습니다. 만약 예수님이 사울을 직접 만나지 않으셨다면 고집스러운 사울은 변화되지 않았을 것입니다. 사울은 결코 교리나 논리로 설득되지 않았을 것입니다. 예수님의 강권적인 역사가 있어야 했습니다.

세 번째는 직가에 살던 유다입니다(행 9:11). 그는 사울을 위해 방을 내어 주었고, 사울은 그곳에서 금식하며 기도하다가 아나니아를 만났습니다.

네 번째는 아나니아입니다. 그는 핍박자로 알려진 사울을 찾아가 "형제 사울이여"라고 불러 준 사람입니다. 살기등등한 사울이 두려웠지만 주님의 명령에 순종했습니다. 주님이 박해자 사울을 용서하셨기에 그를 형제로 받아들였습니다. 그는 사울에게 안수하고 세례를 주고 다메섹 교회에 소개해 주었습니다.

사람들은 남을 볼 때 그 사람의 과거와 현재 업적을 주로 관찰합니다. 그러나 예수님은 그가 (미래에) 어떤 사람이 될 것인가 잠재력을 보십니다. 아나니아도 믿음의 눈으로 사울을 보았습니다. 사울은 아나니아를 통해 용납하시는 예수님의 사랑을 다시 한 번 체험하였고, 예수님의 계획을 듣게 되었습니다. 그리고 예수님을 증거할 기회를 얻게 되었습니다.

마지막으로 바나바입니다(9:27). "사울이 예루살렘에 가서 제자들을 사귀고자 하나 다 두려워하여 그가 제자 됨을 믿지 아니하니" (9:26). 사울이 예루살렘에 갔을 때 모든 사람이 두려워하며 사울의 변화에 대해 의구심을 가졌습니다. 혹시 위장 전입이 아닌가 했을 것입니다. 그때 바나바가 제자들과 교회에 사울을 보증하고 나섰습니다. 아나니아처럼 바나바도 사도들과 교인들에게 신용이 있는 사람이었습니다. 그러므로 그의 말은 힘이 있었습니다. 다메섹에서 사울이 주님을 위해 했던 일들을 말함으로써 서로를 화해시키고 위로하는 역할을 감당합니다. 바나바는 '위로의 아들'이라는 이름 뜻에 어울리는 사람입니다. 후에는 바울의 동역자가 되어 사역의 길을 열어 줍니다.

사울 한 사람의 회심에 예수님, 스데반, 유다, 아나니아, 바나바가 관여했고 모두가 일정한 역할을 감당했습니다. 사울이 바울 된 것에는 이와 같이 여러 사람들의 역할이 지대합니다. 우리는 혼자 살 수 없는 존재입니다. 그리고 바울이 사역을 진행하면서 더욱 많은 사람들이 거명되어야 합니다. 이들이 모두 바울의 동역자입니다. 하나님은 사람을 독불장군으로 만들지 않으셨습니다. 사람들의 협력을 통해 선을 이루십니다. 그래서 다른 사람에 대해서 고마움을 가져야 합니다.
지금까지 사울의 회심 기사를 살펴보았습니다. 사울은 뚜렷한 경험과 계기를 통해 전과 후가 완전히 다른 삶을 살게 됩니다. 변화된 삶, 구원 받은 삶입니다. 그런데 사울만 그런 것이 아닙니다. 모든 기독교 신자도 마찬가지입니다. 예수님을 만나 우리의 모든 것이 변화되었습니다. 믿기 전의 생활, 예수님과 만남의 순간, 그리고 믿은 이후 삶의 변화를 설명할 수 있어야 합니다. 그럴 때 당신이 가진 소망의 이유를 묻는 세상을 향해 담대히 예수님을 소개할 수 있을 것입니다.

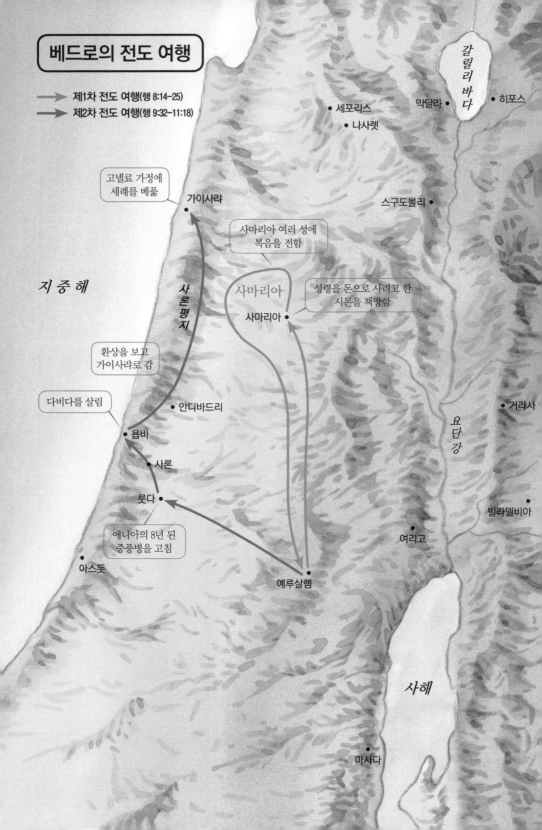

베드로의 전도 여행

→ 제1차 전도 여행(행 8:14-25)
→ 제2차 전도 여행(행 9:32-11:18)

지 중 해

갈릴리 바다

세포리스
나사렛

막달라
히포스

스구도볼리

고넬료 가정에 세례를 베풂

가이사랴

사마리아 여러 성에 복음을 전함

사마리아

성령을 돈으로 사려고 한 시몬을 책망함

사마리아

사론평지

환상을 보고 가이사랴로 감

안디바드리

거라사

요단강

다비다를 살림

욥바

사론

빌라델비아

롯다

애니아의 8년 된 중풍병을 고침

여리고

아스돗

예루살렘

사해

마사다

욥바와 가이사랴
Joppa and Caesarea

더 넓은 비전
사도행전 10:9-16

어떤 사람들은 신앙생활을 시작하면 자신의 세계가 좁아질 것을 염려합니다. 비신자들 가운데에는 신자들을 편협하다고 비난하는 소리도 들립니다. 실제로 신자들 중에는 꿈도 없고, 패기도 없고, 위축되어 보이는 사람들도 있습니다. 그들은 하나님의 말씀을 듣되 '하지 말라'는 금지 명령에만 주목하고, '하라'는 적극적인 말씀을 잊고 사는 사람들입니다. 그러나 하나님은 시작부터 인류 최초의 사람 아담에게 "생육하고 번성하여 땅에 충만하라", "땅을 정복하라, 바다의 물고기와 하늘의 새와 땅에 움직이는 모든 생물을 다스리라"(창 1:28)고 하셨습니다.

하나님은 우리에게 진취적이고 창조적인 삶을 살라고 하십니다. 육지와 바다와 우주에 펼쳐지는 넓은 꿈을 주십니다. 기독교는 우울하고 편협하고 조잡하게 만드는 종교가 아닙니다. 오히려 진취적이고 생동감 있게 확장되어 나가는 종교입니다. 기독교의 핵심은 사랑입니다. 사랑은 자기 확장의 경험입니다. 사랑하면 할수록 자신의 세계가 넓어집니다.

하나님은 무명의 아브라함을 불러 하늘의 무수한 별과 바다의 수없이 많은 모래알들을 보이시며 그에게 위대한 민족의 조상이 될 꿈을 주셨고 기어이 그렇게 되게 하셨습니다. 하나님은 형제들에게 미움을 받아 노예로 팔리고 감옥에 갇힌 요셉에게도 전에 주셨던 큰 꿈을 이루어 주시고, 마침내 그를 이방 나라의 총리로 높이셨습니다. 하나님은 노예로 태어나 강물에 버려진 모세를 구해 주시고, 바로의 노여움을 피하여 광야에 숨어 목동 생활을 하던 그를 다시 불러 이스라엘 민족을 구원하는 지도자로 삼으셨습니다. 하나님은 이새의 여덟 아들 중 막내로 태어나 양을 치던 목동 다윗을 들어 이스라엘의 목자로 삼으셨습니다.

성경이 우리에게 실제적으로 증거하는 역사는 이러합니다. 하나님을 만난 후 삶의 폭과 깊이가 창조적으로 확장되어 처음보다 나중이 창대하게 되는 모습들입니다. 어디 한 사람이라도 하나님을 만나 이전보다 더 좁아진 사람을 성경에서 찾아볼 수 있습니까?

고넬료의 환상과 베드로의 환상

사도행전 10장에는 두 개의 환상(vision)이 기록되어 있습니다. 고넬료의 환상과 베드로의 환상입니다. 일면식도 없었던 베드로와 고넬료는, 환상을 매개로 서로 만나고 변화 체험을 하게 됩니다.

이방인으로서 첫 번째 개종자가 된 고넬료의 회심은 아주 중요합니다. 이것은 사울의 회심과 더불어 교회사나 선교사에 큰 획을 긋는 위대한 사건입니다. 그런데 고넬료의 회심 이전에 또 한 사람 베드로의 변화가 중요합니다. 하나님을 경외하여 백성을 많이 구제하고, 하나님께 항상 기도하던 고넬료(행 10:2)는 굳이 베드로가 아니어도 믿음의 길로 들어올 수 있었던 사람입니다. 천사가 나타나 말씀을 전해줄 정도였으면, 바울처럼 예수님이 직접 나타나 말씀하심으로 회심시키실 수 있었을 터인데, 베드로를 이 장면에 굳이 끼워넣으시는 것은 무슨 까닭입니까?

그 까닭은 사도행전 9장 32절부터 시작됩니다. 베드로는 예루살렘을 떠나 사방으로 다니다가 룻다에서 중풍병으로 8년을 고생하던 애니아를 고치고, 사론을 거쳐 도착한 욥바에서는 다비다(도르가)를 살리는 이적을 일으킵니다.

베드로가 욥바로 가게 된 것은 욥바에 있던 제자들이 도르가를 살리기 위하여 룻다에 있던 베드로를 청했기 때문입니다. 도르가가 이미 죽었는데도 장례를 지내지 않고 베드로를 청하는 그들의 믿음이 놀랍습니다. 예수님이 공생애 중에 행하셨던 이적들을 베드로가 예수님의 이름으로 동일하게 행하고 있습니다. 다비다와 고넬료의 공통점은 그들의 선행과 구제가 기도와 함께 하나님께 상달되었다는 것입니다. 기도만 하나님께 올라가는 것이 아니라 구제와 선행도 함께 올라가서 필요할 때 응답으로 나타납니다. 구제와 선행은 행동으로 하는 기도입니다. 다만 응답이, 다비다는 죽은 육체가 다시 살아나는 것으로, 고넬료는 영혼이 거듭나고 성령을 받는 것으로 나타납니다. 욥바에 내려간 베드로는 무두장이 시몬의 집에 유숙하였습니다.

욥바

현재의 지명 야포(Yafo)인 욥바는 지중해 해변의 구도시로, 이스라엘의 행정 수도인 텔아비브(Tel Aviv)에 합병된 남단의 조그만 구역입니다. 구약 시대에는 유대의 유일한 항구로서 레바논에서 백향목을 수입했고, 요나가 다시스로 가는 배를 탔던 곳이기도 합니다. 물론 요나는 다시스로 가지 못하고, 바다에 던져졌다가 고래에 의해 다시 욥바로 돌아왔습니다. 구도시 욥바는 참 아름다운 항구로, 무두장이 시몬의 집도 있고, 오래된 등대도 있고, 길모퉁이에 고래상도 있고, 예술가들이 창작 활동을 하는 집들이 정겨운 길과 골목을 따라 모여 있습니다. 광장 옆 베드로 기념교회에는 베드로가 보았던 환상과 다비다가 살아나는 모습을 그린 그림이 있습니다.

사도행전 9장 32절부터 11장 18절은 베드로의 전도 행적 중 룻다, 사론, 욥바, 가이사랴, 예루살렘으로 이어지는 연속 기사입니다. 이렇게 기사는 베드로를 중심으로 흘러가고 있습니다. 따라서 본문은 고넬료의 회심도 중요하지만 베드로의 변화에 더욱 무게를 두고 있습니다.

하나님은 베드로에게 관심을 두셨습니다. 베드로가 하는 사역보다 베드로라는 사람에게 더 관심을 두십니다. 하나님은 나에게 관심을 두십니다. 내가 하는 일보다 나에게 관심을 두십니다. 사람을 변화시키기 위해 사건을 일으키시는 것입니다. 초점은 어디까지나 사람의 변화에 있습니다.

무두장이 시몬의 집

베드로 기념교회

다비다를 소생시킴

요나 물고기상

한 사람의 회심에서

하나님은 사람을 바꾸심으로 세상을 바꾸십니다. 한 사람의 회심에서 하나님의 역사가 시작됩니다. 그래서 한 사람의 회심이 중요합니다. 사도행전은 사도들로부터 시작하여 에디오피아 내시 간다게, 사울, 베드로, 고넬료의 회심을 연속적으로 다루고 있습니다. 그런데 주님의 수제자요, 오순절 성령 체험을 한 자요, 초대 예루살렘 교회의 수장인 베드로에게 무슨 변화 체험이 다시 필요했다는 말씀일까요?

베드로의 편견이 극복될 필요가 있었습니다. 베드로는 자기 입으로 말했듯이 "유대인으로서 이방인과 교제하며 가까이하는 것이 위법"(행 10:28)이라는 편견을 가지고 있었습니다. 이러한 편견이 극복되지 못하면 복음이 이방인에게로 나아갈 수 없습니다.

베드로가 예수님의 수제자요 초대교회의 대표자이지만 그는 아직도 유대인이라는 범주를 벗어나지 못하고 있었습니다. 무명의 갈릴리 어부 출신 베드로가 설교할 때 수천 명이 회개하고 하나님께로 돌아오고, 수많은 이적과 기사를 나타내는 지도자가 된 것은 상상할 수 없는 축복입니다. 그러나 하나님은 그런 정도에 만족하지 않으셨습니다. 더 큰 그릇으로 쓰실 계획입니다. 그런데 베드로에게는 여전히 민족적, 지역적, 종교적 벽이 있었습니다. 막힌 담이 있었습니다. 그것이 베드로의 한계였습니다. 그것을 깨트릴 필요가 있었습니다. 더구나 지도자인 그가 이런 장벽을 넘어서지 못하면 초대교회 전체가 어려움에 봉착할 수 있습니다.

우리 역시 편견과 편애, 포기와 장애를 극복해야 큰 인물이 될 수 있습니다. 당신은 어떤 편견과 장애를 가지고 있습니까? '나이가 많다', '배운 것이 없다', '돈이 없다', '배경이 없다', '환경이 좋지 못하다', '불경기다', '인물이 없다', '나는 더 이상 안 된다', '나는 할 수 없다' 등. 만약 위와 같은 생각을 하고 있다면 당신은 스스로에게 한계를 지우고 있는 것입니다. 있지도 않은 경계선을 긋지 마십시오. 도리어 자기 한계의 장벽을 넘어서야 합니다.

예수님이 이미 제자들에게 밝히신 비전은 예루살렘과 유대뿐 아니라 사마리아 그리고 땅끝까지입니다.

오직 성령이 너희에게 임하시면 너희가 권능을 받고 예루살렘과 온 유대와 사마리아와 땅끝까지 이르러 내 증인이 되리라 하시니라(행 1:8)

베드로는 예루살렘과 유대 그리고 사마리아에서는 예수님의 기대를 어느 정도 충족시켜 드렸지만 아직도 땅끝까지 전도할 준비는 되지 않았습니다. 이방인들이 믿게 됨을 보고 놀라는 것만 보아도 이방인들이 믿는다는 것은 기대도 못했습니다. 그러니까 하나님은 이번에 베드로를 위시한 예루살렘 교회 지도자들의 문제를 다루시는 것입니다.

그들은 이방인들을 부정한 백성이라 생각했고, 자신은 그들보다 우월하다는 교만한 마음을 가지고 있었습니다. 그래서 이방인과 함께 식사하거나 교제하는 것도 꺼려했습니다. 사실 이러한 편견은 성경의 본래 정신이라기보다 유대인들이 지키는 '장로의 유전'(유명한 랍비들의 구약에 대한 해석과 제규정들)에 의한 것입니다. 베드로는 예수님을 따르면서도 예수님을 십자가에 못 박은 유대교의 잘못된 전통이라는 꼬리를 아직도 달고 있었던 것입니다.

욥바에서 베드로는 무두장이(가죽업자) 시몬의 집에 유숙하고 있었는데, 무두장이란 가죽을 다루는 사람입니다. 가죽을 다룬다는 것은 곧 죽은 짐승을 다루는 일이라 이는 유대교의 율법에 의하면 부정한 것으로 치부되었습니다. 그래서 저들은 마을 밖 격리된 곳에서 살아야 했습니다. 사회적으로뿐 아니라 종교적으로도 차별을 받았습니다. 그런데 베드로가 이 집에 머물고 있습니다. 그렇다면 베드로는 이미 부정합니다. 더욱이 그 집에 여러 날 머물면서 음식도 대접받고 기도도 했습니다. 이것만 해도 당시 유대인들에게는 충격적인 사실입니다.

그런데 베드로는 이 집에서 환상 중에 하나님의 말씀을 듣습니다. 베드로가 유대인 내의 신분의 벽은 복음 안에서 이미 넘어섰지만, 아직 충분하지 못합니다. 베드로가 신분의 벽은 넘었지만, 아직 민족적인 편견은 벗어나지 못했습니다.

고넬료에게 주신 환상

이 편견에서 벗어나게 하기 위해서 하나님은 두 번의 환상을 사용하십니다. 첫 번째는 고넬료에게 주신 환상입니다. 이방인이지만 하나님을 경외하고 구제하고 기도하는 그에게 나타나셔서, 욥바에 사람을 보내 베드로를 청하라고 하십니다. 고넬료는 하나님의 말씀을 들었을 때 단번에 즉시 순종하여 욥바에 사람을 보냈습니다. 이탈리아 백부장의 자존심도 버리고 겸손하게 베드로를 청하는 모습을 볼 때, 고넬

....
「백부장 고넬료의 환상(Vision of Cornelius the Centurion)」, 1664, 에크호우트(Gerbrand van den Eeckhout), 월터스 아트 뮤지엄, 볼티모어.

료는 과연 열려 있는 마음을 가진 사람입니다.

에크호우트는 이 장면을 그림으로 그렸습니다. 에크호우트는 스승인 렘브란트로부터 빛과 어둠을 사용하는 법을 배웠습니다. 이 기법은 천상과 지상의 만남, 천사와 인간 고넬료의 만남을 묘사하는 데아주 탁월합니다. 이 만남을 통해 하나님은 예수 그리스도에 의한 복음을 유대인을 넘어 이방인에게도 전하고자 하시는 뜻을 드러내십니다. 일종의 계시인 빛이 천사로부터 백부장에게 그대로 임하고 있습니다. 백부장 고넬료는 로마의 군대장관이지만 자신의 자리에서 내려와 천사 앞에 겸손히 무릎을 꿇고, 두 손을 가슴에 모으고 말씀을 받아들이고 있습니다. 권위의 상징인 전쟁 도끼는 땅바닥에 던져져 있습니다. 이는 하나님의 뜻에 철저히 순복하겠다는 의미입니다.

베드로에게 주신 환상

다른 환상은 베드로에게 주신 것입니다. 베드로는 욥바의 무두장이 집에서 정오쯤에 사람들에게 식사 준비를 요청하고 자신은 기도하기 위해서 지붕으로 올라갔습니다. 기도하는 중에 환상이 보이는데 하늘에서 큰 보자기 같은 그릇이 내려왔습니다. 그 안에는 땅에 있는 각종 네 발 가진 짐승, 기는 것, 공중에 나는 것들이 가득했습니다. 그리고 음성이 들렸습니다. "베드로야, 일어나 잡아먹어라." 하지만 베드로는 "안 됩니다"라고 거부했습니다. 큰 보자기 안에는 레위기 11장(신 14장)의 정결법에서 부정한 것들로 규정한 짐승들이 섞여 있었기 때문입니다. 그래서 베드로는 하나님께 아는 체 했습니다. "하나님, 말씀하신 것을 잊으셨나요. 저는 절대로 그렇게 할 수 없습니다."

속되고 깨끗하지 아니한 것을 내가 결코 먹지 아니하였나이다(행 10:14)

하나님이 "아차, 내가 잊었구나. 너 참 똑똑하구나!" 하셨습니까? 아니면 "네가 어떻게 하는가 보려고 했는데, 네가 참 잘 알고 있구나!" 하셨습니까? 아닙니다. "하나님께서 깨끗하게 하신 것을 네가 속되다 하지 말라"(행 10:15) 하셨습니다. '내가 받았으니 너도 받아들이라'는 뜻입니다. 이런 실랑이가 무려 세 번이나 반복됩니다. 아마도 베드로는 하나님이 자신의 신실성을 시험하신다고 생각한 듯합니다. 하지만 하나님이 괜찮다고 하시면 괜찮은 것입니다.

하나님은 그런 식으로 사람을 미혹하여 죄에 빠지게 하는 시험을 주시지 않습니다. 유진 피터슨의 표현처럼 "만일 하나님이 OK이면, 그것은 OK입니다"(If God says it's Okay, it's Okay.) 신약에 와서는 구약 시대에 유대인을 훈련하기 위해서 세우신 음식물 규정이 점진적으로 폐지됩니다.

> 하나님께서 지으신 모든 것이 선하매 감사함으로 받으면 버릴 것이 없나니 하나님의 말씀과 기도로 거룩하여짐이라(딤전 4:4-5)

베드로가 받은 환상은 사실상 비유를 담고 있습니다. 환상을 통해 음식과 이방인을 연결하십니다. 하나님은 음식을 정결하게 하심처럼 모든 민족을 정결하게 하실 수 있습니다.

베드로는 이 환상이 무슨 뜻인가 곰곰이 생각했습니다. 처음에는 환상을 이해하지 못하여 "의아해"(행 10:17) 했습니다. 이 말은 '당혹스러워하다', '혼란스러워하다'는 의미인 '디아포레오'라는 헬라어 단어입니다. 하지만 이후에 나타나는 영적인 현상들을 보면서 점차 하나님의 뜻을 분별하게 되었습니다. "너희는 이 세대를 본받지 말고 오직 마음을 새롭게 함으로 변화를 받아 하나님의 선하시고 기뻐하시고 온전하신 뜻이 무엇인지 분별하도록 하라"(롬 12:2).

하나님의 메시지는 분명합니다. 하나님이 깨끗하다 하시면 깨끗한 것이고, 하나님이 깨끗하게 하신 것을 사람이 더럽다 할 수 없다는 것입니다. 깨끗한 것과 더러운 것, 거룩한 것과 부정한 것, 할 수 있는 것과 할 수 없는 것에 대한 베드로의 고정관념과 편견과 관습을 깨트리시는 것입니다. 마음과 운신의 폭을 넓혀 주시는 것입니다. 이것을 넘지 못하면 새 일을 하지 못합니다. 베드로는 고넬료가 보낸 종들을 따라 고넬료의 집을 방문하면서 이 환상이 의미하는 바를 알게 됩니다.

만인을 위한 그리스도, 만백성의 교회

환상이 담고 있는 의미는, 교회는 유대인만이 아니라 누구든지 올 수 있다는 것입니다. 즉 만인을 위한 그리스도요, 만백성의 교회라는 사실입니다. 그리고 예수님이 깨끗하게 하신 것을 우리가 부정하다 말할 수 없다는 것입니다. 다시 말해 우리에게는 다른 사람을 판단할 권한이 없습니다. "하나님께서 내게 지시하사 아무도 속되다 하거나 깨끗하지 않다 하지 말라"(행 10:28)는 것입니다.

하나님은 성과 속을 구분하는 이분법을 철폐하셨습니다. 이 모든 것에 포함된 중대한 의미는, 베드로가 말한 대로 "하나님은 사람을 외모로 판단하시지 않는다는 것"(행 10:34)입니다.

베드로는 민족적인 편견을 가지고 있었습니다. 그러나 우리는 성별이나 인종이나 지역이나 민족에 대한 편견을 버려야 합니다. 성별에 대한 편견, 직업에 대한 편견, 신체적 조건에 대한 편견을 버려야 합니다. 학벌, 빈부, 지위 등 외부적인 것으로 다른 사람을 판단하지 않도록 조심해야 합니다. 더구나 그런 것으로 하나님의 역사를 제한해서는 안 됩니다. 하나님은 모든 민족, 모든 사람 중에서 하나님을 경외하며 의를 행하는 자들을 모두 받으신다는 사실을 기억해야 합니다. 하나님이 이미 고넬료를 받으셨는데, 종인 베드로가 어찌 안 된다고 할 수 있겠습니까? 누구는 불결하고, 누구는 깨끗하다는 인간적인 기준을 하나님이 철폐하신 것입니다.

전도나 선교의 대상은 내 구미에 맞는 사람이 아니라 '누구나'가 되어야 한다는 이것은 선교관의 일대 변혁입니다. 자칫 유대 종교로 끝날 예수교를 세계 종교로 넓힌 중대한 사건입니다. 그런 점에서 보면 세계 기독교사에서 한국 교회도 중요한 역할을 하고 있습니다. 한국에 기독교가 들어오고 한국 기독교가 세계 선교에 앞장서면서 기독교는 서양 종교에서 전 세계의 기독교로 본격적으로 전환되었습니다.

왜 하나님은 이 일에 바울이나 다른 제자 대신 굳이 베드로를 보내셨을까요? 빌립 집사나 나손의 집도 가이사랴에 있었는데, 그들을 보내시지 말입니다. 베드로가 제일 골수분자니까 그랬을까요? 아무래도 마태복음 16장 18절에 그 답이 있는 것 같습니다. 베드로의 신앙고백 위에 교회를 세운다고 하셨기 때문에, 유대인의 교회도 이방인의 선교도 베드로에게서 시작하시는 것 같습니다. 또한 베드로의 영향력을 감안하신 것입니다. 다른 사람이 이 일에 연루되었다면 극심한 반대로 어려움을 겪었을 것입니다.

이방인의 오순절

베드로는 고넬료의 집에 들어가서 자초지종을 다시 듣게 되었습니다. 그런 후에 하나님은 외모를 보지 않으시고 각 나라 중 하나님을 경외하며 의를 행하는 사람은 다 받으시는 줄 깨달았다고 했습니다. 그리고 예수님에 대한 설교를 시작합니다. 예수님의 초기 사역, 사역의 권능, 사역의 결과, 그리고 예루살렘에서 십자가에 달려 죽으신 뒤에 다시 살아나심, 하나님이 그분을 만민의 심판자로 세우셨음을 선포했습니다. 그러자 말씀을 듣는 모든 사람에게 성령이 임하였습니다. 고넬료와 그의 가족과 친구와 친척들이 모두 성령을 받고 방언을 말하기 시작했습니다. 가이사랴에서 이방인의 오순절이 도래한 것입니다. 그들은 할례를 받은 적도 없고, 율법 준수 서약을 한 적도 없는 이방인인데 말입니다.

성령의 임재는 하나님과 사람이 성령에 의해서 연합되고 교제한다는 의미입니다. 요엘서에서 말일에 일어날 놀라운 은혜로 제시된 것이, 모든 사람에 대한 성령의 임재였습니다. 그 역사가 유대인에게뿐만(행 2:4) 아니라 사마리아인에게도(행 8:17), 그리고 이방인에게도 일어난 것입니다.

베드로와 같이 온 유대인들 모두가 이 일에 깜짝 놀랐고 결국 물세례를 주어 이들을 공동체 안으로 입교시켰습니다. 성령세례에 이어 물세례를 줌으로써, 하나님의 은혜로 거듭나 새로운 생명을 얻었음을 나타냅니다.

> 이 사람들이 우리와 같이 성령을 받았으니 누가 능히 물로 세례 베풂을 금하리요(행 10:47)

트레비사니의 그림은 에크호우트 그림의 연작처럼 보입니다. 천사가 베드로로 바뀌었을 뿐입니다. 이제 고넬료는 베드로의 발 아래에 투구까지 벗어놓고 겸손하게 세례를 받습니다. 베드로는 한 손을 하늘로 향하고 다른 손으로 고넬료의 머리에 물을 붓습니다. 하늘로부터 내려오는 생명의 물입니다.

....
「고넬료에게 세례를 주는 베드로(St. Peter Baptizing the Centurion Cornelius)」, 1709, 프란체스코 트레비사니(Francesco Trevisani), 캔버스에 유화, 피나코테카 미술관, 예시.

가이사랴

고넬료가 살던 곳이 바로 가이사랴인데, 이 가이사랴는 순수하게 이 방인으로만 구성된 교회가 세계 최초로 생겨난 곳입니다. 가이사랴는 지중해를 끼고 욥바에서 북쪽으로 50킬로미터 올라가면 나옵니다. 베드로는 구약 시대 유대 유일의 항구인 욥바에서 신약 시대 최대의 항구인 가이사랴로 로마 백부장 고넬료를 만나러 갔습니다. 가이사랴는 사도행전에만 15번 나오는데, 항구인만큼 주로 복음 전파를 위한 관문 역할을 맡았습니다. 이 중 10번이 바울과 관련하여 나옵니다.

헤롯 대왕은 욥바를 대신할 로마식 문명 도시를 세우기로 결정합니다. 그래서 주전 22년에 공사를 착수하여 10여 년 동안 항구 도시를 건설하고, 로마 황제 아우구스투스 가이사(Augustus Caesar)의 이름을 따라 가이사랴라 명명했습니다. 바닷물을 막는 인공구조물을 설치하고 300척까지 정박 가능한 10만제곱미터 규모의 항구를 만들고 '세바스토스'(Sebastos) 항구라 불렀습니다. '세바스토스' 역시 아우구

가이사랴 | 세바스토스 항구의 재현 모습.
(미네소타 대학 고전 및 근동학과 소장)

방파제 건축 모습(가상).(미국 지리학 협회 소장)

스투스의 헬라식 이름입니다. 그 후로 가이사랴는 동방에서 로마로 가는 중요한 해상 무역로의 중심 도시가 되었고, 주후 70년 예루살렘 멸망 후에는 유다를 다스리는 로마의 행정수도가 되었습니다. 그리고 비잔틴 시대(4-6세기)와 십자군 시대까지 번성하면서 성지 순례의 관문이 되기도 했습니다.

가이사랴에서 예루살렘은 100킬로미터 정도 거리입니다. 가이사랴 유적지로는 로마 건축 양식으로 지어진 아우구스투스 신전, 헤롯 궁전, 원형 극장, 전차 경기장, 정원, 목욕탕과 저수 시설, 수로, 포장 도로, 십자군 요새를 볼 수 있습니다. 예수님 때에는 로마군 주둔지로서 본디오 빌라도 총독 관저도 있었습니다. 이곳에서 빌라도가 총독이었다는 서판이 발견되기도 했습니다. 그 비문에는 "유대 총독 본디오 빌라도(주후 26-36년 재임)가 티베리우스를 기념하여 시민들에게 신전을 바쳤다"라는 내용이 적혀 있습니다.

가이사랴는 베드로와 고넬료가 만난 장소일 뿐만 아니라 바울이 구금되어 있던 곳이기도 합니다. 예루살렘에서 잡힌 바울은 살해 위협을 피해 이곳으로 이동 구금되었습니다. 초기에는 벨릭스 총독 앞에서 변론했고, 나중에는 베스도 총독 앞에서 변론했습니다. 베스도 총독은 아그립바 2세를 초청해서 함께 바울의 변론을 듣기도 했습니다. "바울이 이르되 말이 적으나 많으나 당신뿐만 아니라 오늘 내 말을 듣는 모든 사람도 다 이렇게 결박된 것 외에는 나와 같이 되기를 하나님께 원하나이다"(행 26:29).

그 과정에서 바울은 로마 황제에게 상소하였습니다(주후 58년). 그래서 가이사랴에 가면 바울의 항소문 "내가 가이사에게 상소하노라"(행

가이사랴 전경

빌라도 비문 발견 기념물

빌라도의 임직 기록

바울의 가이사 항소문

25:11)는 글귀가 새겨져 있는 것을 볼 수 있습니다. 가이사랴에는 또한 빌립 집사(행 8:40, 21:8)와 나손의 집(행 21:16)이 있었습니다.

고넬료 회심 기사를 통해 이방인 선교의 문이 열렸지만 그 과정이 하나님의 섭리 가운데 이루어졌음을 성령이 직접 증거하실 필요가 있었습니다. 그리고 베드로만이 아니라 초대교회의 지도자들인 유대인 기독교인들에게도 동일하게 변화가 필요했습니다. 그래서 누가는 베드로의 변화와 고넬료의 회심 과정을 세 번이나 반복해서 기록하고 있습니다. 마치 바울의 회심을 세 번에 걸쳐 기록한 것과 같습니다.

베드로는 예루살렘에 가서 할례자들에게 욥바와 가이사랴에서 경험한 일을 증언했습니다(행 11:1-18). 이후 예루살렘 공회에서 이방인 선교에 대한 문제가 다시 논란이 되었을 때에도 이때의 일을 간단하게 증언합니다(행 15:7-11). "지금 너희가 어찌하여 하나님을 시험하여 우리 조상과 우리도 능히 메지 못하던 멍에를 제자들(이방인)의 목에 두려느냐 그러나 우리는 그들이 우리와 동일하게 주 예수의 은혜로 구원받는 줄을 믿노라"(행 15:10-11). 이렇게 해서 초대교회는 이방인 선교 정책을 승인하게 되었습니다.

하나님은 나 개인의 수호신도, 가신도, 부족신도, 국가신도 아닌 온 세상에 동일한 구원과 성령을 부어 주시는 하나님이십니다. 만유를 창조하시는 하나님, 만유에게 공급하시는 하나님, 만유를 구원하시는 하나님이십니다. 사도행전에서 우리가 계속 보는 바는 성령의 변화시키시는 역사입니다. 그것은 구원의 역사뿐 아니라 생활의 변화, 가치관의 변화, 꿈의 변화, 마음의 변화입니다.

베드로는 자신이 생각하고 알았던 것보다 더 큰 비전을 보게 되었습니다. 이러한 역사는 늘 하나님이 주도하고 계십니다. 이방인 고넬료에게 전도하여 하나님 백성 삼는 것은 베드로의 아이디어가 아니었습니다. 하나님이 먼저 이방인을 받아 주셨고, 후에 베드로에게 받아들이게 하시고, 초대교회도 받아들이게 하셨습니다. 이 모든 일은 성부, 성자, 성령, 삼위일체 하나님의 역사였습니다.

비전의 사람이 되려면

베드로가 더 큰 하나님의 비전에 동참하고 비전의 사람이 된 이유가 있습니다. 그것은 그냥 자동적으로 되는 일이 아닙니다. 어떻게 해야 우리의 마음이 넓어집니까?

■ 기도할 때

기도는 더 넓은 세상을 받아들이는 길입니다. 기도할 때 나의 세계가 넓어집니다. 기도할 때 하나님의 마음을 품게 됩니다. 그러므로 기도는 사람을 변화시키고 그의 세상을 확장시킵니다. 고넬료는 제 9시(오후 3시)에, 베드로는 제 6시(정오)에 기도하다가 비전을 보게 되었습니다. 우리가 기도할 때 하나님은 위에서 기도의 짝을 맞추십니다.

베드로와 고넬료는 일면식도 없었지만, 하나님이 두 사람을 기도 가운데 연결하십니다. 베드로를 통하여 고넬료의 기도에 응답하시고, 고넬료를 통하여 베드로의 기도에 응답하시는 것입니다. 엘리야가 그릿 시내에서 이스라엘 경계를 지나 레바논 지역 사르밧에 사는 과부에게까지 가게 되는 것도 기도의 짝을 맞추시는 하나님의 역사입니다. 엘리야의 기도뿐 아니라 가난한 과부의 기도를 응답하시기 위해 하나님이 그 먼 길을 보내신 것입니다. 엘리야를 통하여 가난한 과부와 아들은 생명을 얻고, 과부를 통하여 엘리야를 먹이시는 것입니다. 베드로는 기도할 때 "하늘이 열리고 큰 보자기 같은 그릇이 내려오는 것"을 보게 되었습니다. 당신이 기도할 때 하늘이 열리고 넓은 세계를 보게 되기 바랍니다.

한국은 보자기 문화입니다. 보자기 안에는 모든 것을 넣을 수 있습니다. 포용하고 관용하며 융합하는 정신입니다. 그런데 보자기 안에 있는 것들 중에는 당신이 할 수 있는 것도 있지만 할 수 없는 것도 있습니다. 그러나 기도할 때 그 모든 것이 하나님으로 말미암아 할 수 있게 됩니다. 속된 것도 있을 수 있습니다. 그러나 기도할 때 모두 거룩한 것으로 변화됩니다. 기도할 때 편견이 극복될 수 있습니다. 하나님을 제한하지 마십시오.

천국 창고에는 우리가 기도하지 않아 쓰지 못한 것들이 가득 차 있다고 합니다. 큰 백지를 준비하고 그것을 하늘에서 내려온 보자기라 생각하면서, 당신이 싫어하는 사람의 이름, 당신이 갖고 있는 편견을 다 적어 보십시오. 그리고 하나님의 음성에 귀 기울이십시오. "하나님께서 깨끗하게 하신 것을 네가 속되다 하지 말라", "하나님이 용납하시는 것을 네가 배척하지 말라." 기도로 장벽을 넘으시기 바랍니다. 기도로 큰 꿈을 받아들이시기 바랍니다.

■ 성령의 인도에 순종할 때

고넬료에게는 천사(행 10:4)가 나타나 말씀을 전했지만, 베드로에게는 성령이 말씀하셨습니다(행 10:19-20). 아마 고넬료는 성령을 받기 전이라 천사가 나타났던 것 같습니다. 베드로는 비록 이해할 수 없는 일이지만 성령이 인도하실 때 순종했습니다. 내가 이해하고 알 수 있는 일만 행한다면 자기의 틀을 벗어날 수가 없습니다. 아집과 편견을 벗어버릴 수가 없습니다. 그러나 성령의 인도하심을 따라 나서면 새로운 세계가 열리는 것을 경험할 수 있습니다.

성령을 의지할 때, 우리가 생각할 수도 없었던 일을 하고, 미지의 세계가 열리는 것을 보게 됩니다. 사도행전에서 새로운 일이 시작될 때, 성령이 주도하시고 사람은 따르면서 새로운 세계를 경험하게 됩니다. 고넬료에게 가는 것은 베드로의 아이디어나 의지가 아닙니다. 성령이 주도하신 일입니다. 이끄시는 대로 따르면 됩니다.

베드로가 설교할 때 고넬료와 설교를 듣던 이방인들에게 성령이 임하시는 것을 보고 베드로 자신도 놀랐습니다. 베드로도 사역을 하면서 은혜를 체험했습니다.

성령이 인도하시는 사역이 이렇습니다. 일방적이지 않습니다. 고넬료만 은혜를 받는 것이 아닙니다. 베드로도 은혜를 받았습니다. 고넬료도 성령세례와 충만을 받았을 때, 천사가 인도하던 것에서 성령의 인도하심을 받는 것으로 바뀝니다. 성령은 오순절에 제자들에게 임하신 이후, 사마리아 성에, 사울에게, 이방인 고넬료 가정에 임하십니다. 성령의 역사는 이렇게 불이 번지는 것처럼 확산되어 갑니다.

각 장면을 연결해 보면 고넬료에게서 베드로에게로, 베드로에게서 고넬료로 모든 시간이 그렇게 잘 맞을 수가 없습니다. 시간을 맞추시는 하나님의 모습을 봅니다. 하나님이 인생의 무대 뒤편에서 우리의 삶을 연출하고 계십니다.

더 넓은 비전

우리는 현재의 신앙생활에 안주하지 말고 마음을 넓혀야 합니다.

너희도 마음을 넓히라 (고후 6:13)

하나님을 만난 사람 치고 '더 넓은 비전'을 가지지 않은 사람이 없습니다. 더 큰 비전을 소유하여야 합니다. 비전의 변화가 사람의 변화를 부릅니다. 그리고 단연코 편견을 버려야 합니다. 하나님이 받아들이신 형제를 당신이 왜 못 받아들인단 말입니까? 적은 믿음에서 큰 믿음으로 가야 하고, 좁은 믿음에서 '넓은 믿음'으로 나가야 합니다. 기도로 당신의 세계가 넓어지시길 바랍니다. 성령의 능력을 받아 더 넓은 세상으로 나가시길 바랍니다.

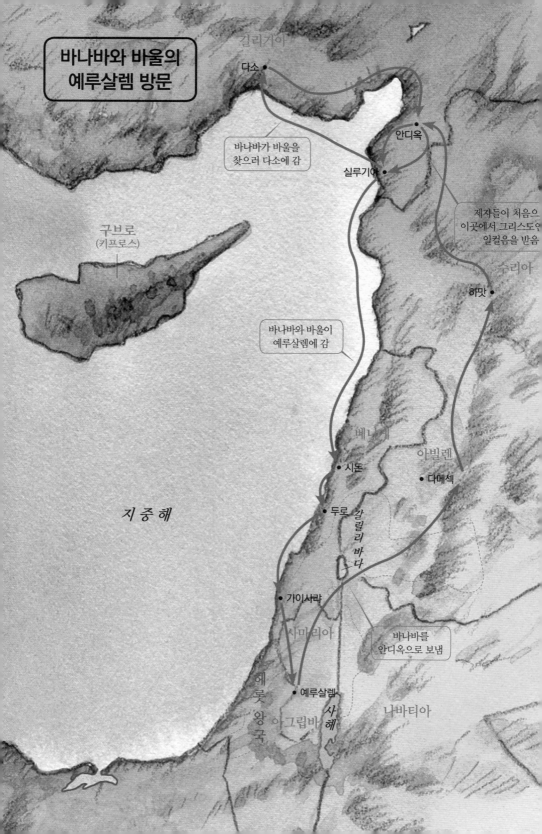

22

안디옥
Antioch

복음의 전진기지
사도행전 11:19-30

수리아(시리아) 안디옥은 예루살렘에서 북쪽으로 480킬로미터 이상 떨어진 곳입니다. 현재는 시리아 국경 근처이며, 터키 남동부에 위치한 안타키아(Antakya)입니다. 당시에는 로마 제국에서 로마, 알렉산드리아에 이어 세 번째로 큰 도시로서, 인구는 50만 명 정도가 살고 있었으며 '동양의 로마'라고 불렸습니다. 헬라 문화가 꽃을 피웠던 곳으로, 지리적으로 아시아 지역의 중심 역할을 했던 곳입니다. 시민 대다수는 헬라어를 사용했고, 유대인은 대략 5만 명 정도였습니다.

이 도시는 헬라의 알렉산더 대왕이 죽은 후 시리아 일대를 통치한 셀레우코스 니카토르 1세(Seleucos Nicator I)가 주전 300년에 부친 안티오쿠스(Antiochus)를 기념하여 세웠습니다. 그런데 그는 '안디옥'이란 같은 이름의 도시를, 여기를 포함하여 총 16개나 세웠다고 합니다.

안디옥은 지중해에서 오론테스 강을 따라 32킬로미터 거슬러 간 중요한 무역 항구로 실루기아 지방의 교역 중심지였습니다. 성경에 나오는 비시디아 안디옥(행 13:14)과는 다른 곳입니다. 그래서 수리아 안디옥이라고 구별하여 부르기도 합니다. 남북으로는 소아시아, 수리아, 팔레스타인, 이집트가 연결되고, 동서로는 로마와 동방, 이란, 메소포타미아로 이어져 마케도니아인, 헬라인, 수리아인, 유대인, 토착민이 섞여 다민족 사회를 이루고 있었습니다. 좋은 기후, 충분한 물, 훌륭한 배수시설, 비옥한 땅, 그리고 상업적 이점까지 갖춘 도시였습니다.

로마가 주전 64년에 헬라 제국을 무너뜨리면서, 안디옥은 수리아 지역을 다스리는 로마 속주의 수도이자 로마의 동방 정책 중심지가 되었습니다. 안디옥과 로마를 연결하는 도로가 발달하여 바울은 이 가도를 따라 선교 여행을 다녔습니다. 안디옥 외곽 커다란 바위 실피우스 산(Mt. Silpius)에는 '다프네의 샘' 자리에 아폴로 신전이 있었습니다. 지금도 찾아가 볼 수 있는 '베드로 동굴교회'는 실피우스 산 중턱에 위치하고 있습니다.

당시 기독교인들은 로마 병사들의 눈을 피하여 비밀 동굴에 모여 신앙생활을 했습니다. 동굴교회에는 베드로와 예수님의 모친 마리아의 흔적도 남아 있습니다. 이 동굴에서 이방인 선교에 대해서 의견 차이를 보이던 바울과 베드로가 화해를 했다고 전해지기도 합니다. 그곳에서 안디옥 시내가 잘 내려다보입니다.

안디옥은 바나바, 바울, 그리고 베드로가 설교했던 곳이기도 합니다. 갈라디아서는 베드로가 안디옥에 왔을 때의 에피소드를 상세히 설명하고 있습니다(갈 2:11-16).

안디옥 시내

베드로 동굴교회 앞에 선 필자의 아내

안디옥 교회는 예루살렘 교회와 달리 설립 과정이 아주 특별합니다. 예루살렘 교회의 선교 전략에 의해 세워진 것이 아니라 핍박을 피하여 그곳에 온 평신도들에 의해 세워졌습니다. 사도행전 8장 1절을 보면 "그 날에 예루살렘에 있는 교회에 큰 박해가 있어 사도 외에는 다 유대와 사마리아 모든 땅으로 흩어지니라"고 기록되어 있습니다.

초대교회에 대한 핍박은 오히려 복음의 불을 여러 지역으로 번지게 했습니다. 기독교인들은 예루살렘의 박해를 피해 안디옥으로 오는데 뱃길을 이용했을 가능성이 높습니다. 예루살렘에서 욥바 항구까지 와서 로마행 화물선을 타고 가이사랴 항구를 경유하여 안디옥의 외항인 실루기아 항구에 도착합니다. 그 항구에서 내려 내륙으로 얼마 가면 안디옥에 도달하게 됩니다.

당시 예루살렘에서 수리아 안디옥까지 가는 길은 이 코스가 가장 안전하고 빠른 것이었습니다. 그렇지 않고 육로로 가자면 예루살렘에서 서해안 평야 지대를 지나 지중해 해안길을 따라 500킬로미터나 되는 먼 길을 북으로 올라가 레바논의 산맥과 골짜기와 구릉과 강과 거친 들을 지나는 멀고도 험한 여정을 택해야 합니다. 어쨌든 이렇게 스데반 순교 이후 복음은 유대와 사마리아 땅으로 전파되고, 베니게와 구브로와 안디옥까지(행 11:19) 말씀이 전파됩니다.

베니게는 오늘의 레바논이고, 주요 도시는 시돈과 두로입니다. 그리고 바나바의 고향이기도 한 구브로는 지금의 키프로스 섬입니다. 더 나아가 안디옥에까지 복음이 전파되었습니다. 스데반의 순교의 열매가 바울 그리고 안디옥에 나타나고 있는 것입니다. 처음에는 흩어진 디아스포라 유대인에게만 복음의 말씀을 전했습니다. 그런데 구브로와 구레네 사람 중 몇 사람이 안디옥에 이르러 헬라인에게도 예수님을 전파하였는데 놀랍게도 많은 헬라인들이 예수님을 믿게 되었습니다.

성결교단의 모교회가 되는 중앙성결교회는 외국에서 온 선교사가 아니라 일제의 암울한 시기에 일본에 건너갔던 정빈, 김상준이라는 두 한국 청년에 의해서 설립되었습니다. 정빈(1878-1949)과 김상준(1881-1933)은 전기기사로 일본에 갔다가, 동양선교회 소속 카우만 선교사가 일본에 세운 동경성서학원을 졸업하고, 1907년 5월 2일에 귀국하여 종로 염곡에 기와집 몇 칸을 세내어, 5월 30일 복음전도관을 설립했습니다. 이것이 바로 중앙교회의 시작이고 성결교회의 태동입니다.

그들은 북을 치며 "믿기만 하오, 믿기만 하오"라고 노방전도를 하였습니다. 후에 일본에서 소문을 듣고 온 동양선교회의 카우만, 길보른 선교사는 한국 사람들에 의하여 세워진 교회를 보고 놀라워하며 기쁨으로 도왔습니다. 이때 김상준은 26세, 정빈은 29세였습니다. 김상준은 자기보다 나이가 많은 정빈을 담임으로 세우고 자신은 부교역자를 자청하였습니다. 김상준은 종갓집 외아들이었는데, 예수님을 믿은 후에 상투를 자르고 제사도 거부했습니다. 격노한 문중 어른들은 하인들에게 멍석을 마당에 깔게 하고 상준을 멍석말이했습니다. 하인들이 시체를 버리려고 보니 아직 목숨이 붙어 있어, 은밀하게 자기들의 방으로 데려가 돌보니 한 달 만에 회복되었습니다. 그는 매를 맞으면서 "하나님, 살려주세요. 살려만 주신다면 하나님을 위해 이 몸을 바치겠습니다"라고 기도했다고 합니다. 그 후에 그는 부모까지도 전도하게 되었습니다.

안디옥 교회의 시작

안디옥 교회는 이름이 밝혀지지 않은 몇몇 평신도에 의해 시작되었고 그 배후에는 '주의 손'이 그들과 함께 역사하였습니다(행 11:21). '주의 손'이 함께할 때 수많은 사람이 주께로 돌아오는 역사가 일어나게 되었습니다.

'주의 손'이란 하나님의 '권능'을 말합니다. 예수님은 사도들에게 "오직 성령이 너희에게 임하시면 너희가 권능을 받고 예루살렘과 온 유대와 사마리아와 땅끝까지 이르러 내 증인이 되리라" 하셨습니다. 주님은 제자들이 그분의 사역을 이어받아 수행하기 위해서는 성령의 권능이 필요하다는 것을 아셨기 때문입니다. 주의 손은 곧 성령의 권능입니다. 이렇게 해서 안디옥에 헬라인들을 중심으로 한 교회가 설립되었습니다.

안디옥에 사는 헬라인들에게 복음이 전파되었다는 것은 유대인들에게 놀라운 사건이었습니다. 예루살렘 교회는 바나바를 파송하여 안디옥에 복음이 전파된 상황을 살펴보도록 하였습니다. 구브로 출신인 바나바는 헬라어에 능통했고 무엇보다 그는 사도들에게 신뢰받는 사람이었기 때문입니다. 그는 보증수표나 다름없었습니다.

바나바는 안디옥에 이르러 헬라인들의 믿음을 보고 진심으로 기뻐했습니다(행 11:23). 함께 있으면서 그들을 양육하고 격려하였습니다. 바나바의 격려와 말씀에 힘입어 안디옥 교인들은 더욱 분발하게 되었고, 그 결과 더 많은 사람들이 교회로 모여들게 되었습니다.

누가는 바나바를 '착한 사람'이라고 평했습니다. 그는 성품이 온화하고 관대하며 포용력 있고 낙관적인 마음을 소유한 사람이었습니

「병자를 치료하는 바나바(St. Barnabas Healing the Sick)」, 1566, 파울로 베로네세(Paolo Veronese), 캔버스에 유화, 260×193cm, 루앙 미술관, 루앙.

다. 거기에 성령과 믿음이 충만했습니다. 성령이 충만했기 때문에 착한 성품의 열매를 맺었을 것입니다.

베로네세는 바나바를 소재로 「병자를 치료하는 바나바」라는 그림을 그렸습니다. 바나바가 자신의 조카이자 마가복음의 저자인 마가를 데리고 구브로로 제2차 선교 여행을 갔을 때의 정경입니다. 사실 바울과 따로 떠났기 때문에 사도행전에는 나오지 않는 일입니다.

"황금전설"에 따르면 바나바는 치료의 권능으로 유명했다고 합니다. 그가 복음서를 병자의 머리에 얹으면 병자가 나았다고 합니다. 이는 말씀으로 치유하는 것을 상징합니다. 오늘날에도 '바나바'라는 이름은 치유와 격려의 대명사입니다.

바나바는 성령을 닮은 사람입니다. 사람을 좋아하는 따뜻한 성품으로 위로를 잘 하던 그는 병자에 대한 연민과 사랑으로 신유의 능력을 받았던 것 같습니다. 그의 치유 능력은 육신뿐 아니라 마음과 영혼에 미쳤습니다. 그런 바나바의 사역을 통해서 "큰 무리가 주께 더했습니다"(행 11:24).

바나바의 성품과 교회의 성장이 연결되어 나타납니다. 사실 유대인으로서 이방인이 하나님의 은혜 누림을 시기하고 불만스러워 할 수도 있습니다. 하지만 그는 이방인의 믿음을 '서자의 믿음'이 아니라, 유대인 신자와 동일한 '자녀의 믿음'으로 보았습니다. 오히려 하나님을 알지 못하고 불법을 행하던 이방인이라도 참되시고 살아 계신 하나님께 돌아와 복을 받는 모습을 기뻐했습니다.

바나바와 바울

바나바는 안디옥 사역을 진행하면서 인근에 있던 바울(유대식 이름으로는 사울)을 생각했습니다. 사울의 다메섹 회심은 주후 32년경인데, 그 후 아라비아와 다메섹에서 3년을 보냈습니다. 바울은 회심한 후 사도들과 사귀기를 원했으나 사도들이 두려워하여 그가 회심한 사실을 받아들이지 않을 때, 바울을 찾아가 교제의 팔을 내밀고 그를 데리고 예루살렘 교회에 와서 사도들에게 보증하며 서로를 중재했던 사람이 바나바입니다(행 9:27).

　당시 바울은 사도들에게는 의심의 눈초리를 받고, 유대인들에게는 배신자라고 낙인이 찍혀 살해 위협을 당하고 있었습니다(행 9:20-31). 양쪽으로부터 배척을 받는 외톨이 신세였습니다. 그러다가 주후 35년에 바울은 바나바와 함께 예루살렘을 방문하여 베드로를 위시한 사도들과 15일을 함께 지내다가 가이사랴를 거쳐 고향 다소로 내려갔습니다(행 9:30). 예루살렘에 있는 사도들과 오해는 풀었다 할지라도 바울은 고향 다소로 돌아가야 했습니다. 이 기간에 바울은 다소에서 나름대로 전도 활동을 했을 것입니다. 바울과 바나바 모두 자기 고향에서 먼저 전도 활동을 시작했다는 공통점이 있습니다. 이렇게 헤어진 후 8년 만에 안디옥에 내려온 바나바는 바울을 찾으려 가는 것입니다.

　바나바는 바울을 찾아 험준한 타우루스 산맥을 넘고 벨렌 지역의 수리아-길리기아 관문(Syro-Cilician Gates)을 통과하여 다소로 갔습니다. 다소는 안디옥 북서쪽 약 230킬로미터에 있습니다. 바나바는 후에 바울의 성문으로 불리게 된 클레오파트라의 문을 지나 다소의 거리를 지나며 물어물어 바울의 집에 찾아갔습니다. 그 길을 따라가면서 그 먼 길을 바울을 찾아갔던 바나바의 모습을 생각하면 감동이 밀려옵니다. 아니면 실루기아로 내려가 배를 타고 다소로 갔을 경우

다소의 옛 거리

바울의 우물과 집터

클레오파트라의 문(바울의 성문)

바울의 생가 터

도 생각해 볼 수 있습니다. 바울을 반갑게 다시 만난 바나바는 다시금 바울에게 용기와 격려를 주면서 자신과 함께 안디옥 교회에서 일할 것을 제의하였습니다. 고향에 묻혀 잊혀 지내던 바울에게 큰 일을 하도록 길을 열어 주는 것입니다(행 11:25). 이렇게 해서 바나바와 바울은 안디옥에서 일 년 동안 공동목회를 하였습니다.

그리스도에게 속한 사람들

바울과 바나바의 사역이 일 년 정도 지속되었을 때였습니다. 안디옥 교인들은 믿지 않는 사람들에게 많은 본을 보여 교회가 부흥하였을 뿐 아니라 '그리스도인'이라는 이름을 최초로 듣게 되었습니다. 헬라어로는 '크리스티아노이'(Christianoi)라는 말입니다. '이아노이'(ianoi)라는 접미어는 '누구에게 속한다'라는 뜻이므로, '크리스티아노이'는 '그리스도에게 속한 사람'이라는 뜻입니다. 헤롯의 추종자들을 헤로디안(Herodians)이라고 부른 것과 마찬가지로, '그리스도의 추종자'라는 뜻으로 '크리스천'(Christianoi)이라 불렀습니다. '그리스도에게 붙은 자', '그리스도에게 속한 자'라는 뜻입니다.

안디옥 교인들의 정체성을 오롯이 드러내는 명예로운 이름입니다. 그들은 삶을 통해 작은 예수의 모습을 보여 주었습니다. 물론 처음에는 경멸하는 투로 이렇게 불렀을 것입니다. 한국에서 예수님을 믿는 사람을 '예수쟁이'라고 멸시했듯이(아편 중독자를 얕잡아 '아편쟁이'라고 부르는 것처럼) 말입니다. 그러나 이후 기독교가 로마 세계를 점령했고, 그리스도인이라는 이름은 정말 자랑스러운 것이 되었습니다. 우리는 안디옥 성도들이 세상 사람들에게 이렇게 인정받은 것처럼 '그리스도께 전적으로 헌신된 사람'으로 살아가야 합니다. 바나바가 "굳건한 마음으로 주께 붙어 있으라"(23절)고 가르친 대로 안디옥 교회는 그리스도에게 붙은 '그리스도인'이 되었습니다.

소통하게 하는 사람, 바나바

안디옥 교회가 이렇게 모범적인 교회가 되기까지 바나바의 역할에 주목하지 않을 수 없습니다. 바나바는 대단한 설교가도, 문장력 좋은 문필가도 아니고, 지도력이 뛰어난 행정가도 아니며, 학문이 출중한 학자도 아니고, 놀라운 능력을 소유한 사람도 아니었습니다. 그러나 사도행전에서 중대한 사건들이 있을 때마다 연결고리 역할을 했습니다.

바나바는 다리 역할을 하는 사람이었습니다. 이를테면 바울을 사도들과 연결시켜 사역을 할 수 있게 하고, 예루살렘 교회와 안디옥 교회를 이어 주는 가교 역할을 합니다. 요사이 말로 하면 '소통하게 하는 사람'입니다.

특별히 예루살렘 교회가 재정적으로 어려움을 당할 때, 이제 막 설립된 선교 지역의 지교회였던 안디옥 교회에서 어머니 교회를 돕기 위한 운동을 전개하였습니다. 안디옥 교회는 모금된 구제금을 예루살렘 교회에 전달하기 위해서 바나바와 바울을 대표로 보냈습니다(행 11:30).

구제하는 교회

바나바는 영적인 것을 예루살렘 교회에서 안디옥 교회로, 물질적인 도움을 안디옥 교회에서 예루살렘 교회로 전달하는 헌신된 청지기였습니다. 후에 바울도 바나바의 이런 정신을 이어받아 자신이 세운 고린도 교회와 갈라디아 교회를 비롯하여 마게도냐와 아가야 성도들의 구제 헌금을 예루살렘에 전달합니다. 바나바와 바울은 예루살렘에서 일을 마치고, 마가를 데리고 안디옥 교회로 돌아옵니다(행 12:25).

바나바와 바울이 예루살렘에 구제금을 가지고 갔던 시기는 글라우디오 황제 때(주후 41-54년 재위)로 대략 주후 44년이었을 것입니다. 사도 가운데 첫 순교자인 야고보는 주후 44년에 순교하였습니다(행 12:1). 요세푸스에 의하면 예루살렘의 기근은 주후 46년이 정점에 달했습니다. 안디옥 교회는 예루살렘에 흉년이 들어 어려울 때 기쁨으로 자원하여 예루살렘 교우들을 위한 구제금을 보냈습니다. 로마서 15절 27절에서 바울이 말한 대로입니다. "신령한 것을 나눠 가졌으면 육신의 것으로 그들을 섬기는 것이 마땅하니라."

안디옥 교회는 그들이 하나님의 은혜로 회심하게 되었음을 예루살렘에 구제금을 보냄으로써 증거하고 있습니다. 안디옥 교회는 목회자 바나바를 닮았습니다. 바나바도 회심할 때에 자신의 밭을 팔아 사도들의 발 앞에 두고 사역을 시작했습니다(행 4:36-37). 바나바 개인의 물질관 변화에 이어 그가 목회하는 교회의 물질관 변화를 보여 줍니다. 우리 역시 이런 안디옥 교회의 모습을 본받아 구제하는 교회가 되어야 합니다.

동역하는 교회

안디옥 교회는 여러 사역자가 동역하는 교회였습니다. 사도행전 13장 1절에 보면 안디옥 교회에는 정말 다양한 사역자가 있었습니다. 바나바를 필두로 하여 니게르라 하는 시므온과 구레네 사람 루기오와

분봉왕 헤롯의 젖동생 마나엔과 바울입니다. 이들은 각각 다른 출신 성분을 가지고 있었지만 다양성 가운데 통일성을 이루었습니다. '다양성 가운데 통일성, 통일성 가운데 다양성'(Diversity in Unity, Unity in Diversity)입니다. 다양한 사람이 모여 하모니를 이루는 것입니다. 서울도 이제 다민족이 모여 사는 국제도시가 되었습니다. 중앙교회만 해도 한국 사람, 북한 사람, 중국 사람, 몽골 사람, 네팔 사람, 영어권 사람 모두 모여 있습니다. 서로 조화를 이루며 더불어 살아야 합니다.

바나바는 예루살렘 교회의 파송을 받고 와서 안디옥 교회를 지도한 영적 지도자입니다. 니게르라 하는 시므온은 아마도 북아프리카 흑인 출신이었을 것입니다. 일부 학자들은 이 사람을 '알렉산더와 루포의 아버지 구레네 사람 시몬'으로 추정합니다.

루기오는 리비아의 수도 구레네 출신으로 이방인이었다가 예수님을 믿게 된 사람입니다. 마나엔은 헤롯 안디바의 젖동생으로 왕궁에서 자라난 유대 귀족 출신입니다. 그리고 바울은 로마 시민권을 가진 차세대 유대 종교 지도자 훈련을 받았던 사람입니다.

이들이 한 교회에 모여 한 마음과 한 뜻으로 사역을 하였습니다. 이렇게 언어적, 문화적, 인종적, 계층적 차이를 극복하고 다양성과 통일성을 기할 수 있었던 안디옥 교회가 최초로 선교사를 파송하는 교회로 쓰임 받은 것은 당연한 결과입니다.

성령의 음성을 듣는 교회

안디옥은 모든 면에서 예루살렘과 비교가 되지 않을 정도로 크고 발달한 도시였습니다. 지리적으로도 교통의 요충지로서 선교의 전진기가 될 만한 매우 큰 이점이 있습니다. 더구나 안디옥 교회는 바나바와 바울의 열정적인 지도를 받으며 성령의 역사가 왕성한 교회였습니다.

주를 섬겨 금식할 때에 성령이 이르시되 내가 불러 시키는 일을 위하여 바나바와 사울을 따로 세우라(행 13:2)

안디옥 교회는 기도하는 교회였고, 성령의 음성을 듣는 교회였습니다. 교회는 성령의 말씀에 그대로 순종했습니다.

이에 금식하며 기도하고 두 사람에게 안수하여 보내니라(행 13:3)

안디옥 교회의 많은 장점 중에 가장 위대한 점은 탁월한 사역자 두 명을 성령의 음성에 순종하여 주저함 없이 선교사로 파송했다는 사실입니다.

중앙성결교회 초기의 역사를 보면 흥미 있는 부분이 눈에 띕니다. 담임목사가 분립 개척을 하면서 파송되어 나가는 모습을 보입니다. 채부동, 약수동, 독립문, 경안…, 이런 식으로 교회를 분립하여 교단을 이룰 수 있었습니다. 이런 모습은 바로 안디옥 교회와 닮은꼴이라고 할 수 있습니다. 중앙성결교회는 1986년에 성결교회 최초로 주진국 선교사를 케냐에 파송하기도 했습니다. 이와 같이 중앙성결교회는 안디옥 교회처럼 지도자를 파송하고 또한 많은 선교사를 배출한 교회입니다. 현재 모교회인 중앙성결교회의 정신을 이어받아 기독교 대한성결교단은 3,000교회, 80만 성도로서, 57개국에 선교사 996명을 파송하는 세계적인 교단이 되었습니다.

선교하는 교회

안디옥 교회는 한편으로는 본국의 교회를 돕고, 다른 한편으로는 해
외에 교회를 세웠습니다. 안디옥 교회는 선교하는 교회, 특별히 이방
인을 향해 선교하는 교회였습니다. 유대인을 향한 복음의 진군 중심
지는 예루살렘 교회였지만, 이방인을 향한 복음의 진군 중심지는 안
디옥 교회였습니다. 안디옥 교회는 유대인과 헬라인으로 이루어진 교
회였기 때문에 이방인 거주 지역의 교두보였습니다.

안디옥 교회는 본격적인 이방 선교의 전진기지가 되어 최초의 선
교사로 바나바와 바울을 파송하게 됩니다. 그리하여 안디옥은 바울
의 1, 2, 3차 선교 여행에서 본부 역할을 하게 됩니다(행 13:1-4, 15:40,
18:23). 예수님이 승천 직전에 하신 말씀대로 "땅끝"까지 예수님 증인
의 역할을 감당하게 됩니다. 안디옥 교회는 에배소, 골로새, 고린도,
갈라디아, 빌립보 교회의 모교회가 됩니다.

바나바와 바울(제1차 선교 여행 중반부터 사울이 바울이란 이름으로 바뀜)은
제1차 선교 여행을 다녀와서 안디옥 교회에 선교 보고를 했습니다.
축제와 승리의 보고회였을 것입니다.

> 그들이 이르러 교회를 모아 하나님이 함께 행하신 모든 일과 이방인들에
> 게 믿음의 문을 여신 것을 보고하고(행 14:27)

그런데 호사다마라고 이렇게 교회가 이방인에게까지 개방되고 믿
는 자의 수가 늘어나자 내적으로 문제가 일어나기 시작했습니다. 유

대(아마도 예루살렘)로부터 안디옥으로 내려온 사람들이, 새로 개종한 이방 기독교인들도 율법을 준수하고 할례를 받아야 한다고 주장한 것입니다. 교회 안에서 유대인과 이방인 사이에 신학적인 충돌이 일어난 것입니다.

예루살렘 공의회

구약의 선교 관점에 따르면 하나님의 백성이 되기 위해서는 이방인이 유대인처럼 되어야 했습니다. 이것은 구심력적인 선교로, 바깥에 있던 사람들이 안으로 들어오는 것입니다. 그러나 예수님은 이미 사도행전 1장 8절에서 예루살렘과 유대와 사마리아와 땅끝으로 나가는 원심력적 선교를 말씀하셨습니다. 이것은 율법이나 유대 문화의 굴레를 벗어나야 가능한 일입니다. 이방인 가운데 신자가 많아지면서 율법을 지켜 유대인처럼 되어야 한다는 주장과 예수 그리스도를 믿는 복음으로 충분하다는 주장 사이의 논쟁이 시작되었습니다.

이방인으로 구성된 안디옥 교회에서 이 문제는 더욱 첨예했습니다. 최고 지도자인 바나바와 바울을 예루살렘 교회로 파송하여 이 문제를 매듭지어야 했습니다. 이렇게 해서 예루살렘 공의회가 열리게 되었고, 이것은 선교 역사에 엄청난 획을 긋는 사건이었습니다. 여기서 바나바의 역할이 두드러집니다. 제1차 선교 여행 중에 바나바와 바울의 위상이 바뀌어, 바울의 이름이 먼저 나옵니다. 심지어 안디옥 교회에서조차 바울의 이름이 바나바보다 먼저 쓰여 있습니다. 하지만 예루살렘 교회에 도착해서는 "바나바와 바울이 하나님께서 자기들로 말미암아 이방인 중에서 행하신 표적과 기사에 관하여 말하는 것을 듣더니"(행 15:12)라고 표기합니다.

바나바가 주도적으로 안디옥 교회의 신학적 견해를 표명했던 것 같습니다. 아무래도 바나바가 예루살렘 교회 지도층과 친분이 깊었고, 그들에게 신뢰를 받고 있었기 때문일 것입니다. 그렇게 바나바는 이방인을 위해 변호했습니다. 결국 최초의 교회 회의였던 예루살렘 공의회(행 15:12-21)에서, 복음의 본질인 예수 그리스도를 믿는 믿음으로 구원을 받는다는 교리를 확정하였습니다.

안디옥 교회는 초대교회 중 최초로 이방인이 주로 구성된 교회입니다. 비록 그 설립자는 핍박으로 흩어진 평신도들이었지만 지도자인 바나바를 통해 비약적인 발전과 성장을 이루게 되었습니다.

안디옥 교회는 목회자 바나바를 많이 닮았습니다. 안디옥 교회는 헌신하는 교회였습니다. 바나바는 다른 사역자들이 사역을 잘 감당하도록 다리를 놓아 주는 사람이었는데, 안디옥 교회는 바나바, 루기오, 시므온, 마나엔, 바울 등이 공동 목회로 동역하는 교회였습니다. 바나바는 틈이 나는 대로 구제했는데, 안디옥 교회도 모교회인 예루살렘 교회가 위기에 빠지자 헌금을 모아 구제하였습니다. 바나바가 예루살렘 교회에서 파송을 받았듯이 안디옥 교회도 선교에 최적의 인물을 파송하는 선교하는 교회였습니다. 이와 같이 교회는 목회자의 성품과 성향에 영향을 받게 됩니다. 목회자들이 좋은 본을 보여야 하겠습니다.

바울의 제1차 선교 여행(행 13:1-14:28)

비잔티움

안키라

드로아

무시아

고르디움

갈라디아

앗소

아드리뭇데노

갑바도기아

미둘레네

버가모   두아디라

아시아

에게해

서머나   사데

안디옥

교회 장로를 세움

이고니온

앉은뱅이를 고침

에베소

비시디아

사모

밀레도

루스드라

더베

길리기아

마가 요한이 돌아감

버가

밤빌리아

다소

니도

앗달리아

안디옥

고스

로도

무라

실루기아

로도

바다라

라오디게아

살모네

살라미

그레데
(크레타)

바보

구브로
(키프로스)

지중해

총독 서기오 바울을 전도함

시돈

돌레마이

가이사랴

예루살렘

사
해

이집트

23

루스드라
Lystra

우리도 여러분과 같은 사람이라
사도행전 14:8-28

'사도행전'은 유대인과 이방인을 향한 복음의 진군 기록으로 볼 수 있습니다. 유대인은 예루살렘 교회를 중심으로, 이방인은 안디옥 교회를 중심으로 사역이 펼쳐지고 있습니다. 베드로는 유대인을 위한 사역의 주역입니다. 바울은 이방인을 위한 사역의 주역입니다. 그래서 사도행전은 베드로의 행적을 중심으로 하는 1장에서 10장까지, 바울의 행적을 중심으로 하는 13장부터 28장까지로 구분됩니다. 중간에 있는 11, 12장에서는 베드로와 바울의 기사가 번갈아 나옵니다. 그러면서 이방인 선교에 대한 비전이 펼쳐집니다.

이방인 선교의 비전

바나바와 바울은 제1차 선교 여행을 같이 떠났습니다(행 13:4-14:28). 그 전체적인 여정은 다음과 같습니다.

수리아 안디옥 – 실루기아 – 구브로 섬의 살라미 – 바보 – 밤빌리아의
버가 – 비시디아 안디옥 – 이고니온 – 루가오니아의 루스드라/ 더베 – (다
시 뒤돌아) – 루스드라 – 이고니온 – 비시디아 안디옥 – 밤빌리아의 버가/
앗달리아 – 수리아 안디옥

제1차 선교 여행은 지금의 터키 지역인 소아시아에 국한되었습니
다. 선교 여행을 거듭할수록 영역도 점점 넓어지고 거리도 점점 멀어
지게 됩니다. 바울은 제1차 선교 여행 때 12개 도시를 거쳐 2,300킬
로미터를, 제2차 선교 여행 때는 21개 도시 5,000킬로미터를, 제3차
선교 여행 때는 24개 도시 6,000킬로미터를 다녔습니다. 그 후 가이
샤라 감옥에 2년 갇혀 있다가 로마에 도착할 때까지 13개 도시 4,000
킬로미터 10년 동안 총 70개 도시 17,300킬로미터를 다녔다는 통계
가 있습니다(이재철, 『로마서 2』, 홍성사, 117쪽).

사도행전 13장부터는 자신의 연고지를 넘어가는 본격적인 선교의
시작이라고 볼 수 있습니다. 예수님의 열두 사도와 예루살렘의 일곱
집사에 의해 진행된 선교 외에 바울과 그의 동역자들을 통한 선교가
본격적으로 펼쳐집니다. 그 과정에서 사울은 바울로 호칭이 변경되면
서 선교를 수행합니다.

사울(Saul)은 히브리어로 '크다'는 의미이며, 바울(Paul)은 헬라어로
'작다'는 의미인데, 히브리에서 헬라 세계로 복음이 들어가는 것입니
다. 물론 안디옥 교회의 이방인 선교는 인간적인 책략에서 시작된 일
이 아닙니다. 성령이 바나바와 바울을 따로 세우시고 금식을 시키신
뒤에 이 사명을 맡기셨습니다. 따라서 그들은 초기부터 성령의 강한

확신 가운데 이방인 선교 사역에 임했을 것입니다.

두 사람이 성령의 보내심을 받아(행 13:4)

안디옥 교회가 바나바와 바울을 파송하고, 마가(요한)는 수행원으로 따릅니다. 안디옥에서 배를 타고 오론테스 강을 따라 26킬로미터 내려가 바다로 접어들어 실루기아(셀레우키아) 항구를 떠나 키프로스(구브로) 섬 살라미에 도착하였습니다. 이때가 주후 47년쯤입니다. 구브로는 바나바의 고향이니 고향을 먼저 방문한 것은 당연하다고 봅니다. 선교는 바로 자신의 지역에서부터 시작되어야 하는 것이지요.

살라미를 가로질러 섬 가운데로 130킬로미터 내려가면 남서부 해안 최고의 항구인 로마식 도시 바보(파포스)에 이릅니다. 바보에 가면 '바울 채찍 기념교회'가 있는데 여기에서 바울이 '사십에서 하나' 감

....
바울 채찍 기념교회

한 매를 맞았던 것 같습니다. 지금도 이곳에는 바울이 매를 맞을 때 매였다는 대리석 돌기둥이 남아 있고 '성 바울의 기둥'이라고 그리스어와 영어로 기록되어 있습니다. 이 교회에서 결혼하면 행복한 가정을 이룰 수 있다는 소문이 퍼져, 많은 신혼부부들이 이곳에서 백년가약을 맺기도 합니다. 예수님이 채찍에 맞으심으로 우리가 나음을 얻었듯, 바울이 당한 고난이 우리에게 행복을 줄 수 있다는 믿음 때문일 것입니다. 이와 같이 바울과 바나바는 선교 초기부터 극심한 고난을 겪었습니다.

서기오 바울의 회심

바울은 바보에서 총독 서기오 바울(Sergius Paulus) 앞에 서게 되었습니다. 서기오 바울은 분별력이 있는 사람이라 말씀을 듣고 판단하려고 했던 것 같습니다. 성경은 총독 서기오 바울이 지혜 있는 사람이라 하나님 말씀을 듣고자 했다고 긍정적으로 기록하고 있습니다. 하지만 거짓 선지자 바예수(엘루마)가 끼어들어 바울과 바나바를 대적하면서 방해를 했습니다. 여기 선교사와 마술사(박수무당)가 벌이는 영적 전쟁이 나옵니다. 박수무당은 교묘하게 총독이 믿음을 갖지 못하도록 방해했습니다.

이에 바울은 영적 분별력을 가지고 사태의 본질을 통찰하였습니다. 비록 그의 이름이 바예수(문자적으로는 '예수의 아들'이라는 의미)이지만, 실상 그는 자기 이름과 달리 예수님께 속한 자가 아니라, 어둠에 속하여 예수님을 대적하는 자였습니다. 그래서 바울은 성령의 권위로 흑암의 권세를 묶었습니다. 바울은 성령이 충만하여 "거짓과 악행이 가득한 자요 마귀의 자식이요 모든 의의 원수여 주의 바른 길을 굽게 하기를 그치지 아니하겠느냐?"(행 13:10) 하고 호통을 치며, 맹인이 되리라고 선언합니다. 이것은 멸하는 이적입니다. 예수님이 열매 맺지 못하는 무화과나무를 저주하신 일이 떠오릅니다.

바울도 한때 복음을 대적하다가 다메섹에서 눈이 먼 적이 있습니다. 마술사 엘루마는 즉시 빛을 잃고 앞을 분간하지 못하게 되었습니다.

라파엘로가 그린 「총독 서기오 바울의 회심」을 살펴보면 월계관을 쓰고 중앙에 앉아 있는 총독 오른편에 바울과 바나바가 있고, 왼편에는 눈이 먼 엘루마 그리고 놀라는 무리를 잘 포착하여 그려놓았습니다.

총독이 딛고 앉아 있는 단에는 "(루기오) 서기오 바울, (로마 제국의) 아시아쪽 총독. 사울(바울)의 선포를 듣고 기독교 믿음을 껴안은 자"(L. SERGIUS PAULLUS ASIAE PROCOS CHRISTIANAM FIDEM AMPLECTITUR SAULI PREDICATIONE)라는 비문이 새겨져 있습니다. 서기오 총독은 이적을 "보고 믿으며 주의 가르치심을 놀랍게 여겼습니다."

이것은 선교 시작 후에 믿음의 진보에 관하여 실명을 거론한 최초의 사건입니다. 또한 이 사건은 이후 선교 사역에서 벌어질 일들에 대한 예고편 같습니다. 전도자들은 영적인 반대에 직면할 때 성령의 능력으로 극복하며 복음을 전파해야 합니다. 이 사건을 통하여 영적인

바보 항구

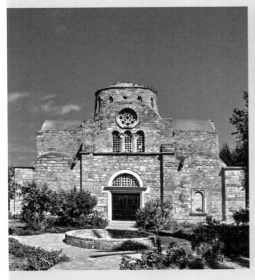

구브로의 바나바 기념교회

바나바 무덤 내부

권능이 바울에게 있음이 증명되고 앞으로의 선교 사역은 바울이 주도하게 됩니다. 이제 '바나바와 바울'이 아니라 '바울과 바나바'로 불립니다.

다시 바보에서 배를 타고 소아시아 본토 밤빌리아 해안에 도달하여 앗달리아 만으로 들어가 세스트루스 강 상류로 거슬러 올라가 버가라는 도시로 들어갔습니다. 그런데 여기에서 동행하던 마가(요한)가 팀에서 빠져 집으로 돌아갔습니다.

무슨 이유로 안디옥도 아니고 예루살렘으로 돌아갔는지 정확하게 알 수는 없습니다. 바울이 고난당하는 것을 보고 피하여 돌아갔는지, 어머니가 보고 싶어서 고향으로 돌아갔는지, 건강상의 이유로 돌아갔는지, 아니면 선교팀 내에서 바울의 위상이 바나바보다 우위에 서는 것을 받아들이지 못하여 돌아갔는지 알 수 없습니다. 그러나 이 사건이 팀워크에 부정적 영향을 준 것만은 분명해 보입니다.

바울은 이를 군인이 진영에서 탈영한 것으로 보았습니다. 그리하여 이 문제로 바나바와 제2차 선교 여행 때 논쟁을 벌이게 되었습니다. 여하튼 마가(요한)의 이탈에도 불구하고 선교 사역은 중단 없이 계속되었습니다. 버가에서 더 나아가 비시디아 안디옥에 이르게 되었습니다.

비시디아 안디옥

비시디아 속주는 주전 25년에 로마의 식민지가 된, 오늘의 터키 아나톨리아 지방입니다. 바울은 선교 여행에서 두 번이나 이곳을 지났고 이곳의 교회는 왕성하게 일어났습니다. 바울과 바나바는 비시디아 지방의 안디옥에 도착했습니다. 안디옥이라는 이름의 도시가 많았기에 이곳은 '비시디아 안디옥'이라고 불립니다. 반면 바울과 바나바를 파송한 안디옥은 수리아(시리아) 지방에 있다 하여 '수리아 안디옥'이라고 불립니다. 버가에서 비시디아 안디옥까지는 220킬로미터 정도 거리이며, 안디옥은 비시디아의 고지대 중심 평원이 있는 북쪽 지역의 중심 도시로서 지금은 터키의 소도시 얄바츠 지역입니다.

으레 그러했듯 안디옥에 도착한 바울과 바나바는 안식일에 회당을 찾아 예배를 드렸습니다. 유대인들은 회당예배에서 모세오경과 선지자의 글을 읽은 뒤에 참여한 이스라엘 남성 중에 한 사람에게 부탁하여 성경 해설을 하게 했습니다. 회당장은 처음으로 온 바울과 바나바에게 백성을 권할 말이 있는지 물었습니다. 복음을 전파할 기회를 준 것입니다.

누가는 안디옥 회당에서 행한 바울의 설교를 비교적 길게 인용하여 기록하고 있습니다. 바울은 회당에 참여한 청중을 "이스라엘 사람들과 및 하나님을 경외하는 사람들"로 부르면서 설교를 시작합니다. 여호와 하나님이 이스라엘의 선조들을 선택하신 것, 그들의 후손을 애굽에서 권능으로 구해 내신 것, 광야에서 이스라엘의 패역한 행동을 참으신 것, 젖과 꿀이 흐르는 땅을 주신 것, 최초의 왕 사울을 폐하고 다윗을 세우신 것, 그리고 다윗을 통해 그분의 뜻을 이루시는 하나님의 의지를 설명합니다.

바울은 예수님이야말로 다윗의 후손으로서 하나님의 뜻을 성취하기 위해 오신 분이라고 단언합니다(행 13:23). 대략 17년 전에 예루살렘에서 로마인들에 의해서 십자가에 처형된 나사렛 사람을 하나님이 약속하신 구주, 다윗의 후손이라고 선포한 것입니다. 유대인 관원들이 예수님과 성경을 몰라 그분을 십자가에 달아 죽였지만 하나님은 권능으로 예수님을 죽은 자 가운데서 살리시고 권능의 보좌 우편에 앉히심으로 영원히 이스라엘을 다스리게 하셨다고 증언했습니다. 바울은 마지막으로 이 영원히 썩음을 당하지 않을 예수님을 힘입을 때 즉 믿을 때 의롭다 하심을 받아 구원을 받는다고 선포하였습니다. 율법이 아닌 믿음에 의한 구원, 그리고 믿음의 대상인 '죽었다가 부활하신 예수님'을 증언한 것입니다.

바울의 설교는 대성공이었습니다. 그 다음 안식일에도 '이 말씀'을 전해 달라고 부탁을 받을 정도였습니다. 다음 안식일에는 더 많은 사람이 모여 하나님의 말씀을 들었습니다. 이렇게 해서 안디옥은 복음의 풍성한 열매를 맺게 되었습니다.

회당의 모임이 끝난 후에 유대인과 유대교에 입교한 경건한 사람들이 많이 바울과 바나바를 따르니 두 사도가 더불어 말하고 항상 하나님의 은혜 가운데 있으라 권하니라(행 13:43)

그 다음 안식일에는 온 시민이 거의 다 하나님의 말씀을 듣고자 하여 모이니(행 13:44)

하지만 유대인들은 바울을 시기하여 반박하고 비방했습니다. 바울의 설교에서 핵심은 율법으로 말미암는 의가 아니라 예수님을 믿음으로 말미암는 의였고, 그로 인해서 하나님의 친 백성이 된다는 것이었습니다. 유대인들이 보기에 바울의 설교는 이스라엘의 민족적 자부심과 율법의 권위를 무시하는 것이었습니다. 따라서 예수님이 메시아라는 것을 부정하거나 예수님을 믿을 때 의롭게 된다는 하나님의 말씀이 거짓이라고 비방했을 것입니다. 하지만 바울의 증언을 부정하고 비방하는 것은, 예수님을 통해 구원을 주고자 하시는 하나님의 은혜를 받지 않겠다는 말입니다. "영생을 얻기에 합당하지 않은 자로 자처"하는 것입니다.

바울은 유대인의 비방에 아랑곳하지 않고, 유대인이 거부하면 하나님의 은혜가 이방인에게 갈 것임을 분명히 했습니다. 유대인들은 비방했지만 "이방인들이 듣고 기뻐하여 하나님의 말씀을 찬송하며 영생을 주시기로 작정된 자는 다 믿더라"(행 13:48)고 누가는 기록하고 있습니다.

유대인들은 유력한 자들을 선동하여 바울과 바나바를 핍박하고 추방하였습니다. 바울과 바나바는 발의 티끌을 떨어 버리고 이고니온으로 갔습니다. 이고니온은 안디옥에서 128킬로미터 정도 됩니다. 그 길을 가면서 제자들은 슬픔에 젖은 것이 아니라 기쁨과 성령이 충만하였습니다.

제자들은 기쁨과 성령이 충만하니라(행 13:52)

이고니온에서의 사역

이고니온에 도착한 두 사도는 역시 안식일에 회당을 찾아가 설교함으로써 복음을 전파했습니다. 이고니온에서도 유대인과 헬라의 허다한 무리가 믿었습니다. 하지만 순종하지 아니하는 유대인들이 이방인들의 마음을 선동하여 두 사도에게 악감을 품게 했습니다. 이런 식으로 방해 공작을 폈지만 하나님은 두 사도에게 힘을 실어 주셨습니다.

두 사도에게 담대한 마음을 허락하여 주셨고, 또한 그들의 손으로 표적과 기사를 행하게 함으로 은혜의 말씀을 증언하게 하셨습니다. 결국 이 일로 이고니온 사람들은 유대인 편과 사도 편으로 양분되었습니다. 하지만 유대인들의 간계로 사람들이 돌로 두 사도를 치려는 상황이 되자 두 사도는 루가오니아 지방의 루스드라와 더베로 나갔습니다. 유대인의 폭력 수준과 위험이 증가했지만 두 사도는 거기서도 복음을 전했습니다. 산불을 진화하기 위해 회초리를 휘두르지만 불꽃이 더욱 번져나가는 형국입니다.

루스드라에서의 사역

루스드라는 이고니온에서 30킬로미터밖에 안 되는 가까운 거리에 있는 작은 성이지만 다른 방언을 사용하고 있었던 듯합니다. 이곳 루스드라에서 바울은 천당과 지옥에 떨어지는 경험을 동시에 했습니다. 하늘처럼 높아졌다가 땅바닥에 굴러떨어지는 두 가지 극단적인 반응을 접했습니다.

루스드라 지역은 유대인이 적은 곳이었기 때문에 다른 전략이 필요했습니다. 즉 회당을 찾아가는 방식은 사용할 수 없었습니다. 이 지역의 이방인들은 특히 우상 숭배에 빠져 있었습니다. 그들은 아우구스투스 황제를 신적인 존재로 추앙하여 신전을 짓고 지역의 신과 함께 섬겼습니다.

앉은뱅이를 치유함

루스드라에 들어선 바울과 바나바는 나면서부터 앉은뱅이 된 사람을 만났습니다. 이것은 베드로가 성전에 올라가다 미문에 앉아 있던

....
「루스드라의 바울과 바나바(Paul and Barnabas at Lystra)」, 17세기, 아드리안 반 스탈벰트(Adriaan van Stalbemt), 구리에 유화, 33×45cm, 슈타델 미술관, 프랑크푸르트.

앉은뱅이를 치료한 사도행전 3장 기사를 연상시킵니다. 바울이 앉은뱅이를 고친 사건은 베드로가 성전 미문에서 앉은뱅이를 고친 사건과 평행을 이룹니다. 바울의 사역과 베드로의 사역 안에 있는 연속성을 보여 줍니다.

바울은 그 앉은뱅이에게 '구원받을 만한 믿음'이 있음을 보았습니다. 여기에서 구원과 믿음이 등식을 이룹니다. 믿음으로 구원을 받는데, 그 믿음이 앉은뱅이에게 있었습니다. 바울은 "네 발로 바로 일어서라"라고 성령에 충만하여 외쳤습니다. 그때에 앉은뱅이가 일어나 걸었습니다.

바울이 행한 이적으로 인하여 일대 소동이 일어났습니다. 이 광경을 본 무리가 "신들이 사람의 형상으로 우리 가운데 내려오셨다"고 외치기 시작한 것입니다. 당시 그들은 파르테논 신전을 지어 놓고 여러 그리스 신들을 모시고 있었습니다. 그 중에 제일 높은 신은 제우스였고, 제우스의 아들이면서 메신저 역할을 하는 신이 헤르메스였습니다. 루스드라 사람들은 키가 크고 잘 생긴 바나바를 제우스의 화육이요, 말씀을 전하던 바울을 헤르메스의 화육이라고 생각했습니다. 이는 그들이 오비드(Ovid)의 신화집 『변신 이야기』(Metamorphoses)를 잘 알고 있었기 때문입니다. 그 이야기에 따르면, 과거에 최고의 신 제우스와 헤르메스가 가난한 여행자로 변장하고 쉴 곳을 찾아 루스드라를 방문했는데, 번번이 거절을 당했습니다. 오직 늙은 농부 부부인 필레몬과 바우키스가 숙소와 음식을 제공했습니다.

루벤스는 「바우키스와 필레몬」이라는 제목의 그림을 그렸습니다. 왼쪽에는 노부부 그리고 오른쪽에는 제우스와 헤르메스 그리고 식탁 위에는 음식이 놓여 있습니다. 제물로 드리려던 그 가정의 가장 귀한

「바우키스와 필레몬(Baucis and Philemon)」, 1630/1633, 페테르 파울 루벤스(Peter Paul Rubens).

소유였던 거위가 제우스 덕분에 죽음을 면하고 인간과 신 사이에 있습니다. 신들은 호의를 베푼 노부부에게 자신의 정체를 드러냈고, 신들을 박대한 자들은 개구리로 변했습니다. 바우키스의 오두막은 복을 받아 신전이 되고 그들은 제사장이 되었다는 이야기입니다.

루드스라 사람들은 앞을 다투어 바나바와 바울을 제우스와 헤르메스 신으로 잘 받들고자 했습니다. 제사장과 무리가 꽃과 황소 제물을 가지고 나왔습니다. 사람들은 복음을 듣고 하나님의 하시는 일을 보아도 다 자기 식대로 해석하고 받아들입니다. 하나님의 복음을 자기들의 신화와 연결시켜서 자기 편할 대로 생각하고 행동합니다.

복음은 헛된 신화, 잘못된 신화를 깨뜨리는 것입니다. 특별히 자기 신화를 깨뜨리는 것입니다. 삶을 고치고, 생각을 고치고, 말을 고치는 것입니다. 그런데 그들은 말씀을 들으면서도 자기 신화를 강화하는 데 쓰고 있습니다. 말씀을 자의적으로 해석하는 사람들이 그렇습니다.

이 일을 왜 놀랍게 여기느냐

바나바와 바울은 옷을 찢고 무리에게 소리 질렀습니다. 옷을 찢는 행위는 신성모독의 상황에 직면했거나 하나님 앞에 회개하는 모습입니다.

> 여러분이여, 어찌하여 이러한 일을 하느냐 우리도 여러분과 같은 성정을 가진 사람이라 여러분에게 복음을 전하는 것은 이런 헛된 일을 버리고 천지와 바다와 그 가운데 만물을 지으시고 살아 계신 하나님께로 돌아오게 함이라(행 14:15)

여기서 성정이란 죄악성과 연약성을 가리킵니다. 우리도 여러분과 다름 없는 부족한 사람이라는 말입니다. '특별한 사람이라서 이런 일을 하는 것이 아니다', '하나님이 함께하시면 누구나 할 수 있다', '나도 여러분과 같은 죄인이요, 구원을 필요로 하는 연약한 사람이다'란 말입니다. 자신의 한계를 솔직히 인정하는 말입니다.

바울과 바나바는 오직 하나님께 영광을 돌렸습니다. 그리고 자신들의 부족함을 고백했습니다. 베드로는 앉은뱅이를 고치고서, 놀라는 무리에게 "이스라엘 사람들아 이 일을 왜 놀랍게 여기느냐 우리 개인의 권능과 경건으로 이 사람을 걷게 한 것처럼 왜 우리를 주목하느냐"(행 3:12) 했습니다. 사도행전 10장 21-26절에서도 고넬료가 베드로에게 엎드려 절할 때 "일어나시오. 나도 사람이오" 했습니다. 하나님의 사람은 이렇게 하나님께만 영광을 돌립니다.

말씀 전하는 자보다 말씀이 더 귀합니다

하나님이 복음을 만민에게 전파하심은 '세상의 헛된 일을 버리고 살아 계신 하나님께 돌아오라'는 취지에서입니다. 그래서 바울은 오히려 이런 기회에 만물 가운데 살아 계신 하나님을 증거하였습니다. 그리고 이렇게 사람을 신격화하는 우상놀음이 '헛된 일'임을 알려 주었습니다. 사람의 칭찬을 받는 것은 헛된 일이며, 사람을 추앙하는 것도 헛된 일입니다.

바울은 루스드라 이방인들이 메시지보다 메신저를 더 귀하게 여기는 경향을 지적하고, 메신저에서 메시지로 관심을 바꿉니다. 말씀을 전하는 사람보다 말씀 자체가 더 귀합니다. 은사를 행하는 사람보다 은사를 주신 분이 더 귀합니다. 그리고 우주 만물을 만드시고 살아 계셔서 우리를 부르시는 하나님에 대하여 짧은 말씀을 전하였습니다. 이렇게 하여 겨우 무리를 말려 제사를 하지 못하게 했습니다.

　　그러는 사이에 안디옥과 이고니온의 유대인들이 루스드라까지 따라와 무리를 충동질했습니다. 사실 악한 일은 하나도 행하지 않았는데 바울을 돌로 치려고 했습니다. 조금 전까지만 해도 바울을 천사처럼 받들더니, 돌연 상황이 완전히 역전되었습니다. 특별히 미신적 특성이 강한 사람이나 지역은 극에서 극으로 치닫는 극단적인 반응을 보입니다.

　　기적에 박수갈채를 보내다가 사람들의 선동에 돌변하여 돌을 던집니다. 천사같이 전해도 돌을 맞는 경우가 있습니다. 바울은 스데반의 경우를 떠올렸을지도 모릅니다. 바울은 멜리데 섬에서 독사에 물렸을 때, 토인들로부터 살인자일 것이라는 오명을 들었습니다(행 28장). 하지만 그가 죽지 않자 이제는 반대로 신이라는 칭송을 받습니다. 루스드라에서와 반대입니다. 그러나 바울은 세상의 평판에 좌우되지 않고 한결같이 사역을 감당했습니다.

　　유대인의 충동질을 받아 사람들은 바울에게 돌을 던졌고 바울이 뇌진탕에 빠지자 죽은 것으로 간주하여 성 밖에 버렸습니다. 바울은 이때의 체험을 고린도후서 11장 25절에 "한 번 돌로 맞고"라고 기록하고 있습니다. 그러나 바울은 기적적으로 회생하였습니다. 다시 일어났습니다. '일어나'라는 단어 '아나스타스'는 예수님의 부활의 능력을 뜻하는 단어입니다. 부활을 암시합니다. 죽음에서 건짐 받은 바울은 루스드라 성에 들어가서 도리어 신자들을 안심시키고 위로하며 권면하였습니다.

루스드라는 디모데의 고향입니다. 루스드라에 사는 유대인 여성 로이스, 헬라인과 결혼한 그녀의 딸 유니게, 그리고 유니게의 아들 디모데는 바울의 고난을 직접 목격했습니다. 피투성이가 되어 들어온 바울을 처음 만난 것은 디모데가 17세쯤 되었을 때입니다.

이런 연유로 루스드라에서 바울은 산고를 겪으면서 디모데를 낳았습니다. 스데반이 산고를 통해 바울을 낳았듯이 바울은 자신의 고난을 통해 디모데를 낳은 것입니다. 디모데는 어머니 유니게와 할머니 로이스의 간호를 받아 어느 정도 상처를 수습하고 황급히 밤에 떠나는 바울을 목격했을 것입니다. 후에 바울은 이때의 일을 디모데에게 회상시키고 있습니다.

> 박해를 받음과 고난과 또한 안디옥과 이고니온과 루스드라에서 당한 일과 어떠한 박해를 받은 것을 네가 과연 보고 알았거니와 주께서 이 모든 것 가운데서 나를 건지셨느니라 무릇 그리스도 예수 안에서 경건하게 살고자 하는 자는 박해를 받으리라(딤후 3:11-12)

오직 하나님을 의지하여

바울의 선교 사역은 이런 상반되는 두 가지 반응의 연속이었습니다. 수고와 고생이 있었지만 환대와 기쁨도 있었습니다. 박해를 받았지만 칭찬도 받았습니다. 루스드라에서도 예외가 아니었습니다. 모든 영광을 취하도록 유혹을 받기도 하고(행 13:8-18), 바울을 죽이려는 시도도 있었습니다(행 13:19-28). 그럴 때 바울은 사람들의 환호와 경배를 거부하며 옷을 찢고 엎드리는 겸손 그리고 다시 일어나 성으로 들어가 복음을 전하는 물러섬 없는 용기를 보여 주었습니다. 여기서 배울 것은 두 가지입니다.

① 어떤 상황에서도 믿음을 지키라
② 하나님 나라를 위해 고난은 필수사항이다.

바울은 사람이나 환경을 의지하지 않고 오직 하나님을 의지하는 법을 배웠습니다. 올라갈 때와 내려갈 때, 기쁠 때와 슬플 때, 환영받을 때와 박해받을 때, 건강할 때와 병들었을 때, 있을 때와 없을 때, 어떠한 경우에라도 하나님만을 의지하는 법을 배웠습니다. 그가 많은 고난의 학교를 통과하며 배운 진리는 바로 이 고백에 담겨 있습니다.

형제들아 우리가 아시아에서 당한 환난을 너희가 모르기를 원하지 아니하노니 힘에 겹도록 심한 고난을 당하여 살 소망까지 끊어지고 우리는 우리 자신이 사형 선고를 받은 줄 알았으니 이는 우리로 자기를 의지하지 말고 오직 죽은 자를 다시 살리시는 하나님만 의지하게 하심이라(고후 1:8-9)

바울은 형편에 좌우되지 않는 자족의 도를 배운 것입니다.

내가 궁핍하므로 말하는 것이 아니니라 어떠한 형편에든지 나는 자족하기를 배웠노니 나는 비천에 처할 줄도 알고 풍부에 처할 줄도 알아 모든 일 곧 배부름과 배고픔과 풍부와 궁핍에도 처할 줄 아는 일체의 비결을 배웠노라 내게 능력 주시는 자 안에서 내가 모든 것을 할 수 있느니라(빌 4:11-13)

더베의 사역

바울은 돌에 맞고도 루스드라 성으로 들어가 신자들을 위로했고, 치료를 받았겠지만 온전하지 못한 몸으로 루스드라에서 더베로 나아갔습니다. 루스드라에서 더베는 100킬로미터 정도 됩니다. 더베에서도 복음을 전하여 많은 사람들을 제자로 삼았습니다. 이제 1차 선교 사역을 마무리하면서 바울과 바나바는 더베에서 안디옥으로 바로 돌아가지 않고 이전에 전도한 사람들을 심방하면서 돌아갑니다.

더베에서 바울의 고향 다소를 거쳐 수리아 안디옥으로 가는 것이 지름길이지만 온 길을 되짚어 먼 길로 돌아갑니다. 더구나 자기를 죽이려고 쫓아다니던 자들이 있는 곳으로 돌아갑니다. 성하지 못한 몸으로, 힘들고 어려움을 겪은 곳이지만, 돌로 쳤던 자들이 있는 곳이지만, 왔던 길을 되돌아서 갑니다. 400킬로미터 이상 돌아가야 하는 길입니다. 그러나 성도들을 만나 격려하고 양육하기 위해서입니다. 아직 그들의 믿음이 굳건하지 못하기 때문에 세워 주기 위함이었습니다.

그렇게 바울은 길을 되짚어 루스드라, 이고니온, 비시디아 안디옥으로 들어갔습니다.

제자들의 마음을 굳게 하여 이 믿음에 머물러 있으라 권하고 또 우리가 하나님의 나라에 들어가려면 많은 환난을 겪어야 할 것이라 하고(행 14:22)

바울이 믿는 자의 환난을 말하는 것은 새롭게 믿음을 갖게 된 새 신자들의 형편이 녹록지 않았음을 암시합니다. 그렇기에 더욱 바울은 목숨을 돌보지 않고 찾아간 것입니다. 밤빌리아에 이르러 말씀을 버가에 전하고 앗달리아로 내려가서 거기서 배를 타고 안디옥으로 돌아옵니다. 하나님이 행하신 일과 "이방인들에게 문을 여신 것을 보고" 하였습니다. 선교 보고 이후 안디옥에서 2년간 머무르며 사역을 합니다.

바울의 선교 전략

바울 선교의 특징은 거점 선교입니다. 한 발 한 발 전진하는 것이 아니라, 도시를 중심으로 거점에서 거점으로 큰 보폭으로 움직였습니다. 우선 바울이 교회를 세운 곳은 거의 대부분 유대교의 영향력이 집결된 장소였습니다. 그래서 안식일에 회당을 찾아가 복음의 말씀을 전했습니다. 그렇게 함으로써 흩어진 유대인에게 효과적으로 복음을 전파할 수 있었습니다.

또 바울이 교회를 세운 거점들은 헬라 문명의 중심지로서 로마 제국의 주요 도시이기도 했습니다. 바울은 상업의 중심지들에 교회를 세웠습니다. 자신은 새로운 곳으로 나가면서 이미 세워진 교회는 그 주변에 영향력을 확산해 나가도록 했습니다. 가는 곳마다 현지 지도자를 세웠습니다.

각 교회에서 장로들을 택하여 금식 기도하며 그들이 믿는 주께 그들을 위탁하고(행 14:23)

거점에 세워진 교회는 자체적인 힘으로 인근 지역에 복음을 전파할 수 있었습니다. 그리고 이제 후속조치로 바울은 다시 각 교회를 돌아보았습니다. 갈 수 없으면 편지를 보냈습니다.

바울은 큰 폭으로 움직이면서도 각 지방과 사람들의 특성을 잘 파악하여 그들이 이해할 수 있는 방법으로 복음을 전파했습니다. 이렇게 함으로써 땅끝까지 복음을 전파하려는 예수님의 지상명령을 효과적이고 전략적으로 지혜롭게 성취했습니다. 그 과정에서 우리는 고난과 박해에 직면하는 바울과 바나바를 보게 됩니다. 하지만 그 복음전파에 대한 열정이 결코 식지 않음도 아울러 보게 됩니다.

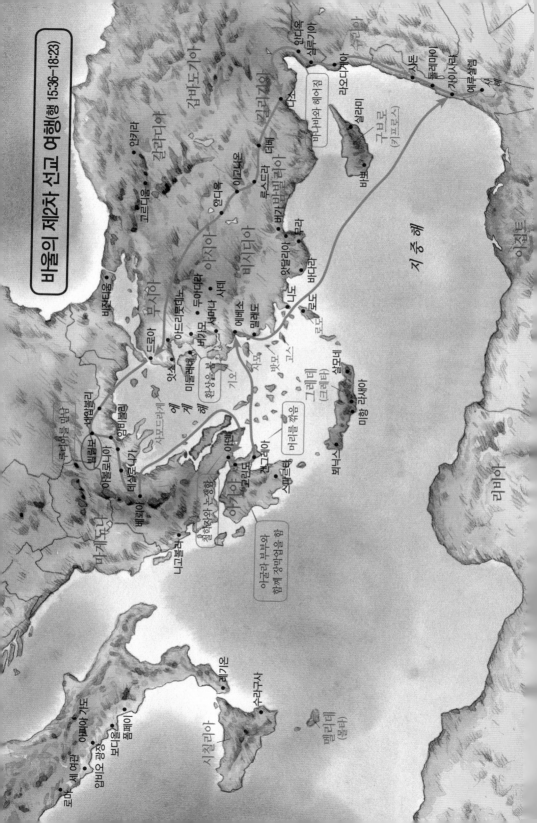

바울의 제2차 선교 여행(행 15:36-18:23)

24

빌립보
Philippi

어떻게 하여야 구원을 받으리이까?

사도행전 16:19-34

오직 복음에 의한 선교

제1차 선교 여행 후 바울과 바나바는 안디옥에서 사역하면서 예루살렘 공의회에 다녀왔습니다. 이 회의에서 베드로와 야고보와 바나바 등 초대교회 지도자들은 이방 선교를 더욱 가속화하는 중대한 결정을 내렸습니다.

구원은 오직 복음으로 충분하다는 것을 확인하고, 어떤 종류의 유대 율법이나 전통도 강요하지 않기로 결의한 것입니다. 물론 몇 가지 양해 사항은 주어졌습니다. 우상의 제물과 피와 목매어 죽인 것과 음행을 피한다는 네 가지 조항은 제시되었지만, 이는 구원의 조건이 아니라 이방인 신자와 유대인 신자가 식탁 교제를 나눌 수 있는 최소한의 조건을 확보하기 위한 것이었습니다.

이를 통해 기독교는 유대인과 이방인의 분열 위험을 극복하고 연합의 길을 열게 되었습니다. 그래서 바울과 바나바는 예루살렘 회의 후에 더욱 적극적으로 이방인 선교에 나서게 되었습니다. 그것은 율법에 얽매이지 않는, 오직 복음에 의한 선교였습니다.

선교팀의 분리

바울은 이미 세운 교회를 다시 방문하여 돌보거나 어느 한 곳에 머물면서 자기가 가지 못한 곳에는 편지를 써 보내는 편지 목회를 했습니다. 그래서 바울 서신서의 내용은 각 교회를 향한 편지입니다. 바울과 바나바는 그들이 세운 교회가 잘 자라고 있는지 돌아보기 위해 갈라디아 지방으로 가자는 데 의견 일치를 보았습니다.

그런데 마가(요한)의 문제로 갈등을 빚게 되었습니다. 마가는 제1차 선교 여행에 동행했다가 도중에 일행을 떠나 밤빌리아에서 예루살렘으로 돌아간 전력이 있습니다. 바울은 중도에 포기했던 마가를 대동하는 것에 반대했고, 바나바는 자신의 생질이기도 한 마가에게 다시 한 번 기회를 주어야 한다고 대립한 것입니다.

바울이 마가를 용서하고 다시 한 번 기회를 주거나, 바나바가 혈육의 정을 내려놓고 바울의 뜻에 따라야 했지만, 두 사람은 절충점을 찾지 못한 채 심히 다투다가 헤어지고 말았습니다. 바나바는 마가를 데리고 제1차 선교 여행 처음 기착지이며 자신의 고향인 구브로 섬으로 가고, 바울은 예루살렘에서 온 실라와 함께 수리아와 길리기아로 떠나게 되었습니다.

교회건 사역자건 성령 안에서 하나가 되어야 합니다. 그러나 이때 바울과 바나바는 그렇지 못했습니다. 바울과 같은 사역자에게도 여전히 주님을 닮아 가는 과정이 필요했습니다. 이 일만 두고 보면 바울은 사람보다 사역을 중시했던 것 같습니다. 그러나 이후 바울은 마가와 화해했고, 마가 역시 바울이 인정하는 훌륭한 동역자가 되었음을 다른 서신을 통해 확인할 수 있습니다.

한편 선교팀이 분리되는 것은 복음 전파의 면에서는 더 효율적이었을 수도 있습니다. 사람들은 신앙생활을 하면 모든 일이 자기가 원하는 대로 잘 풀릴 것이라고 기대합니다. 그러나 실상 신앙생활의 본질은 나의 뜻을 이루는 것이 아니라 하나님의 뜻을 따르는 것입니다.

제2차 선교 여행의 시작

이렇게 해서 바울의 제2차 선교 여행이 시작됩니다(15:36-18:22). 이때가 주후 50년 봄이었을 것입니다. 바울은 안디옥에서 북서쪽 '수리아 관문들'을 지나 길리기아 지방으로 나아갔습니다. 아마 가는 길에 고향 다소도 잠시 들렀을 것입니다. 조금 더 나아가 더베에서 반가운 이들과도 만났습니다. 그리고 루스드라에서 디모데를 만났습니다.

제1차 선교 여행 때 돌에 맞아 피투성이가 되었던 바울을 돌보아주었던 그 가정에서 만난 디모데가 그동안 놀랍게 성장해 있었습니다. 21세 정도였을 텐데, 벌써 루스드라와 이고니온의 모든 신자에게 칭찬과 인정을 받고 있었습니다. 바울이 얼마나 자랑스러웠겠습니까?

바나바의 일로 심적인 부담을 가지고 있었던 바울은 할머니 로이스와 어머니 유니게에게 디모데를 자신의 선교팀에 합류시키고 싶다고 부탁했을 것입니다. 그들은 자신들의 유일한 소망인 디모데를 바울에게 내어주었습니다. 세상의 헛된 영광보다는 하나님의 일을 위해서 자녀를 아낌없이 바친 것입니다. 그들은 사무엘을 하나님께 바친

한나에 비견될 것입니다. 이때부터 디모데는 바울의 신실한 동역자가 됩니다. 바울은 아들을 하나 얻은 기쁨을 누렸을 것입니다. 그 사이에 루스드라와 이고니온에 여러 교회가 세워지고 성도들은 나날이 많아졌습니다.

마게도냐 사람의 환상

사도행전 16장 6절을 보면 바울은 선교 행로를 놓고 갈등하게 됩니다. 바울은 아시아로 가기 위해 노력했는데, 성령이 막으시므로 브루기아와 갈라디아를 지나 무시아에서, 다시 북쪽 비두니아 쪽으로 가려고 합니다. 그러나 가는 길이 번번이 막혔습니다. 계획대로 진행이 되지 않는 것입니다. '예수의 영'이 허락하지 아니하시므로 바울은 하는 수 없이 서쪽 드로아 항구로 나아갔습니다. 드로아는 고대 트로이에서 약간 남쪽으로 내려온 곳입니다.

바울은 드로아에서 환상 중에 마게도냐 사람이 나타나 "마게도냐로 건너와서 우리를 도우라" 하는 음성을 듣게 됩니다. 그래서 아시아로 가려던 노력을 다 접어두고 배를 타고 마게도냐로 건너가게 됩니다. 이렇게 '성령', '예수의 영', '마게도냐 사람의 부름'이라는 삼중 인도에 따라 바울의 선교 일정과 방향은 송두리째 바뀌게 되었습니다(행 16:6-12).

성령이 주도하는 선교

안디옥 교회로 하여금 이방인 선교를 시작하게 하신 일, 소아시아에서 드로아로 인도하신 일, 그리고 에게 해를 건너 유럽 지역으로 복음을 전파하는 일, 이 모든 것은 선교 사역에서 성령의 주도하심을 잘 보여 줍니다. 바울의 뜻대로 된 것이 아닙니다.

역사학자들은 기독교가 서구의 찬란한 물질문명을 이룩하는 데 결정적인 공을 세웠다고 말하는데, 서구 기독교에서 역사적인 분기점은 바울이 드로아에서 아시아로 가지 않고 유럽으로 발길을 옮긴 데에 있습니다. 만일 바울이 원래 생각대로 아시아에 복음을 먼저 전했다면 오늘날 세계 역사는 완전히 달라졌을 것입니다. 한 전도자의 발길이 이렇게 역사를 바꿀 수 있습니다. 이는 한 개인에게도 마찬가지입니다. 오늘날 우리의 전도와 하나님을 믿는 삶이 앞으로 얼마나 큰 영향을 미칠 것인가를 충분히 예견할 수 있습니다.

사실 바울이 설정한 제2차 선교 여행의 주된 목적은 제1차 선교 여행 때에 세워진 교회를 돌보는 일이었습니다. 새로운 교회를 개척하는 것이 아니었습니다. "우리가 주의 말씀을 전한 각 성으로 다시 가서 형제들이 어떠한가 방문하자"(15:36).

하지만 성령은 그들을 새로운 곳으로 인도하셨습니다. 유럽 지역은 유대인에게 생소한 곳이었습니다. 소아시아는 같은 대륙에 속해 있기 때문에 문화적으로 친숙한 지역이었고, 디아스포라 유대인의 상당수가 아시아 대륙에 있었습니다. 하지만 유럽 지역은 문화적으로나 정신적으로 이질감을 많이 느끼게 하는 지역이었습니다.

익숙하지 않은 세계와의 조우

제2차 선교 여행은 바울 일행에게 '익숙하지 않은 세계와의 조우'가 되는 셈입니다. 낯선 환경에 대해서 두려움과 거부감을 느끼는 것이 인간의 자연스러운 심성이라면, 왜 세 차례에 걸친 성령의 강한 인도가 필요했는지를 짐작할 수 있습니다. 유럽으로의 진출은 바울 일행

드로아 옛 유적지
트로이 목마

에게 상당히 도전적인 일이었을 것입니다.

드로아에서 에게 해(지중해 북쪽)를 가로질러 북서쪽 바닷길로 가면 마게도냐(마케도니아)가 나오고, 남서쪽으로 내려오면 그리스 남부 아가야가 나옵니다. 사도행전의 저자 누가는 바울 일행이 드로아에서 마게도냐로 떠날 때부터 "우리"(행 16:10)라고 언급하는데, 이는 누가가 이곳에서 선교팀에 합류했기 때문일 것입니다.

드로아에서부터 실라, 디모데 그리고 누가가 바울과 함께했습니다. 원래 의사였던 누가는 드로아에서 멀지 않은 버가모에 있는 아스클레피온 병원 즉 당시의 의과대학에 다녀오는 길이었는지도 모릅니다. 이제부터 누가는 자신이 직접 목격한 내용을 중심으로 사도행전을 기록하고 있습니다.

네압볼리에 있는 바울 도착 기념교회(성 니콜라오 성당)

마게도냐 환상 | 바울 도착 기념교회 앞의 벽화로, 바울의 선교를 묘사하고 있다.

에그나티아 가도

바울 일행은 에게 해를 지나 아시아에서 유럽으로 가면서, 테네도스 섬, 헬레스폰트 해협, 사모드라게 섬을 지나 현재 그리스 카발라 네압볼리(Neapolis) 항구에 도착했습니다. 마게도냐 땅에 도착한 것입니다. 네압볼리는 드로아 항구에서 바닷길로 185킬로미터 정도 됩니다.

빌립보에 도착한 바울

바울 일행은 마게도냐 지방의 첫 성인 빌립보로 들어갔습니다. 네압볼리 항구에서 에그나티아 가도(Via Egnatia)를 따라 빌립보까지는 16킬로미터입니다. 바울의 그리스 선교 여정은 에그나티아 가도를 따라 전개되는데, 에그나티아 가도는 로마와 마게도냐와 소아시아를 연결하는 로마의 고속도로입니다. 이 길은 6미터 폭으로 전체 길이가 800킬로미터에 이릅니다. 네압볼리 항구에서 빌립보를 통해 데살로니가와 베뢰아를 거쳐 로마로 통하는 길이기도 합니다.

빌립보는 주전 42년 옥타비아누스(아우구스투스)가 부르투스 추종자들을 무찔러 세계의 운명을 결정했던 전투의 현장으로 유명합니다. 알렉산더 대왕의 아버지인 필리포스의 이름을 따서 빌립보라고 불렀습니다.

그곳에는 우상 신전이 많이 있었지만 회당은 없었습니다. 유대인들에게는 이런 말이 있습니다. "열 사람이 모여서 토라를 연구할 때 쉐키나의 영광이 그들 중에 있다." 그래서 유대인들은 어디를 가든지 성인 남성 열 명만 모이면 곧바로 회당을 지었습니다. 아마도 빌립보 지역에서는 유대인이 그 정도도 되지 않았든지 아니면 유대인에 대해 배타적이었던 모양입니다. 영적인 분위기와 복음 수용의 상태가 매우 열악했음을 짐작하게 해줍니다. 그 도시의 영적 수준이 어느 정도인지를 암시하고 있습니다.

빌립보 교회의 시작

바울 일행은 안식일에 조용하게 기도할 곳을 찾아 간지테스 강변에 앉아 있다가 소아시아 루디아 지방(터키)의 도시 두아디라 출신 루디아를 만났습니다. 이 이름은 루디아 지역에서 온 여인이란 뜻일 것입니다. 그녀는 두아디라의 특산품인 값비싼 자색 옷감을 파는 사업가였습니다. 루디아는 유럽의 첫 번째 개종자가 되어 간지테스 강에서 온 가족과 세례를 받았고, 그녀의 집은 빌립보 교회의 토대가 되었습니다.

주께서 그 마음을 열어 바울의 말을 따르게 하신지라 그와 그 집이 다 세례를 받고 우리에게 청하여 이르되 만일 나를 주 믿는 자로 알거든 내 집에 들어와 유하라 하고 강권하여 머물게 하니라(행 16:14-15)

빌립보에는 아폴로 신전이 있는 델피에서 일하는 무녀가 있었습니다. 델피의 신탁을 사람들에게 전해 주는 신통한 여자였습니다. 또 그 여자는 공동 소유여서 '주인들'이 그 여자를 통해 많은 수익을 얻고 있었습니다. 그런데 그 여자가 바울 일행이 누구인지를 알아보았습니다. 그녀는 여러 날 동안 바울을 따라다니며 "이 사람들은 지극히 높은 하나님의 종으로서 구원의 길을 너희에게 전하는 자라"(행 16:17)고 외쳤습니다.

어떻게 보면 사실을 말하여 바울 일행을 소개하는 것 같지만, 실

루디아 기념교회

루디아 기념교회 앞 간지테스 강

상은 하나님의 역사를 자신이 하는 귀신의 일로 격하시키려는 의도
가 들어 있습니다. 이것은 영적인 싸움입니다. 무녀의 이러한 행동은
전도에 적지 않은 방해를 초래했던 것 같습니다. 바울은 심히 괴로워
그 여인에게 "예수 그리스도의 이름으로 내가 네게 명하노니 그에게
서 나오라"고 했습니다. 그러자 즉시 귀신이 그 여자에게서 나갔습니
다. 바울이 영적으로 승리하셨고 그 여인은 귀신에게서 자유를 얻게
된 것입니다.

그러자 더 이상 그 여자를 이용하여 돈을 벌 수 없게 된 주인들이
바울 일행을 고발했습니다. 그들이 내세운 명분은 바울 일행이 소란
을 일으키고 풍기를 문란하게 한다는 것이었습니다. 자기들의 이기적
인 욕심을 감춘 채 마치 빌립보의 풍기를 염려하는 문화인처럼 행세

빌립보에서 바울이 갇힌 감옥

빌립보에서 바울과 실라가 재판받던 곳

하며 바울과 유대인에 대한 심한 편견을 드러냈습니다. 사실을 왜곡하고 과장하고 거짓으로 모함하면서, 바울 일행이 성을 소란케 하고 미풍양속을 해친다고 고발했습니다.

　이 일로 바울과 실라는 아고라 광장에 끌려가 매질을 당하고 감옥에 갇히게 되었습니다. 바울이 행한 것은 상을 받을 일인데 전혀 다른 반응을 겪게 된 것입니다. 하나님의 사람이라고 하는 바울에게, 더구나 복음을 전하기 위해 애쓰는 바울에게 어려운 일만 연속되는 것 같습니다. 이쯤 되면 웬만한 사람도 불평을 늘어놓게 될 것입니다.

　"왜 나에게 이런 어려움을 주시는가?" "내가 이곳에 오지 않겠다고 했는데 굳이 가라고 하시더니 결국 매 맞게 하려고 그러셨나?" "내가 잘못한 것이 무엇인가?" 그런데 본문 어디에도 바울이 이런 불평을 했다는 기록은 없습니다. 도리어 바울 일행은 지하 감방에서 기도했습니다. 기도가 깊어지니 찬송으로 바뀌었습니다. 지하 감방의 깊은 어둠보다 더 깊은 절망의 수렁으로 빠져드는 것이 보통 사람의 반응일 텐데, 바울과 실라는 한밤중에 기도하고 찬송을 부르기 시작했습니다. 온 죄수들의 귀에 울리도록 우렁차게 찬송했습니다. 이것은 가슴을 울리는 기도요 찬송입니다.

고난 중에 부르는 찬송

도대체 하나님이 누구시기에 이 밤중에도 노래할 수 있을까요?

　나를 지으신 하나님 곧 사람으로 밤중에 노래하게 하시며 (욥 35:10)

　하나님은 밤도 가져다주시지만 노래도 가져다주십니다. 손발이 다

묶여 있으니 무슨 행동을 할 수 있겠습니까? 입으로 기도하고 찬송하는 것밖에 없습니다. 그러나 고난 중에 부르는 찬송에는 강한 힘이 있습니다. 마음을 울리고, 영혼을 울리고, 간수들과 죄수들의 마음을 움직이는 감동이 있습니다. 그리고 그들에게 영적인 갈증을 일으킵니다. '도대체 하나님이 누구시기에 저들로 하여금 이 밤중에도 찬양하게 하시는가?'

바울과 실라의 찬송과 기도는 주님과의 교제를 강화시켜 주고, 감옥터를 크게 흔들고, 모든 매인 것을 풀었습니다. 아마 하나님이 그들의 찬송에 리듬을 맞추셨기 때문에 지진도 일어났을 것입니다. 지진이 일어나고 모든 결박이 풀어진 것은, 바울과 실라의 기도와 찬송에 하나님이 응답하신 것입니다. 찬송은 자연도, 인간의 마음도, 세상의 사슬도, 근심과 걱정과 아픔도 다 풀어지게 만듭니다.

바울의 태도는 일반적인 사회 통념을 깨는 것입니다. 사회 통념은 '감정이 행동을 지배한다'고 말합니다. 대중매체의 심리학은 지나치게 감정에 의존하고 있습니다. '좋게 느껴지면 그것을 하라'고 말합니다. '감정에 솔직해지라'고 말합니다. 감성 문화가 지배하는 상황은 더욱 그런 영향을 받습니다. 직장도 잃고, 수입도 줄고, 가진 것도 없고, 원하는 대로 되지 않으니 기분이 좋을 리 없습니다. 그래서 점점 더 우울해집니다. 부부관계에서도 그렇습니다. 서로가 상처를 주고, 실망을 주니, 사랑할 기분이 나지 않고, 그래서 관계가 더 멀어집니다. 더욱 비참한 기분이 듭니다. 모든 것이 귀찮고, 포기하고 싶고, 절망적으로만 보입니다. 이러다 우울증과 영적 침체에 빠지기 쉽습니다.

그러나 감정도 중요하지만 사람은 감정 이상입니다. 사람은 사고하고, 느끼고, 욕망하고, 행동합니다. 감정은 그 중 하나입니다. 인간은 지, 정, 의를 동시에 가지고 있습니다. 어떤 것이 부족하다 하더라도 다른 것으로 보완하거나 극복할 수 있습니다.

한 가지 분명한 것은 "문제는 피할 수 없지만 비참해지는 것은 선택할 수 있다"는 사실입니다. 우리는 감정이 행동에 영향을 미친다고 믿어 왔습니다. 하지만 이제는 더 적극적으로 행동이 감정에 긍정적인 영향을 줄 수 있다는 사실을 알아야 합니다. 바울의 상황은 노래할 기분이 아닙니다. 그러나 바울은 의지적으로 기도하고 찬양하기로 선택하였습니다.

긍정적인 행동의 힘

노래할 기분이 아니지만 노래하여 기분이 바뀔 수 있습니다. 부정적인 감정에도 불구하고 긍정적인 행동을 취하면 감정이 바뀔 수 있다는 것입니다. 그러므로 어떤 상황에서든지 '이 상황에서 취할 수 있는 가장 긍정적인 행동이 무엇인가?'를 물어야 합니다. 긍정적인 행동의 힘을 믿어야 합니다.

주일 아침에 교회에 가고 싶지 않은 감정이 생길 수 있습니다. 만약 감정에 따라 살았다면 지금쯤 '감정의 눈덩이'는 점점 커져서 당신을 더 큰 침체 상태로 몰아갔을 것입니다. 그런데 교회에 가고 싶지 않은 마음을 박차고 교회에 나가는 행동을 선택합니다. 그리고 설교 말씀을 듣습니다. 교우들을 만납니다. 기도하고 찬송합니다. 그러는 동안 당신의 마음은 새로운 희망을 보게 됩니다. 그래서 "교회에 잘 나왔지!" 하고 스스로 말하게 됩니다. 이것이 긍정적인 행동의 힘입니다. 현재의 부정적인 감정을 거슬러 먼저 긍정적인 행동을 하고 나면 후에 잘했다는 느낌이 드는 것입니다.

감정에 따라 살지 않고 행동으로 감정을 다스려야 합니다. 기차를 예로 든다면, 의지는 기관차이고 감정은 화차입니다. 기관차가 가면 화차는 따라옵니다. 실망스럽고, 상처받고, 좌절하고, 비참하게 느껴진다 해도, 이러한 감정이 행동을 통제하도록 내버려 두어서는 안 됩니다. 오히려 빌립보서에 언급된 대로 "아무것도 염려하지 말고 다만 모든 일에 기도와 간구로, 너희 구할 것을 감사함으로 하나님께 아뢰라 그리하면 모든 지각에 뛰어난 하나님의 평강이 그리스도 예수 안에서 너희 마음과 생각을 지키시리라"(빌 4:6, 7)는 말씀을 체험할 기회로 삼아야 합니다.

모든 상황에서 "무엇이 최선인가?", "무엇이 옳은 일인가?", "무엇이 사랑하는 것일까?", "무엇이 좋은 것일까?"를 물으십시오. 적극적인 행동은 문제를 치유하고 올바른 방향으로 나아가는 길을 제시해 줍니다.

바울은 아마 이때의 경험을 통해 이런 진리를 가르쳤을 것입니다. 바울은 옥중서신을 "찬송하리로다"로 시작합니다. 이들이 부른 찬송은 모르긴 해도 '오직 하나님 한 분만으로', '주님, 당신의 뜻이라면', '무슨 은혜를 주시려고' 같은 내용이었을 것입니다.

어떻게 하여야 구원을 받으리이까?

빌립보 감옥의 간수는 자다가 깨어 옥문이 열린 것을 보았습니다. 그리고 죄수가 도망갔으리라 생각하여 칼을 빼어 자결하려고 했습니다. 여기 하나님을 믿는 사람과 믿지 않는 사람의 극명한 차이가 있습니다. 하나님의 사람들은 극심한 오해와 고난 중에도 하나님께 기도하고 찬송하지만, 세상 사람들은 불행이 닥치면 목숨을 끊음으로 그 상황에서 벗어나려고 합니다.

바울은 그를 제지하기 위해 크게 소리 질렀습니다. "우리가 다 여기 있노라." 간수는 불을 밝히고 그들에게 뛰어갔습니다. 바울 일행은 지진으로 인해서 옥문이 다 열려 있었는데도 탈출하지 않고 그대로 어둠 속에 있었던 모양입니다. 그들을 발견한 간수는 마음이 녹아져 바울과 실라 앞에 무릎을 꿇고 "선생들이여, 내가 어떻게 하여야 구원을 받으리이까?" 하고 묻습니다.

감동을 체험한 것입니다. 수많은 죄수를 다루어 보았지만 이런 사람들은 처음이었습니다. 그들의 찬송과 기도가 가슴을 파고들었습니다. 쉽게 도망칠 수 있는 상황인데도 그곳에 남아 있는 저들은, 분명 세상과는 다른 고상한 원리에 따라 살고 있는 것으로 보였습니다. 죄수가 탈옥하면 간수로서 그에 대한 책임을 지고 처형당할 형편인데, 그들은 도망가지 않음으로써 오히려 그에게 생명의 은인이 되었습니다. 마음을 움직이는 힘은 감동밖에 없습니다. 여기 바울이 자유인이고 간수가 죄인이 된 기분입니다. 누가 진정 자유인입니까?

주 예수를 믿으라 그리하면 너와 네 집이 구원을 받으리라 (행 16:31)

구원을 위한 처방은 오직 예수님을 믿는 것입니다. 이것은 사도행전에 나오는 요한복음 3장 16절입니다("하나님이 세상을 이처럼 사랑하사 독생자를 주셨으니 이는 그를 믿는 자마다 멸망하지 않고 영생을 얻게 하려 하심이라"). 이것이 복음의 핵심입니다. 그 밤에 간수와 그 가족 모두가 예수님을 영접하고 세례를 받았습니다. 이것은 사도행전에서, 가족 전체가 구원을 받은 세 번째 기사입니다. 첫 번째는 고넬료 가정(10:33), 두 번째는 루디아 가족(16:14), 세 번째는 빌립보 감옥 간수의 가족(16:33)이고, 마지막으로 회당장 그리스보의 가족은 18장 8절에 등장합니다. 간수는 바울과 실라의 상처를 씻어 주고, 바울은 저들의 죄를 씻어 줍니다. 서로 씻어 주고, 함께 먹고, 크게 기뻐했습니다.

다음날 아침 상관들이 바울과 실라를 풀어주라는 지시를 내렸습니다. 그런데 바울을 "그럼 그렇지" 하고 떠나지 않고 자신이 로마 시민인 것을 밝히며 상관들이 직접 와서 말하라고 하였습니다. 왜 바울은 조용히 떠나지 않고 자신이 로마 시민임을 밝히며 전날 있었던 불법적인 재판 절차를 지적했을까요?

로마법에 의하면 로마 시민에게는 정식 재판과 공식 유죄 판결에 의해서만 매질을 할 수 있었습니다. 그런데 바울과 실라에게 유죄 선고도 없이 공개 매질을 했으니 명백한 위법 행위였습니다. 그런데 바울이 이를 문제 삼은 것은 자신의 안녕이나 손해 배상을 위해서가 아니었습니다. 바울은 빌립보에서 복음 전파의 정당성을 확보할 기회를 얻기 원했습니다. 이제 막 시작된 교회가 더 이상의 위협을 당하지 않도록 확실한 보증을 만든 것입니다. 교회의 유익을 위한 것입니다.

바울 일행은 감옥에서 나와 루디아의 집으로 들어가 형제들을 만나 위로하고 데살로니가로 떠났습니다. 그들이 바로 빌립보 교회의 기초가 되었습니다. 이때부터 빌립보 교회는 바울 선교 사역의 후원자가 되었습니다. 루디아가 중심이 되었을 것입니다. 마게도냐와 데살로니가에 있을 때도 도왔고, 로마 옥중에 있을 때도 에바브로디도를 통해 위문품을 보냈습니다.

너희가 첫날부터 이제까지 복음을 위한 일에 참여하고 있기 때문이라
(빌 1:5)

빌립보 사람들아 너희도 알거니와 복음의 시초에 내가 마게도냐를 떠날 때에 주고 받는 내 일에 참여한 교회가 너희 외에 아무도 없었느니라 데살로니가에 있을 때에도 너희가 한 번뿐 아니라 두 번이나 나의 쓸 것을 보내었도다 내가 선물을 구함이 아니요 오직 너희에게 유익하도록 풍성한 열매를 구함이라 내게는 모든 것이 있고 또 풍부한지라 에바브라디도 편에 너희가 준 것을 받으므로 내가 풍족하니 이는 받으실 말한 향기로운 제물이요 하나님을 기쁘시게 한 것이라 나의 하나님이 그리스도 예수 안에서 영광 가운데 그 풍성한 대로 너희 모든 쓸 것을 채우시리라(빌 4:15-19)

변장된 축복

바울의 제2차 선교 여행을 전반적으로 검토해 보면 동역자 선정 문제, 선교 경로의 선택, 복음 전파의 장애물 등 여러 면에서 바울의 뜻대로 되지 않았습니다. 바울의 계획대로 된 것이 아니었습니다. 그러나 그때그때 주시는 하나님의 위로와 인도가 있었습니다. 바울은 주어진 상황에서 긍정적인 행동을 취함으로써 계획 이상의 성과를 거두게 되었습니다.

분열의 아픔을 딛고 선교팀이 확대되었고 사역자가 발굴되었으며, 유럽 지역으로까지 복음이 확장되었습니다. 복음 전파가 어려울 것 같던 유럽 지역에 첫 번째 교회가 세워졌고, 환난 중에서도 역사하시는 하나님의 손길을 체험할 수 있었습니다. 이방인 한 가족이 온전히 개종하는 놀라운 일도 벌어지게 되었습니다. 그래서 바울은 빌립보서

1장 12-13절에서 이렇게 회상합니다.

> 형제들아 내가 당한 일이 도리어 복음 전파에 진전이 된 줄을 너희가 알
> 기를 원하노라 이러므로 나의 매임이 그리스도 안에서 모든 시위대 안과
> 그 밖의 모든 사람에게 나타났으니(빌 1:12-13)

성경은 믿는 자들에게 문제가 없을 것이라고 약속하지 않습니다. 그러나 문제를 이길 수 있는 길을 약속하고 있습니다. 그것은 느낌에 의해서가 아니라 믿음에 기초하여 결단할 때입니다. 긍정적인 행동의 능력을 약속합니다. 어려운 시기에도 찬양하면 영혼 추수의 기쁨을 주십니다. 이것이 변장된 축복입니다.

25

아덴
Athens

알지 못하는 신에게

사도행전 17:16-34

정거장식 전도

바울은 예수님이 말씀하신 대로 이 동리에서 저 동리로 옮겨가며 말씀을 전했습니다. 각각의 도시는 주변 지역에 영향력을 미칠 수 있는 중요한 거점이었습니다. 이것을 '정거장식 전도'라고 합니다. 제2차 선교 여행에서 바울 일행은 성령의 인도하심을 따라 마게도냐로 들어오게 되었고 유럽 지역 최초의 교회인 빌립보 교회를 세우게 되었습니다. 하지만 그곳에서 일어난 분란으로 인해서 반강제적으로 쫓겨나게 되었습니다.

바울 일행은 빌립보를 나와 남서쪽으로 60킬로미터를 걸어서 암비볼리로 나아갔습니다. 바울은 에그나티아 가도를 따라 이동하면서 주전 4세기경에 만들어진 암비볼리 사자상(Lion of Amphipolis) 곁을 지났을 것입니다. 이 사자상은 알렉산더 대왕의 3대 장군 중 한 사람인

라오메돈(Laomedon) 장군의 업적을 기념하여 그의 무덤에 세운 기념
물입니다. 거기서 다시 50킬로미터를 걸어 아볼로니아를 다니면서 전
도했습니다.

전체적으로 볼 때 바울 일행은 북쪽에서 남쪽 방향으로 전진하면
서, 마게도냐 남쪽 도시를 가로지르는 해안 도로를 따라 움직였습니
다. 그리고 아볼로니아에서 60킬로미터 떨어진 데살로니가에 들어왔
습니다. 데살로니가는 빌립보에서 150킬로미터 떨어진 칼케돈 반도에
위치하고 있습니다. 주전 315년경 마게도냐(마케도니아) 왕 카산드로스
는 인근 26개 촌락을 중심으로 도시를 건설한 뒤 아내 '데살로니가'
(알렉산더 대왕의 이복누이이기도 함)의 이름을 붙였습니다. 당시 12만 명
이 거주하였던 것으로 추정되는데, 그리스인, 유대인, 로마인, 기타 민

족 순으로 많이 살고 있었다고 합니다. 데살로니가는 소아시아와 로마의 교차 지점으로 군사, 상업, 그리스 철학이 깊이 뿌리를 내린 도시였으며, 로마의 지배를 받고 있었지만 무척이나 자유로운 도시였다고 합니다. 데살로니가 항구는 배들이 접안하기에 편리한 곳이기도 합니다.

데살로니가 교회의 시작

바울은 데살로니가에서도 안식일에 회당을 찾아가 복음을 전파했습니다. 바울의 성경 해설과 설교의 핵심은 "그리스도가 해를 받고 죽은 자 가운데서 다시 살아나야 할 것"이며 "이 예수가 곧 그리스도"라는 것입니다. "예수가 곧 그리스도"(행 2:36, 5:42, 9:22, 17:3)라는 것은 초대교회 메시지의 핵심으로, 예수는 이름이고 그리스도는 직함입니다. 구약 성경은 '오실 메시아'이신 '그리스도'에 대한 예언이었습니다. 예수가 바로 그 메시아라는 것입니다.

바울의 전도는 곧 열매를 맺어, 경건한 헬라인의 큰 무리와 적지 않은 귀부인들이 믿기 시작했습니다. '큰 무리'와 '적지 않은' 사람들이 회심한 것으로 보아, 데살로니가에는 진리에 목마른 이들이 많았음을 알 수 있습니다. 하나님은 그들의 마음을 열어 복음을 듣고 믿게 하셨습니다. 그런데 복음으로 인해 큰 움직임이 일어나자 유대인들의 시기도 커졌습니다. 바울은 더 이상 유대인의 회당에서 전도할 수 없게 되었습니다. 이에 바울은 야손의 집을 중심으로 복음 전파 사역을 계속해 나갔습니다. 이렇게 하여 데살로니가 교회가 탄생하게 되었습니다.

화평이 아니라 검을 주러 왔노라

바울의 설교가 얼마나 큰 영적 각성을 일으켰는지는 반대자들의 주장을 살펴보면 알 수 있습니다. 유대인 반대자들은 바울 일행을 고소하면서 "천하를 어지럽게 하던 사람들"이라는 별명을 붙여 주었습니다(행 17:6).

복음이라는 새로운 가치와 세계관이 들어오면서 종전의 세계에 변화가 일어나는 것은 당연한 결과입니다. 예수 그리스도의 복음은 죽음과 어둠에 휩싸인 이 세상에 빛과 생명을 주는 것입니다. 따라서 갈등과 싸움이 일어나고 격렬한 변화가 일어납니다.

> 내가 세상에 화평을 주러 온 줄로 생각하지 말라 화평이 아니요 검을 주러 왔노라(마 10:34)

이때 예수를 믿게 된 사람들 중 야손, 아리스다고, 세군도, 가이오 등이 있었습니다(행 19:29, 20:4). 바울을 따라다니다가 선교 여행 도중 되돌아간 데마도 이때 예수를 믿은 것으로 보입니다(딤후 4:10).

바울이 최초로 쓴 편지인 데살로니가전서에 따르면, 바울은 이곳에서 사역할 때 그들에게 폐를 끼치지 않기 위해서 자비량으로 일을 하면서 복음을 전했습니다. 아마도 빌립보 교회의 후원을 받고 있었을 것입니다.

> 형제들아 우리의 수고와 애쓴 것을 너희가 기억하리니 너희 아무에게도 폐를 끼치지 아니하려고 밤낮으로 일하면서 너희에게 하나님의 복음을 전하였노라(살전 2:9)

결국 유대인들은 바울 일행을 견딜 수가 없어 저자의 불량한 사람들을 고용하여 소동을 일으켰습니다. 그들은 야손의 집을 습격하여 바울과 그 일행을 잡으려 했지만 실패하자, 공간을 제공한 야손과 다른 몇 사람을 잡아 읍장들에게 고소했습니다.

당시 로마 제국은 티베리우스 황제가 집권했는데, 그는 음모로 황제가 된 사람으로서 항상 정통성 시비에 시달리고 있었습니다. 그래서 조금이라도 의심이 들면 바로 그 대상을 숙청하고, 제국 내의 어떤 도시에 조금이라도 반란의 기운을 보이면 무력으로 진압하였습니다. 유대인들은 황제의 이런 태도를 십분 활용하여 읍장들을 압박했습니다. "이 사람들이 다 가이사의 명을 거역하여 말하되 다른 임금 곧 예수라 하는 이가 있다 하더이다"(행 17:7).

이 말을 듣고 황제를 두려워하지 않을 사람은 없을 것입니다. 야손은 보석금을 내고 석방이 되었지만, 분위기기 심상치 않음을 간파한 데살로니가 교회는 바울과 그 일행을 야음을 틈타 도시 밖으로 내보내기로 했습니다. 이렇게 해서 바울의 데살로니가 사역은 갑자기 중단되었습니다.

모든 믿는 자의 본이 된 교회

비록 불시에 사역이 종료되었지만 데살로니가 교회에 대한 바울의 사랑과 그리움은 그가 쓴 서신에 잘 드러나 있습니다. 바울은 데살로니가 교회가 "하나님 아버지와 주 예수 그리스도 안에" 있다고 했습니다(살전 1:1, 살후 1:1). 바울은 데살로니가 교회로 인해서 항상 감사의 기도를 드렸습니다. 그들의 "믿음의 역사, 사랑의 수고, 소망의 인내"를 기억하기 때문이었습니다.

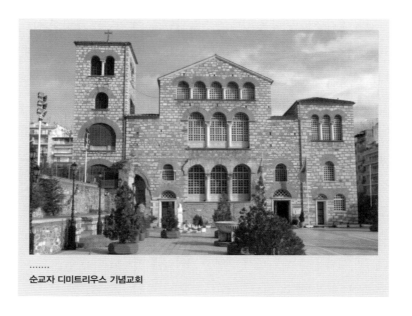

....
순교자 디미트리우스 기념교회

바울은 하나님이 그들을 택하셨음을 확신하고 있었습니다. 그래서 복음이 말로만 아니라 능력과 성령과 큰 확신으로 전달되었고, 그들은 환난 가운데도 성령의 기쁨으로 말씀을 받아 바울 일행과 주님을 본받는 자가 되어, "마게도냐와 아가야에 있는 모든 믿는 자의 본이 되었다"(살전 1:2-7)고 했습니다.

데살로니가 교회는 바울의 "자랑이요 영광이요 기쁨"이 되었습니다. 바울이 상대적으로 짧은 기간 머물렀음에도 불구하고 교회가 얼마나 빨리 성장했는지, 얼마나 많은 좋은 동역자들을 배출했는지 칭찬을 많이 하고 있습니다. 지금 데살로니가에 가면 그리스 최대 규모의 정교회인 디미트리우스 교회(Agios Dimitrios)가 있습니다. 306년 막시미아누스 황제에게 처형을 당한 디미트리우스의 순교를 기념하여 410년에 세워진 아름다운 교회입니다.

바울의 강단 | 바울이 서서 복음을 전했다는 강단을 중심으로 왼편에는 베뢰아로 가라고 말하는 천사(맨 위 왼쪽 그림), 오른편에는 복음을 전하는 바울(위쪽 그림)의 모습이 모자이크로 새겨져 있다.

베뢰아 사역

데살로니가 교인들은 밤에 바울과 실라를 데살로니가에서 100킬로미터 떨어진 베뢰아(베리아)로 도피시킵니다. 바울과 실라는 용기를 잃지 않고 베뢰아에서도 하나님의 말씀을 증거하였습니다. 베뢰아 사람들은 데살로니가 사람들보다 더 신사적이고, 훌륭한 청중이었습니다. 그들은 간절한 마음으로 말씀을 받았고, 그 말씀을 날마다 상고했습니다. 열린 마음으로 성경 공부를 열심히 한 것입니다. 그래서 많은 사람이 신자가 되었습니다. 그 중에는 헬라의 귀부인과 남자들이 있었습니다.

> 베뢰아에 있는 사람들은 데살로니가에 있는 사람들보다 더 너그러워서 간절한 마음으로 말씀을 받고 이것이 그러한가 하여 날마다 성경을 상고하므로(행 17:11)

소바더는 베뢰아 사람으로서 바울의 동역자가 되었습니다(행 20:4). 하지만 데살로니가의 유대인들이 베뢰아 소식을 듣고는 사람들을 그곳까지 보내어 바울을 박해하려 했습니다. 악인도 부지런히 악을 행하는 법입니다. 성도들은 바다까지 바울을 안내하여 마게도냐를 떠나 아가야 지방으로 피신하게 했습니다. 실라와 디모데는 베뢰아에 머물고 바울 혼자 아덴으로 떠났습니다. 바울은 가는 곳마다 반대자들의 주요 표적이 되었기에, 자신이 다른 곳으로 감으로써 저들의 관심을 흩트리고 그 사이에 실라와 디모데를 통해 아직 연약한 성도들을 도우려는 것이 바울의 의도였습니다.

아덴에 도착한 바울

이제 바울은 홀로 그리스 문명의 산실이며, 아티카 반도 중앙인 살로니키 만 연안에 위치한 아덴(아테네)에 도착하게 됩니다. 신화에 따르면 이 도시가 처음 세워질 때 아데미 여신과 포세이돈 사이에 주도권 경쟁이 있었습니다. 아덴 사람들에게 더 유용한 선물을 가져오는 신이 수호신이 되기로 했답니다. 지혜의 신 아데미는 올리브 기름을 주는 올리브 나무를, 바다의 신 포세이돈은 짠 물을 제공했습니다. 결과는 아데미의 승리였고 여신의 이름을 따라 도시 이름이 지어졌습니다.

아테네는 주전 5세기 이래 가장 주요한 도시국가 중 하나로 헬라의 수도였습니다. 로마, 알렉산드리아와 더불어 세계 3대 도시 중 하나였

....
파르테논 신전(주전 438년)

....
아테네와 아크로폴리스(뒷편)

으며, 세계 문명의 발상지로서, 철학과 문학, 예술 등 헬라 문명의 중심지였습니다. 아크로폴리스 언덕에는 세계 9대 불가사의 중 하나이며 유네스코 지정 인류 문화유산 1호인 파르테논 신전(주전 438년)이 있습니다. 건축과 문화, 예술이 발달한 아름다운 도시이며, 소크라테스, 플라톤, 아리스토텔레스로 이어지는 서구 지성사가 시작된 곳, 고대의 유명한 대학들이 있는 곳이기도 합니다.

라파엘로는 교황 율리우스 2세의 요청에 따라 바티칸 '서명의 방'에 위대한 사상가들의 초상화를 그렸습니다. 「성만찬에 대한 논쟁」과 마주한 벽에 「아테네 학당」을 그렸습니다. 그리고 「아테네 학당」 프레스코 벽화에 고대 그리스 문화를 융성하게 한 인물 54명을 그려 놓았습니다. 이것은 로마 가톨릭 사상을 대변하는 그림입니다. 자연법 위의 신법, 이성과 신앙의 조화, 헬라 철학과 기독교의 종합입니다.

인물들은 대부분 철학자, 천문학자, 수학자입니다. 중앙에 머리가 벗겨진 플라톤(Platon)은 옆구리에 '티마이오스'(Timaeus)라 쓰인 책을 끼고 '이데아'에 대해 설명하듯 손가락으로 하늘을 가리키고 있습니다. 아리스토텔레스 역시 『니코마코스 윤리학』이라는 책을 허벅지에 받치고 현실 세상을 가르칩니다.

계단 한복판에 보라색 망토를 깔고 비스듬히 누워 있는 사람은 명예와 부귀를 천시했던 견유학파 디오게네스(Diogenes)입니다. 화면 왼쪽 아래에는 약간 대머리에 쭈그려 앉아 책에 입체원형을 그리고 있는 피타고라스(Pythagoras)가 있습니다. 오른쪽에는 왼손으로 머리를 받치고 사색에 빠진 채 대리석 탁자 위에 무엇인가를 쓰고 있는 헤라클레이토스(Heracleitos)가 보입니다. 헤라클레이토스는 나중에 삽입된

....
「아테네 학당(Scuola di Atene)」, 1511, 라파엘로(Raffaello Sanzio), 프레스코화, 579.5×823.5cm,
바티칸 박물관, 바티칸.

것으로 미켈란젤로를 모델로 하였다고 합니다. 오른쪽 아래에는 허리
를 굽혀 컴퍼스를 돌리며 다음 세대를 가르치는 유클리드(Euclid)가
있으며, 뒤에는 별이 반짝이는 천체 구(球)를 한 손으로 받쳐 든 프톨
레마이오스(Claudios Ptolemaeos)가 있습니다.

건물 내부에는 아폴로와 아테네의 신상들 그리고 밖으로는 푸른
하늘이 보입니다. 서양 문화가 고대 오리엔트와 그리스 문화에 영향
을 받았다고 할 때, 여기 등장하는 소크라테스, 플라톤, 아리스토텔
레스, 제논(Zenon), 플로티노스, 디오게네스, 프톨레마이오스, 유클리
드, 피론, 피타고라스, 아낙사고라스, 아낙시만드로스, 고르기아스,
헤라클레이토스, 에피쿠로스 같은 인물이 중요합니다.

온 성에 가득한 우상

바울은 그곳에서 무엇을 주목해서 보았을까요? 사람들은 다 자기의 주된 관심사에서 사물을 보기 마련입니다. 대단한 학문일까요? 정교한 예술품일까요? 놀라운 문명일까요? 아닙니다. 바울은 "온 성에 우상이 가득한" 것을 보았습니다.

어떤 고고학자는 당시 아테네에 인구보다도 많은 3만여 우상이 있었다고 합니다. 아테네 광장에만 300개가 넘는 신상이 있었습니다. 교육의 도시이자 문화와 철학과 예술이 가장 발달한 문명 도시로 이름난 아테네에 우상이 가득하다는 것은 전혀 어울리지 않는 것 같습니다. 그러나 실제로 아테네가 그랬고, 일본이 그렇고, 오늘 우리 주변의 모습이 그렇습니다. 서울의 대학로에 한 번 가보세요. 포장을 뒤집어 씌운 가판점에 '타로', '사주' 등의 푯말이 붙어 있습니다. 인터넷에 들어가 보세요. '사주 카페'가 성업 중입니다.

발달한 과학문명, 최첨단의 기술, 편리한 문명의 이기들, 최고의 지성들 사이사이에 우상이 가득 깔려 있는 것입니다. 바울은 올림푸스 신들인 제우스, 아폴로, 아프로디테 등 수많은 신상과 제단을 보았습니다. 인간의 손에 의해 만들어진 신상들입니다. 신화의 내용대로라면 부도덕하고 인간만도 못한 추악한 탐욕과 싸움과 잔인함과 음란함으로 가득한 존재를 신이라고 만들어 모시고, 그들의 비위를 거스르지 않으려고 섬기는 것을 보았습니다.

문명이 발달한 도시일수록 물질이 우상이 되어 있습니다. 맘몬(Mammon)이라는 물질의 신을 섬기며 삽니다. 더 많이 소유하고 더 많이 벌기 위해 자기의 시간과 능력과 마음을 다 빼앗겨 버립니다.

보이지 않는 우상

이런 보이는 우상 외에도 사람들의 마음 가운데 자리하고 있는 '보이지 않는 우상'들이 있었습니다. 세상 철학과 학문, 세속적인 가치와 물질적 세계관이 그것입니다. 특별히 당시 세계에서 정치와 군사는 로마가, 문화와 철학은 그리스(헬라)가 지배했습니다. 그리스의 에피쿠로스 철학과 스토아 철학은 헬레니즘 시대를 지배한 대표적인 철학이었습니다.

에피쿠로스 학파(Epicurean)는 에피쿠로스(주전 341-270년)에 의해 시작되었는데, 개인과 전체의 대립 관계에서 개인의 편을 들었습니다. 모든 일은 우연이라고 믿고, 신들은 있다 해도 인간 세상과 관계없이 멀리 떨어져 있으며 세상에 아무런 관여를 하지 않는다고 믿었습니다. 인간에게는 죽음이 끝이므로, 살아 있는 동안 쾌락을 누리는 것이 생의 최대 목적이라고 주장했습니다. "먹고, 마시고, 즐기라"는 쾌락 추구의 철학입니다.

그들은 내세와 죽음 뒤의 심판을 부정했습니다. 오로지 사적 영역에서의 행복을 추구했습니다. 물론 쾌락을 추구할 때 지혜롭게 추구해야 함을 이야기했지만, 여하튼 최대의 쾌락을 얻는 것이 그들의 목표였습니다. 이들도 알고 보면 우상 숭배자들입니다 이들의 우상은 쾌락입니다. 오늘날에도 이러한 부류의 우상 숭배자들을 많이 봅니다. 쾌락주의는 욕망의 그릇을 크게 해서는 채울 수 없다는 것을 알기 때문에 욕망의 크기를 줄여야 한다고 주장하는 면에서 금욕주의와도 통합니다.

스토아 학파(Stoic)는 제논(주전 335?-263년)에 의해 주전 300년에 시작된 철학 사조입니다. 그들은 모든 사물에 신이 내재되었다는 것을 믿고(범신론), 영혼 불멸을 주장했습니다. 덕을 강조하고, 감정보다 이성의 우위를 주장했습니다. 세계 속에서 느끼는 개인의 소외와 고독감 그리고 무력감이 스토아 철학의 근본 정서입니다.

세상이 넓어짐에 따라 개인의 의미와 가치는 훨씬 작아질 수밖에 없으므로 개인보다 전체를 앞세웁니다. 개인의 행위는 전체를 지배하고 있는 어떤 근원적 힘과 원리에 의해 지배되고 결정된다는 운명 결정론을 주장합니다. 점성술과 미신적인 형태도 띠었으나, 세계 이성(Logos)을 인정하고 그것과 조화를 이루고자 했습니다. 최고의 덕을 이성으로 여겼으며, 성품의 절제를 말하고 운명론을 믿었습니다.

'이성'과 지식이 그들의 우상이 되었습니다. 논쟁을 좋아하고 지식으로 교만하고 더 많은 지식을 얻기 위해 모든 것을 쓰는 사람들입니다. 오늘날도 지식이 우상이 되어 있는 사람이 많습니다.

하나님을 위한 질투

바울은 이러한 것들을 아테네에서 보았습니다. 이들은 범신론적이어서 유일신을 섬기는 바울과 논쟁을 벌일 수밖에 없었습니다. 바울은 이러한 우상들을 발견하고 마음에 격분을 느꼈습니다. '격분'(헬, '파옥쉬노')이라는 말은 '예리하게 만들다'(make sharp)라는 의미입니다. 유일무이하신 하나님을 거부하고 헛되고 거짓된 신들을 만들어 섬기는 이 도시를 바라보며 바울의 심경이 예리하고 날카로워진 것입니다.

이는 달리 말해 바울의 마음속에 하나님을 향한 '열심', 하나님을 위한 '질투'가 일어났다는 뜻입니다. 아덴 사람들에게 실망한 것은 물론이지만 그들의 영혼을 불쌍히 여기고 하나님을 알지 못하는 것을 안타깝게 여기는 것입니다. 이것은 성령이 주신 마음입니다. 그러므로 '바울 자신의 열심'이라기보다 성령이 바울 속에서 그들의 영혼을 위하여 불타고 있는 것입니다. 하나님이 시기하시기까지 우리를 사랑하신다는 말씀 그대로입니다.

우리는 바울처럼 하나님의 관점을 가질 필요가 있습니다. 하나님의 마음을 품고, 하나님이 아파하시는 것을 아파하고 하나님이 슬퍼하시는 것을 슬퍼하며 하나님이 사랑하시는 것을 우리도 사랑해야 합니다.

내가 하나님의 열심으로 너희를 위하여 열심을 내노니(고후 11:2)

바울의 위대함은 영혼을 사랑하는 하나님의 열심을 가졌던 것, 하나님을 사랑하고 하나님을 향한 열심을 가졌다는 것입니다. 하나님의 자녀들이 자기 아버지를 버리고, 돌로 나무로 금으로 형상을 만들어 놓고 아버지라고 부르니 얼마나 한탄할 일입니까?

우리에게도 바울처럼 영적으로 불타는 열심이 있어야 합니다. 당신은 하나님 없이 사는 사람들, 우상이 가득한 인생들, 풍족함 가운데 살지만 하나님과 상관없는 사람들을 어떤 심령으로 대하십니까?

이런 상황에서 바울이 할 수 있는 일은 무엇일까요? 바울이 할 수 있는 일은 바로 진리의 복음을 선포하는 것이었습니다. 바울은 지금 혼자입니다. 아덴 사람들은 대단한 자부심을 가지고 있습니다. 그렇다고 다음으로 미루겠습니까? 더 준비를 해서 나오겠습니까? 실라와 디모데가 올 때까지 기다리겠습니까? 아니면 포기하겠습니까? 바울은 종전에 하던 그대로 먼저 회당에서 유대인을 중심으로 말씀을 전하고, 장터에서는 "날마다 만나는 사람들"에게 말씀을 전했습니다.

그래서 당대의 내로라 하는 두 학파와 논쟁이 벌어지게 되었습니다. 그들은 예수님과 부활을 전하는 바울을 '말쟁이', '이방신을 전하는 자'라고 놀리며 시시하게 여겼습니다. 그러나 바울은 복음을 부끄러워하지 않고 담대히 전했습니다. 바울은 세상의 지혜, 학자의 한계를 분명히 알았기 때문입니다.

하나님의 지혜에 있어서는 이 세상이 자기 지혜로 하나님을 알지 못하므로 하나님께서 전도의 미련한 것으로 믿는 자들을 구원하시기를 기뻐하셨도다(고전 1:21)

아레오바고 언덕에서의 변론

결국 바울은 그들에 의해서 소환을 당했습니다. 바울은 아고라 광장 아레오바고로 끌려가서 재판 자리에서 말씀을 전하게 됩니다. 아레오바고는 그리스 전쟁의 신 '아레스의 언덕'이라는 의미로, 제우스의 아들 아레스 신이 자기 딸을 겁탈하려던 포세이돈의 아들 할리로티오스를 죽였다는 이유로 받게 된 재판에서 무죄를 선고받았다는 장소입니다. 아크로폴리스 서편 바위 언덕에 있는 이곳에서 소크라테스도 재판을 받았으며, 당시 시의회가 열리는 곳이었다고 합니다. 아크로폴리스 남서쪽 필로파포스 언덕에는 소크라테스가 처형되기 전에 갇혔던 감옥이 있습니다.

바울은 아레오바고 언덕에서 변론의 형식을 빌어 설교합니다. 청중은 아테네 시민들과 외국에서 공부하러 온 사람들로 "가장 새로운 것

을 말하고 듣는 것 이외에는 달리 시간을" 쓰지 않는 사람들, 최첨단 지식과 정보를 소유하고 있는 사람들입니다.

바울의 설교는 사도행전 17장 26-28절에 자세히 기록되어 있습니다. 이것은 이방인에게 하는 설교이기에 유대인 회당에서의 설교와 접근 방식이 다릅니다. 사도행전에는 바울의 설교가 아홉 번 기록되어 있는데 각각 특징이 있습니다.

아덴의 설교는 루스드라에서 했던 강연과 비슷합니다. 예수님보다 하나님에 대한 설명이 주를 이룹니다. 하나님을 하늘과 땅의 주재로 선포하며 설교를 시작하고, 우상 숭배와 하나님의 성품 사이의 모순을 뚜렷이 대조합니다. 그러면서 하나님은 일반 계시로 세상 만민에게 그분을 알게 해주셨는데 이제 예수님을 통해 만민이 회개하며 돌

아레오바고 언덕

아레오바고 언덕에서 본 파르테논 신전

아올 것을 명령하셨다고 주장합니다. 우상 숭배는 헛된 일로서 하나님을 알지 못하던 시대에 국한되어 있던 일이라고 했습니다. 바울은 청중이 쉽게 알아들을 수 있는 상징언어로, 그리고 그들의 신분과 계급에 맞는 언어로 진리를 선포했습니다. 바울의 설교는 지식의 중심지에 던지는 충격파였습니다.

> 우주와 그 가운데 있는 만물을 지으신 하나님은 천지의 주재시니 손으로 지은 전에 계시지 아니하시고, 또 무엇이 부족한 것처럼 사람의 손으로 섬김을 받으시는 것이 아니니 이는 만민에게 생명과 호흡과 만물을 친히 주시는 이심이라(행 17:24-25)

문화신학자 김경재 박사는 『아레오바고 법정에서 들려오는 저 소리』(삼인)에서 이 사건을 이렇게 논하고 있습니다.

"아레오바고 언덕에 선 바울의 강연을 상상해 보면, 바울의 복음 신앙이 얼마나 혁명적이고 참신한 새 시대의 영성이었는가를 충분히 짐작할 수 있다. 아크로폴리스 언덕 위에 위풍당당하게 서 있는 파르테논 신전이 주는 위력감에 조금도 위축되지 않고, 아테네의 여신이 그 거룩한 신전 안에서 거주한다는 통속적 신앙을 깨뜨리면서, '천지의 주재이신 하나님은 사람이 손으로 지은 신전에 거주하지 않는 법'이라는 메시지를 던졌다. 이 파격적인 메시지는 당시 아테네 시민들의 마음만이 아니라 21세기에도 모든 신상 숭배자들의 마음을 뒤흔들어 버리는 파격적인 것이다."

바울은 '정복과 승리의 방식'이 아니라 '인정과 소통과 공감의 방식'

을 통하여 진리를 찾아가는 것을 선택했고, 개방적이고 합리적인 설득 방식으로 공동의 것을 확장해 가는 방식으로 선교했습니다. 논리 전개의 기술도 탁월합니다. 그들의 처지로부터 시작하고, 그들을 먼저 인정해 주고, 그들이 아는 것으로부터 시작하여 궁금한 것과 모르는 것으로 전개합니다. 포용과 공통점을 찾아 접촉점으로 삼습니다.

우상에 대한 분노의 감정이 있지만 그것을 그대로 드러내지 않고, 이성적이면서 신사적으로 사안에 접근해 갑니다. 감정 대신 칭찬과 인정 그리고 공감의 방법을 사용하고 있습니다. 그러면서도 자신의 학문(가말리엘 아래서 배운 것)을 과시하거나 주변의 사소한 문제를 다루지 않고 핵심적인 기독교의 진리를 전했습니다.

범사에 종교심이 많도다

바울은 다음과 같이 논리를 전개했습니다. "아덴 사람들아 너희를 보니 범사에 종교심이 많도다"(행 17:22). '우상을 섬기는 어리석은 사람들아'라고 하지 않고 이렇게 우회적으로 점잖게 표현하고 있습니다. 범사에 종교심이 많다는 것은 우상 숭배자들이라는 말에 다름 아닙니다. 또한 바울은 이 도시에서 "알지 못하는 신에게"라고 새긴 단도 보았다고 언급합니다. 다신론적인 세계관을 가진 헬라인들은, 자신들의 무지나 부주의로 예배의 대상에서 빠뜨린 신이 있을까 염려하여 그런 제단도 만들어 섬겼기 때문입니다.

바울은 그들의 두려움과 궁금증에서 복음과의 연결점을 찾고 있습니다. "너희가 알지 못하고 위하는 그것을 내가 너희에게 알게 하리라"는 말로 그들의 관심을 사로잡습니다. 바울은 일단 헬라인들이 신봉하던 그 '익명의 신'을 참된 하나님으로 간주하고 그분이 유일무이

한 신이심을 증명하고 구원자이심을 알려 줍니다.

하나님의 자리

'알지 못하는 신'은 인간이 다른 무엇으로도 충족되지 않는다는 것을 반증합니다. 왜 아덴 사람들이 그것을 만들었을까요? 단순히 소외된 신이 진노할까 불안해서 만들었을까요? 아닙니다. 이는 그들이 가지고 있는 모순을 극복할 수 있는 통로입니다. 그렇게 많은 신상을 만들어도, 그렇게 많은 사상적인 논쟁을 해도, 그렇게 찬란한 문명을 가지고도 알 수 없는 미지의 공간이 존재하고 있다는 의미입니다.

우리 내면의 채워지지 않는 욕구야말로 영원한 하나님을 지향하게 하는 본성입니다. 파스칼이 말한 대로 인간에게는 하나님만이 채우실 수 있는 '하나님의 자리'가 있습니다. 그 자리에 하나님을 모시기까지는 우리에게 만족이 없습니다.

하나님은 우리 안에 하나님 나라를 향한 자동 유도 장치를 두셨습니다. 이 세상은 C. S. 루이스가 말한 대로 '그림자 땅'입니다. 역사상 사람들은 진화론, 공산주의, 범신론, 무신론적 사상, 무슬림의 도전, 뉴에이지, 물질주의, 실용주의, 포스트모던주의, 과학 만능주의, 종교 다원주의 등의 이름으로 '알 수 없는 신'을 섬기고 있습니다. 그러나 여전히 미궁입니다.

바울은 그리스-로마의 다신교적 전통에 익숙한 사람들에게 하나님을 유일하고 참된 신으로 담대히 소개하고 있습니다. 이방 신들은 우상에 불과하다고 역설합니다. 바울이 요청하는 것은 "우상을 버리고 하나님께로 돌아와서 살아 계시고 참되신 하나님을 섬기는" 것(살전 1:9)으로 요약됩니다. 제1차 선교 여행 중 루스드라에서 제우스와 헤르메스로 추앙받을 때 "헛된 일을 버리고 천지와 바다와 그 가운데 만물을 지으시고 살아 계신 하나님께로 돌아오라"(행 14:15)고 했던 것과 일맥상통합니다.

바울이 전한 참 하나님

바울이 전한 참 하나님은 다음과 같습니다.

① 우주의 창조자(24절)

하나님은 천지의 주인, 창조자이십니다. 그분은 인간이 손으로 지은 곳에 거하지 않으십니다. 그래서 그분께는 신전이 필요 없습니다. 자연신학적인 시각으로 접근하고 있습니다.

② 생명의 보존자(25절)

하나님은 자기충족적 존재로서 무엇이 필요한 존재가 아니라 스스로 완전하신 분이십니다. 그분은 사람의 섬김에 의존하지 않으십니다. 도리어 인간이 하나님께 공급을 받아야 하는 피조물입니다. 인간을 포함하여 우주 만물이 하나님께 의존되어 있습니다. 하나님은 인간을 착취하시는 분이 아니라 생명과 호흡과 만물을 주시는 분이십니다.

③ 온 인류의 통치자(26-28절)

하나님은 특정 민족의 하나님이 아니십니다. 민족 신이 아니라 온 인류를 한 혈통으로 지으신 분이십니다. 인류 전체의 역사를 섭리하시는 분이십니다. 각 민족과 나라의 운명을 정하신 분이십니다. 각 민족은 자신들에게 정해진 장소와 시간에 살면서 하나님을 더듬어 찾을 뿐입니다. 인류는 영적 더듬이를 통해 자연계시와 특별계시를 살펴보고 하나님을 발견해야 합니다.

하나님은 결코 멀리 계시지 않습니다. 인간을 방치하고 멀리하시는 분이 아니라 늘 함께하시는 분이십니다. 그리스 – 로마 신화에 따르면 신들은 인간 세계에 무관심하고 변덕을 부리고 섬김을 받기 원하지만, 참되신 하나님은 그렇지 않으십니다. 플라톤은 『국가론』에서 신을 묘사하기를 "땅에서 자라는 모든 것을 만드시고 모든 살아 있는 것들을 움직이게 하시는 우주의 위대한 설계자"라고 했습니다. 이는 자연계시를 통해 하나님이 어떤 분인지를 희미하게나마 깨달은 사례에 해당합니다.

④ 인류의 아버지(28-29절)

하나님이 인류에게 생명을 주시는 분이시기에, 인류는 하나님을 힘입어 살며 활동하며 존재합니다. 하나님은 인간을 인격적으로 대하십니다. 바울은 주전 3세기 길리기아의 시인 아라투스(Aratus)가 쓴 "패노매나"(Phaenomena)에서 인용한 시구를 증빙 구절로 제시합니다. "우리가 그의 소생이라." 인간은 하나님의 아들과 딸입니다. 그러므로 존재의 위계는 하나님-인간-자연 만물로 표시될 수 있습니다. 생각도 없고 감각도 없는 금과 은과 동과 철과 나무로 하나님을 새겨 만든다는 것은 이치에 어긋납니다.

⑤ 온 세상의 심판자(30-31절)

하나님은 인류를 창조하시고 섭리하시고 사랑하시지만 종말에는 심판하시는 분이십니다.

알지 못하던 시대에는 하나님이 간과하셨거니와 이제는 어디든지 사람에
게 다 명하사 회개하라 하셨으니 이는 정하신 사람으로 하여금 천하를 공
의로 심판할 날을 작정하시고(행 17:30-31)

미개 시대에서 문명 시대로 들어가는 관문은 회개입니다. 바울은
이제 최종적인 심판은 죽었다가 다시 살아나신 분에 의해서 진행될
것임을 말하고 예수님을 소개합니다. 신론에서 시작해서 기독론으로
마무리하는 것입니다. 결론은 예수님입니다. 이와 같이 바울은 이방
인을 만나 그들이 이해할 수 있는 토대 위에서 논의를 전개하여 예수
님을 소개함으로 설교를 마쳤습니다.

바울의 설교를 듣고 아레오바고에 모인 사람들은 다양한 반응을
보였습니다. 조롱하고 반대하는 부정적인 반응을 보인 사람들, 관심
은 표명하지만 "네 말을 다시 듣겠노라" 하면서 결단을 보류하는 사
람들, 그리고 긍정적인 반응을 보낸 사람들이 있었습니다. 복음을 받
아들인 사람 중에 아레오바고의 관리인 디오누시오가 있는데, 그는
후에 아덴 교회의 초대 감독이 되었다고 합니다. 다마리라는 여성과
다른 사람들도 믿음을 가졌습니다.

바울이 아레오바고에서 행한 연설은, 페리클레스의 추도 연설, 데
모스테네스의 '필리포스 탄핵'과 더불어 아테네 최고의 연설로 기록
되고 있습니다. 지금도 아레오바고 언덕에는 바울의 설교문이 동판에
새겨져 있습니다.

아레오바고 바울의 설교문

바울의 제2차 선교 여행(행 15:36-18:23)

26

고린도
Corinth

하나님의 말씀에 붙잡혀
사도행전 18:1-11

하나님께 귀하게 쓰임을 받았던 바울의 삶 이면에는 수없이 많은 자신과의 싸움 그리고 고난이 있었던 것을 잊어서는 안 됩니다. 아덴에서 바울은 홀로 그 많은 우상과 철학자들에 맞서 담대하게 말씀을 전하였습니다. 아덴에서는 외부적인 핍박이 거세지는 않았지만 가시적인 열매를 많이 보지 못한 채 고린도로 발길을 돌려야 했습니다. 고린도는 아덴에서 남서쪽으로 80킬로미터 떨어진 큰 항구도시입니다. 아덴과 스파르타 중간에 위치합니다.

로마 시대 아가야(남부 그리스) 주의 수도였던 고린도는 아크로고린도(575미터)로 유명합니다. 『시지프의 신화』에 의하면, 시지프는 제우스에게 벌을 받아 큰 바위를 산 정상까지 밀어올려 놓아야 했습니다. 그런데 정상에 도달하면 돌이 다시 아래로 굴러떨어지니 영원한 고역

고대 고린도 유적
아폴로 신전과 그 뒤로 아크로고린도가 보인다.

고린도 운하

「시지프(Sisyphe)」, 티치아노 베첼리오(Tiziano Vecellio).

아크로고린도

의 형벌을 받게 되는 것입니다. '이 무의미하고 반복적인 일상의 돌을 누가 옮겨 주랴?' 이것은 모든 인생의 모습입니다. 오직 부활하신 예수님만이 죽음을 막고 있는 거대한 돌을 옮기실 수 있습니다(막 16:4 참조).

아크로고린도의 정상에는 아프로디테 신전이 있었고, 여기에는 1,000명이 넘는 신전 창기가 있어서 종교의식으로 성적인 행위를 했습니다. 성적으로 문란한 도시여서 '고린도인이 된다'('코린티아제스타이')는 말은 곧 '성적으로 방탕하다', '간음하다'의 의미로 사용될 정도였습니다. 성경 말씀대로 우상 숭배와 간음은 이렇게 서로 통합니다.

고린도는 인구가 50만 명에 이르는 대도시였는데, 시내 언덕에는 아폴로 신전이 있어서 동성연애도 성행했습니다. 고린도 운하는 고린도 만과 사론 만을 연결함으로써 뱃길을 320킬로미터나 단축시켰습니다. 주후 67년 네로 황제가 유대인 6,000명을 데려다 시공했으나 네로의 자살로 당시에는 완공하지 못했고, 프랑스의 토목기술자 레셉스가 12년간의 공사 끝에 1893년에 완성했습니다. 길이 6.4킬로미터에 폭이 23-25미터인 큰 운하입니다.

두려워 떨었노라

아덴에서부터 80킬로미터가 넘는 길을 혼자 걸을 때 바울의 심정은 어떠했을까요? 외로움과 분노와 두려움이 있었을 것입니다. 바울을 대적하는 사람들은 어디를 가나 항상 따라왔습니다. 끊임없이 이어지는 사역과 정처 없는 여행이 바울이 걸어야 할 길이었습니다. 육체적으로 힘들고 피곤하여 탈진했을 것입니다. 사람들에 대한 기대가 번번이 무너져 상실감과 박탈감도 컸을 것입니다.

누가는 사도행전 18장에서 바울의 내적인 상황에 대해 기록하지 않지만, 바울이 직접 고린도 교회에 보낸 편지에서 고린도에 이르렀을 때의 심정을 이렇게 표현했습니다.

내가 너희 가운데 거할 때에 약하고 두려워하고 심히 떨었노라 내 말과 내 전도함이 설득력 있는 지혜의 말로 하지 아니하고 다만 성령의 나타나심과 능력으로 하여 너희 믿음이 사람의 지혜에 있지 아니하고 다만 하나님의 능력에 있게 하려 하였노라(고전 2:3-5)

바울은 아덴에서 철학자들과 벌인 논쟁을 통해서 인간 지혜의 한계를 다시금 깨달았을 것입니다. 사람의 능력으로는 넘을 수 없는 벽도 실감했을 것입니다. 그래서 고린도에서는 성령의 나타남과 능력으로만 전도하고자 했습니다. 인간의 지혜와 언변으로는 아무도 하나님께 인도할 수 없다는 것을 알았습니다.

다른 한편으로 바울은 여러 모로 지쳐 있었습니다. 그는 돌로 맞았고, 매를 맞았고, 감옥에 갇혔고, 나그네와 같이 이곳에서 저곳으로 옮겨다녀야 했습니다. 육신적으로 피곤했습니다. 건강도 많이 약해졌던 것 같습니다. 게다가 아덴에서는 기대했던 열매를 보지 못한 상태이며, 바나바와 헤어진 아픔을 여전히 지니고 있었을 것입니다. 베뢰아에 동역자 실라와 디모데를 남겨두고 홀로 사역 중이니 정서적으로도 외로웠을 것입니다. 바울은 이 같은 기간의 전반적인 '고난 일지'를 고린도후서에도 기록하고 있습니다.

내가 생각하건대 하나님이 사도인 우리를 죽이기로 작정된 자 같이 끄트

머리에 두셨으매 우리는 세계 곧 천사와 사람에게 구경거리가 되었노라 우리는 그리스도 때문에 어리석으나 너희는 그리스도 안에서 지혜롭고 우리는 약하나 너희는 강하고 너희는 존귀하나 우리는 비천하여 바로 이 시각까지 우리가 주리고 목마르며 헐벗고 매 맞으며 정처가 없고 또 수고하여 친히 손으로 일을 하며 모욕을 당한즉 축복하고 박해를 받은즉 참고 비방을 받은즉 권면하니 우리가 지금까지 세상의 더러운 것과 만물의 찌꺼기같이 되었도다(고후 4:9-13)

더구나 바울은 재정적인 어려움으로 자신이 과거에 배워 두었던 천막 만드는 일을 해서 선교비를 마련해야 하는 형편이었습니다. 유대인들은 자녀에게 한 가지 기술을 꼭 가르쳤다고 합니다. 그들의 말 중에 "자녀에게 장사하는 법을 가르치지 않으면 도둑질을 가르치는 것이다"라는 말이 있습니다. 바울이 어릴 적부터 배운 것은 천막 만드는 일이었습니다.

이쯤 되면 엘리야의 '나 홀로 신드롬'이 나올 법합니다. "나 혼자 남아서 하나님의 일을 하려고 하는데 눈에 보이는 성과는 별로 없고, 사람들은 나를 배척하고, 지원해 주는 사람도 없고 선교비도 없고 몸도 아프니…" 목회자들도 이런 심정을 느낄 때가 많습니다. 교회를 든든히 세우고자, 좀 더 영향을 미칠 방도를 찾고자 분주하게 움직이다 보면 비교의식, 실패의식, 외로움, 실망감, 분주함, 조급함이 밀려옵니다. 비단 목회자만 그런 것도 아닙니다. 오랜 불경기에다가 나아질 것 같지 않은 경제적 상황에서 일자리를 찾거나 힘겹게 사업을 하는 성도들도 이에 공감하실 것입니다.

도우시는 하나님

하나님 나라의 리더십은, 인간의 강함보다 오히려 실패와 고통, 의문과 갈등을 통해 이끌어 가는 리더십입니다. 영적 리더십은 약하고 깨어지는 특성이 있습니다. 바울 역시 고린도후서 12장에서 연약함에 기대어 자신의 리더십을 주장합니다.

> 내 은혜가 네게 족하도다 이는 내 능력이 약한 데서 온전하여짐이라 하신지라 그러므로 도리어 크게 기뻐함으로 나의 여러 약한 것들에 대하여 자랑하리니 이는 그리스도의 능력이 내게 머물게 하려 함이라 그러므로 내가 그리스도를 위하여 약한 것들과 능욕과 궁핍과 박해와 곤고를 기뻐하노니 이는 내가 약한 그때에 강함이라(고후 12:9-10)

영적 리더십이란 스스로 강자가 되는 것이 아니라 하나님으로부터 힘을 얻는 약자가 되는 것입니다. 깨지고 약하고 상한 심령이 될 때, 비로소 하나님의 종으로 사역할 수 있습니다. 하나님께 전적으로 의탁할 때 강한 자가 될 수 있습니다.

■ 충실한 동역자들

영성 작가 로널드 롤하이저는 하나님이 인간의 피부와 살을 입으신 성육신의 이유를 다음과 같은 이야기로 설명합니다.

> 네 살짜리 꼬마 아이가 있었는데, 한밤중에 잠을 깬 꼬마는 두려움에 사로잡혔다. 어둠 속에 도깨비와 괴물들이 득실거릴 것 같았다. 부모님이 주무시는 방으로 갔다. 엄마는 아이를 방으로 데리고 가 "애야, 무서워할 것

없다. 넌 혼자가 아니야. 하나님이 네 곁에 계시거든." 그러자 꼬마는 "하나님이 여기 계시는 건 나도 알아요. 하지만 몸이 있는 사람이 방 안에 함께 있었으면 좋겠어요"라고 말했다.

우리에게는 몸을 지니신 하나님이 필요합니다. 아굴라와 브리스길라 부부는 바울이 어려울 때에 함께한 충실한 동역자였습니다. 아내인 브리스길라는 로마 귀족 출신으로 유대인 아굴라와 결혼함으로써 그리스도인이 된 부부입니다.

아굴라 부부는 본도(Pontus, 소아시아) 출신으로 원래 로마에 거주하다가, 주후 49년경에 발생한 유대인 폭동에 대한 로마 황제 글라우디오(Claudius)의 추방 명령으로 고린도로 오게 되었습니다. 하나님은 아굴라 부부를 예비하셔서 지친 바울을 돕게 하셨습니다. 아굴라와 브리스길라는 함께 천막을 만들면서 바울의 경제적 필요를 채워 주었습니다. 천막 만드는 일은 단순한 사업(business)이 아니라 사역(ministry)이 되었습니다. 이들은 천막 만드는 일을 하나님 나라를 세우는 일로 만들었습니다. 일을 거룩하게 만들었습니다.

저는 바울 윤리의 특징을 '할 수 있지만 하지 않는' 윤리라고 명명한 적이 있습니다(고전 6:12, 고후 9:12 참고). 요구할 수 있는 권리가 있지만 바울은 복음을 위해서 스스로 그 권리를 내려놓았습니다. 바울은 자신에게 마땅한 권리가 있음에도 불구하고 하나님 나라와 교회를 위하여 자신의 권리를 포기할 줄 알았습니다. 이러한 삶에는 존경과 권위가 따르겠지만 본인에게는 힘겨울 수밖에 없습니다. 자비량 선교사 바울은 항상 경제적으로 어려웠습니다.

바울은 후일 로마 교회에 보낸 편지에서 이 일들을 생각하며 쓰기를 "너희는 그리스도 예수 안에서 나의 동역자들인 브리스가와 아굴라에게 문안하라 그들은 내 목숨을 위하여 자기들의 목까지도 내놓았나니 나뿐 아니라 이방인의 모든 교회도 그들에게 감사하느니라"(롬 16:3-4)고 했습니다.

브리스길라와 아굴라 부부는 바울이 순교당할 때 그를 대신하여 목을 내놓을 만큼 바울의 헌신적인 동역자가 되었습니다. 바울 사역의 은인입니다. 아굴라 부부는 선교의 동역자로 살아간 아름다운 부부입니다. 바울을 자신들의 집으로 영접하였고, 함께 천막을 만드는 일을 하였고, 바울에게 신앙적인 지도도 받으면서 그의 사역에 힘껏 조력하였습니다.

■ 교회를 세우는 사람들

아굴라와 브리스길라는 교회를 세우는 사람들이었습니다. 그들은 바울뿐 아니라 실라, 디모데와도 함께 사역했습니다. 자신의 집에 고린도 교회를 세운 훌륭한 믿음의 가정, 훌륭한 동역자였습니다. 더욱 놀랍게도 가는 곳마다 자신의 집을 성도들의 모임 장소로 제공하여 교회의 모체가 되게 했습니다.

이들이 천막을 만들어 파는 것도 주님의 일을 위해서였고, 이사를 하는 것도 교회를 섬기기 위해서였습니다. 고린도에서 2년간 살면서 바울과 함께 그 집에 고린도 교회를 세웠습니다. 나중에 바울이 고린도를 떠나 에베소로 갈 때도 동행하였습니다.

바울은 더 여러 날 머물다가 형제들과 작별하고 배 타고 수리아로 떠나갈

새 브리스길라와 아굴라도 함께하더라(행 18:18)

아브라함이 하나님의 말씀을 따라 이주하는 모습을 구약에서 볼수 있는데, 아굴라와 브리스길라는 사명을 따라 자발적으로 이사합니다. 그래서 이번에도 그들의 집에서 에베소 교회가 시작됩니다. 후에 바울은 에베소 교회를 아굴라와 브리스길라 부부에게 부탁하고, 제3차 선교 여행을 준비하기 위해 가이사랴를 거쳐 안디옥 교회로 돌아갔습니다.

부부는 아볼로가 에베소로 왔을 때에도 그와 교제하면서 그의 부족한 부분을 채워 주었습니다. 바울이 디모데를 키웠다면, 아굴라 부부는 아볼로를 키웠습니다.

브리스길라와 아굴라가 듣고 (아볼로를) 데려다가 하나님의 도를 더 정확하게 풀어 이르더라(행 18:26)

아볼로가 아가야로 갈 때에 형제들과 함께 천거하는 편지를 써서 사역의 길을 열어 주었고, 후에는 자신들이 세운 고린도 교회에 천거하였습니다. 결과적으로 아볼로는 "믿는 자들에게 많은 유익을 주고", "성경으로써 예수는 그리스도라고 증언하여 공중 앞에서 힘 있게 유대인의 말을 이겼"(행 18:27-28)습니다. 나중에 아볼로는 바울의 좋은 동역자가 됩니다.

아굴라 부부는 고린도에서 3년을 더 사역하다가 후에 로마로 이주한 것으로 보입니다. 로마서 16장 5절을 보면, 로마에 간 그 부부는 또 자신의 집에 교회를 세웠습니다. 바울이 한 번도 방문해 보지 않

....
「고린도에서 아굴라와 브리스길라와 함께 한 바울(천막 만드는 일을 함께 함) (St. Paul at Corinth with Aquila and Priscilla)」, 요스 반 윙에(Joos van Winghe), 에칭.

은 로마에 먼저 가서, 바울이 로마 교회에 서신을 쓸 수 있도록 상세한 정보를 준 것도 아마 이 부부였을 것입니다.

바울이 말년에 쓴 디모데후서를 보면 이 부부는 로마를 떠나 에베소로 돌아가 젊은 디모데와 함께 에베소 교회에서 동역하였습니다(딤후 4:19). 바울이 로마에서 에베소에 있는 디모데에게 속히 자신에게 오라고 편지할 수 있었던 것은 아굴라 부부가 에베소 교회를 대신 잘 돌보리라 확신했기 때문입니다.

이와 같이 아굴라와 브리스길라 부부는 평생 사역을 위해 이주하면서 여러 사역자들과 동역한 '돕는 손길'이었습니다. 아굴라 부부의 가정은 선교의 베이스캠프 역할을 했습니다. 아굴라 부부는 사역을 따라, 본도에서 로마로, 고린도로, 에베소로, 그리고 다시 로마와 에베소로 이사를 다녔습니다. 처음에 바울이 고린도에 갔을 때, 이 부부의 집에 기거하면서 동역했고, 이후 바울이 부탁한 사역을 위해 17년 이상 동역자로 살았습니다.

사실 바울이 바울 된 것은 이런 좋은 동역자들이 있었기 때문입니다. "우리가 위대하게 될 수 없다면 다른 사람들이 위대하게 되는 것을 도울 수는 있습니다." 하나님의 역사는 동역자들과의 만남으로 풍성해집니다. 동역자들은 예수님의 몸입니다.

이들의 만남은 고린도의 사역을 풍성하게 했습니다. 나중에 합류하게 된 실라와 디모데 때문에 바울은 더욱 힘이 나서 "유대인들에게 예수는 그리스도라 밝히 증언"(행 18:5)했습니다. 동역자 때문에 더욱 힘이 나서 전했다는 말씀입니다. 실라와 디모데는 좋은 소식을 데살로니가에서 가져왔고(살전 3:6), 빌립보 교회에서 보낸 헌금을 가지고 합류하였습니다(빌 4:14, 15).

　　바울은 어려움 가운데 위로를 받았습니다. "너희에게 위로를 받았노라." "우리가 이제는 살리라"(살전 3:7-8)는 바울의 말은 이때의 심정을 대변하고 있습니다. 동역은 함께 있어 주는 것, 물질적으로 도와주는 것, 정서적으로 지지해 주는 것입니다. 동역 관계를 통해 정서적으로 건강해질 때, 영적으로도 건강할 수 있습니다. 바울은 위로를 받고 기쁨을 얻었습니다.

> 우리가 마게도냐에 이르렀을 때에도 우리 육체가 편하지 못하였고 사방으로 환난을 당하여 밖으로는 다툼이요 안으로는 두려움이었노라 그러나 낙심한 자들을 위로하시는 하나님이 디도가 옴으로 우리를 위로하셨으니 그가 온 것뿐 아니요 오직 그가 너희에게서 받은 그 위로로 위로하고 너희의 사모함과 애통함과 나를 위하여 열심 있는 것을 우리에게 보고함으로 나를 더욱 기쁘게 하였느니라(고후 7:5-7)

■ 주님의 격려와 확신

사도행전 18장 5절은 "바울이 하나님의 말씀에 붙잡혀 유대인들에게 예수는 그리스도라 밝히 증언하니"라고 말합니다. 대적들과 비방하는 자들이 있었지만 하나님의 말씀이 바울을 붙들어 주었습니다. 바울이 하나님 말씀의 강력한 역사에 사로잡혀 사역했다는 의미입니다.

　　'붙잡혀'는 헬라어 '쉰에코'의 수동태인데, 이는 '무엇인가에 의해 지배당했다', '소유당했다'는 의미입니다. 바울이 말씀을 전했다기보다 말씀이 바울을 사로잡아 역사하였습니다.

　　하나님은 말씀으로 바울을 붙들어 주셨습니다. 하나님이 말씀으로

고린도의 바울 기념교회

당신도 붙들어 주시기를 바랍니다. 제가 하나님의 말씀에 사로잡히기를 원합니다. 말씀 안에 생명이 있고, 소망이 있고, 능력이 있습니다. 바울같이 위대한 사도조차 두려움과 영적 침체에 빠질 수 있습니다. 그러나 주님이 말씀으로 붙들어 주십니다.

표면적으로는 바울이 사역하고 있는 것 같지만, 실상은 하나님이 바울을 사로잡아 사역하시는 것입니다. 지칠 때 하나님이 힘을 주시고 격려하심으로써 사역이 진행되게 하십니다. 따라서 우리에게는 주님의 격려가 필요하고, 주님이 주시는 비전이 필요합니다. 우리의 약함을 아시는 하나님이 힘을 주시고, 우리는 주님을 바라보며 힘을 얻어 일합니다.

주님은 환상 가운데 바울에게 직접 말씀하셨습니다. 바울에게 말씀으로 확신을 주십니다.

> 두려워하지 말며 침묵하지 말고 말하라 내가 너와 함께 있으매 어떤 사람
> 도 너를 대적하여 해롭게 할 자가 없을 것이니 이는 이 성중에 내 백성이
> 많음이라(행 18:9, 10)

주님은 "두려워 말라", "함께 있겠다", "내 백성이 많다"고 하셨습
니다. 주님이 함께 계시기 때문에 아무도 바울을 해치지 못할 것이니
두려워하지 말라는 것과, 복음을 듣고 믿을 사람이 많이 있다는 소망
을 주셨습니다.

'나에게 속한 백성'(라오스 모이)이라는 말은 우리의 관심을 요구합니
다. 세상 가운데에는 하나님께 속한 백성이 있고, 전도는 바로 그들을
찾아 복음을 전하는 일입니다.

용기를 주는 이 말씀은 구약에서 여호수아에게 주신 말씀을 연상
시킵니다(수 1:5-6). 하나님 백성의 존재에 대한 말씀은 로뎀 나무에서
엘리야에게 주신 말씀을 상기시킵니다. 그때 여호와 하나님은 엘리야
에게 "바알에게 무릎을 꿇지 아니한 칠천 명"을 남겼다고 말씀하셨습
니다. 아무리 불신의 풍조가 만연해도 새로운 교회의 태동 가능성이
있다고 말씀하신 것입니다. 이렇게 하나님의 놀라운 위로와 확신의
말씀으로 바울의 고린도 사역은 계속됩니다.

하나님은 연약해진 바울에게 조력자로 아굴라와 브리스길라를 보
내주시고, 다른 한편으로 '하나님의 말씀으로 붙잡아' 주십니다. 또
비전을 보여 주십니다. 바울은 고린도에서 말씀에 붙잡혀, 데살로니

가 교회의 좋은 소식을 바탕으로 신약 성경 중 제일 먼저 쓰인 책이자 최초의 서신인 데살로니가전서(52년경)를 썼습니다. 그리고 데살로니가후서를 쓴 다음, 나중에 제3차 선교 여행 중 이곳에서 로마서(57년초)를 썼습니다.

■ 사역의 열매

데살로니가 교회는 비록 환난을 당했지만 사역의 열매가 풍성했습니다. 빌립보 교회는 성립된 지 얼마 되지 않았음에도 바울에게 선교비를 보내기도 했습니다. 바울은 빌립보 교회를 생각할 때마다 기뻐했는데 이는 선교비를 받아서가 아니라 사역의 열매를 확증해 주는 것이었기 때문입니다. 저의 사역을 돌이켜 보아도 사역자를 제일 힘 빠지게 하고 슬프게 하는 것은 성도들의 변화가 없을 때입니다. 아무리 어려워도 성도들이 변화하는 모습을 보면 힘이 납니다.

> 내가 내 자녀들이 진리 안에서 행한다 함을 듣는 것보다 더 기쁜 일이 없도다(요삼 1:4)

바울은 하나님을 경외하는 디도 유스도의 집을 본거지로 사역하였습니다. 유대교 회당을 책임지고 있던 회당장 그리스보가 온 집안 사람으로 더불어 주님을 영접한 일, 수많은 고린도 사람이 믿고 세례를 받는 열매를 통하여 하나님은 바울 사역에 확신을 더해 주셨습니다(행 18:8). 바울은 고린도에서 1년 6개월을 머물며 사역했습니다. 그동안 또 다른 회당장인 소스데네, 고린도 시의 고관인 에라스도도 주님을 영접했습니다. 사역의 열매만큼 사역자들에게 큰 힘을 주는 것은 없습니다. 큰 보람을 줍니다. 저는 당신이 변화되는 모습을 보고 싶습니다. 그것이 제 사역의 축복입니다.

나는 너희를 향하여 담대한 것도 많고 너희를 위하여 자랑하는 것도 많으니 내가 우리의 모든 환난 가운데서도 위로가 가득하고 기쁨이 넘치는도다(고후 7:4)

새로운 사역지로

고린도 사역은 바울에게 기쁨을 주는 열매가 풍성했습니다. 하지만 사역의 말미에 환난이 닥쳐왔습니다. 바울을 통해 기독교 복음이 왕성해지자 그것을 시기한 유대인들이 소요를 일으켰습니다. 그들은 바울을 세속 권력에 넘기려 했습니다. 유대인들이 기소한 죄목은 '율법을 어기면서 하나님을 경외하라'고 권면한다는 것입니다.

이때는 갈리오가 아가야 총독으로 봉직하고 있었습니다(행 18:12). 그는 유명한 철학자 세네카의 동생입니다. 1905년 델피에서 발견된 석비문 파편에는, 주후 52년경에 그리스어로 새겨진 비문에서 로마 황제 글라우디우스(Claudius, 주후 41-54년)가 아가야 총독 갈리오에게 더 많은 엘리트들의 정착을 도와 델피를 활성화하라는 명령이 새겨져 있습니다.

이것을 근거로 하면, 바울이 고린도에 있었던 때는 주후 51년경으로 추정됩니다. 총독 갈리오는 종교 문제에 대해서는 간섭하지 않겠다는 방침 아래 바울을 방면하려 했습니다. 그러자 유대인들은 회당장 소스데네가 예수님을 믿는다는 이유로 공개적으로 태형을 가했습니다. 총독에게 일종의 무력시위를 한 셈입니다.

....
그리스 델피의 박물관에 있는 갈리오의 석비문

....
갈리오가 앉았던 옥외 연단 베마(Bema)와 바울이 섰던 곳을 가리키는 표지

이후 바울은 겐그리아에서 30일 동안 금식한 후에 머리를 깎았습니다. 이 행위는 하나님께 감사하는 표시이자 재차 헌신을 다짐한다는 의미입니다. 이 서원은 이전에 바울의 어려웠던 상황과 하나님의 새롭게 하시는 역사와 관련이 있다고 생각됩니다. 바울이 하나님의 말씀과 은혜로 회복된 것입니다. 겐그리아에 교회가 세워졌고 뵈뵈 집사가 일꾼으로 나옵니다. 나중에 뵈뵈 집사는 고린도에서 로마로 바울의 편지를 전달하는 역할을 맡습니다(롬 16:1). 이후 바울은 예루살렘으로 가기 전에 에베소로 갔는데 브리스길라와 아굴라도 동행했습니다.

하나님은 우리가 연약할 때 여러 가지로 도와주십니다. 바울이 연약해지고 의기소침할 때 아굴라 부부를 붙여 주셨고, 실라와 디모데 같은 신실한 동역자를 붙여 주셨습니다. 하나님은 사람을 보내주심으로 위로하십니다.

우리 역시 누군가에게, 하나님이 보내시는 브리스길라 아굴라 부부 같은 사람이 되어야 합니다. 교회를 세우고 말씀을 가르치는 데 동역해야 합니다.

하나님은 그분의 말씀으로 우리를 붙들어 주십니다. 바울이 말씀을 붙들기보다는 말씀이 바울을 사로잡아 열정적으로 사역하게 하였습니다. 말씀이 힘입니다. 말씀이 비전입니다. 말씀을 붙잡는 성도가 되시기를 바랍니다.

마지막으로 사역의 열매를 보게 하심으로써 위로하십니다. 사역의 열매야말로 사역자의 면류관이요 또한 하나님께 영광입니다.

찬송하리로다 그는 우리 주 예수 그리스도의 하나님이시요 자비의 아버지시요 모든 위로의 하나님이시며 우리의 모든 환난 중에서 우리를 위로하사 우리로 하여금 하나님께 받는 위로로써 모든 환난 중에 있는 자들을 능히 위로하게 하시는 이시로다 그리스도의 고난이 우리에게 넘친 것같이 우리가 받는 위로도 그리스도로 말미암아 넘치는도다(고후 1:3-5)

바울의 제3차 선교 여행(행 18:23-21:17)

지도 9

지 중 해

메소보다미아

아라비아

아프리카

이집트

애굽

구브로 (키프로스)

안디옥

다소

가바도기아

갈라디아

브루기아

무시아

아시아

비시디아

밤빌리아

루가오니아

길리기아

더베

루스드라

이고니온

수리아

안디옥

드로아

앗소

미둘레네

버가모

두아디라

사데

빌라델비아

에베소

밀레도

서머나

라오디게아

히에라볼리

골로새

서바니아

버가

앗달리아

무라

바다라

니도

고스

로도

사모

밤모

사모드레게

마게도냐

네압볼리

빌립보

암비볼리

아볼로니아

데살로니가

베뢰아

이달리야

다라

애게 해

아가야

아덴

고린도

겐그레아

아가야

버녹스

라새아

미항

그레데 (크레타)

살모네

이오니아 해

시칠리아

수라구사

레기온

멜리데 (몰타)

멜리데 (몰타)

보디올

폼페이

이아

로마

세 여관

압비오 광장

어베 기지

앗시아를 지남

유두고를 살림

에베소 장로들을 초청함

에베소 장로들 격을 봄비움

마술사가 자기 책을 불사름

빌립보에 남은 밤을

롬바 세세에의 붉을

27

에베소
Ephesus

너희가 믿을 때에 성령을 받았느냐
사도행전 19:1-7

제3차 선교 여행

바울은 다시 수리아 안디옥을 출발하여 위쪽 지방 갈라디아와 부르기아를 다니면서 기존의 신자들을 격려하고 믿음을 굳건하게 세우며 에베소까지 나아갔습니다. 제3차 선교 여행이 시작된 것입니다. 바울은 제2차 선교 여행 때 에베소에 잠시 들러 그곳 교인들에게 "하나님의 뜻이면 너희에게 돌아오리라"(행 18:21)라고 했는데, 하나님은 이같이 속히 그의 뜻을 이루게 하셨습니다. 바울은 제2차 선교 여행 때에는 에베소를 잠시 지나갔지만 제3차 선교 여행 때에는 무려 2년 반 이상 이곳에 체류하면서 복음 전파 사역을 했습니다.

'인내'라는 의미의 에베소(Ephesus)는 로마 제국 아시아 속주의 수도인 항구도시였습니다. 또 에베소에는 동방으로 이어지는 두 개의 중

셀수스 도서관

요한 상업 도로가 있었습니다. 그 때문에 상업이 성행했고, 종교의 중심지이기도 했습니다. 주후 135년에 세워진 셀수스 도서관은 책을 20만 권 이상이나 소장한 세계 3대 도서관 중 하나였습니다. 또한 이곳에는 세계 7대 불가사의 중 하나인 아데미 신전이 있어서 전세계 아데미 숭배자들의 순례지였습니다. 아데미 신전은 120개의 대리석 기둥으로 지어진 헬라 세계의 가장 큰 건축물이자 최초로 완전히 대리석으로 지어진 건물이었다고 합니다.

너희가 성령을 받았느냐?

바울은 에베소에서 세례요한을 따르는 제자 열두 명을 만났습니다. 그들은 모두 하나님을 잘 믿고 성경을 잘 안다고 생각하고 있었습니다. 아마도 이들은 아볼로와 함께했던 것 같습니다. 이들은 아볼로의 초기 신앙과 비슷한 유형의 신앙을 지니고 있습니다.

교회는 사역자 이상으로 자랄 수 없다고 합니다. 그러므로 사역자를 잘 세워야 합니다. 교인은 사역자의 실력만큼 자랄 수 있습니다. 아볼로는 이집트의 알렉산드리아 출신인데, 바울이 지나간 뒤에 에베소를 방문하게 되었습니다. 이때 아굴라와 브리스길라를 만나 복음에 대해서 상세한 지도를 받습니다. 그는 이후에 고린도를 향해 떠났고 그 사이에 바울이 이곳에 오게 된 것입니다.

그 열두 제자에게 바울이 물었습니다. "너희가 믿을 때에 성령을 받았느냐?" 그들은 대답했습니다. "우리는 성령이 계심도 듣지 못하였노라." 이것을 믿음이라고 할 수 있습니까? 하나님을 믿는다고 하면서도 예수 그리스도는 받아들이지 않는 사람도 있고, 예수님을 믿는다고 하면서도 성령의 역사를 믿지 않는 사람도 있고, 하나님 나라에

갈 수 있다고 하면서도 예수님의 은혜가 아닌 자신의 선행을 말하는 사람도 많이 있습니다. 이것을 믿음이라고 할 수 있습니까?

우리는 온전한 진리 가운데 있어야 합니다. 우리는 스스로에게 질문해야 합니다. "나는 누구를 믿는가?" "나는 믿을 때에 무엇을 받았는가?" "내게 하나님을 믿는다는 어떤 증거가 있는가?"

한 가지 부족한 것

젊은 아볼로는 일찍부터 주의 도를 배워 학문이 높고, 언변이 좋고, 성경에 능통하였습니다. 에베소에 와서 열심히 가르쳤습니다. 아굴라 부부는 아볼로에게 큰 감명을 받았습니다. 그러나 그에게 한 가지 부족한 것이 있었습니다. 곧 그가 요한의 세례만 아는 것이었습니다.

사실 이 한 가지 부족한 것이 결정적입니다. 그것이 다른 모든 좋은 것을 심지어 무용지물로 만들 수 있습니다. 예수님의 세례를 모르고 요한의 세례만 안다면 이는 결코 구원 받을 만한 믿음이 아닙니다. 아굴라 부부는 아볼로에게 무엇이 부족한가를 분별하였습니다. 그러나 공중 앞에서 아볼로에게 면박을 주거나 논쟁을 벌이지 않았습니다. 아굴라와 브리스길라는 '무엇이 없는가'를 부각시켜 배척하기보다는 '무엇이 있으면 더 좋겠는가'를 생각하는 긍정적인 사람들이었습니다. 남의 약점을 보고 비판하기보다는 내가 어느 부분을 보충해 줄 수 있을까를 생각하였습니다.

이렇게 서로 보완해 주는 관계가 동역입니다. 아마도 아굴라 부부는 이렇게 상의했을 것입니다. "아볼로는 젊고 아는 것도 많고 말씀도 열심히 잘 전하는데, 어떻게 하면 우리가 도울 수 있을까?" 하고 말입니다. 결국 이 부부는 아볼로를 집으로 초대하여 잘 대접한 후, 그들이 바울에게 배우고 체험한 대로 예수님의 십자가와 부활, 성령세례에 대해 말씀에 기초하여 가르쳤습니다. 참으로 지혜로운 부부입니다.

> 브리스길라와 아굴라가 듣고 데려다가 하나님의 도를 더 정확하게 풀어 이르더라(행 18:26)

그 결과 아볼로는 "믿는 자에게 많은 유익을 주고", "성경으로 예수는 그리스도라 증언하여 힘 있게 유대인의 말을 이겼"(행 18:27-28)습니다.

나중에 아볼로는 바울과 만나 교제를 나누고 바울의 좋은 동역자가 되었습니다. 바울이 고린도전서 3장 6절에서 말한 바, "나는 심었고 아볼로는 물을 주었으되 오직 하나님께서 자라나게 하셨나니"의 행간을 읽어야 합니다. 그것은 '아굴라와 브리스길라는 씨를 뿌리는 것과 물을 주는 것을 도왔다'입니다. 이들 모두가 하나님의 동역자입니다(고전 3:9).

예수님에게서 성령으로

세례요한을 따르는 제자들도 확실히 종교적인 사람들이었지만 아직 온전한 그리스도인은 아니었습니다. 세례요한의 세례 외에 예수님의 죽음, 부활, 승천, 성령의 약속을 몰랐습니다. '오실 분'에 대하여 들었지만 '이미 오신 분'은 알지 못했습니다. 예비적인 '회개의 복음'은 들었으나, 십자가와 부활의 '구원의 복음'은 알지 못했습니다. 요한의 물세례는 받았지만 예수님의 불과 성령의 세례를 받지 못했습니다.

예수님을 영접하지 않았기 때문에 성령의 내주도 없고, 오순절 성령 강림의 역사와 성령 자체에 대해서도 들어본 적이 없었습니다. 구약을 여러 번 보았기 때문에 요엘서 등에서 언급된 성령의 사역과 약속에 대해 많이 읽었지만 전혀 경험한 바가 없기 때문에 무지했던 것입니다. 아직도 구약 시대에 살고 있는 것입니다. 세례요한의 사역은 예수님의 사역으로 연결되어야 합니다. 복음서는 구약의 마지막 인물인 세례요한에서 예수님에게로, 사도행전은 예수님에게서 성령으로 나아가는 길을 보여 줍니다.

(요한에게서 예수님에게로)

나는 물로 너희에게 세례를 베풀거니와 나보다 능력이 많으신 이가 오시나니 나는 그의 신발끈을 풀기도 감당하지 못하겠노라 그는 성령과 불로 너희에게 세례를 베푸실 것이요(눅 3:16)

(예수님에게서 성령으로)

내가 떠나가는 것이 너희에게 유익이라 내가 떠나가지 아니하면 보혜사가 너희에게로 오시지 아니할 것이요 가면 내가 그를 너희에게로 보내리니(요 16:7)

요한의 세례는 회개의 세례이지만, 성령이 주시는 세례는 중생과 성결의 세례입니다. 초대교회 성도들은 오순절에 마가의 다락방에서 이미 받은 죄사함 위에 성령의 세례를 받았습니다(행 2장). 사마리아에도 성령의 세례가 임했습니다(행 8:17). 고넬료의 가정에도 성령의 세례가 임했습니다(행 10:44).

에베소의 오순절

바울이 안수하며 기도할 때에 세례요한의 제자들에게도 성령이 임하였습니다. 이것은 마가의 다락방에서 120문도가 체험한 성령의 역사에 비견할 수 있습니다. 이들이 체험한 성령세례를 '에베소의 오순절' 사건이라고 할 수 있습니다. 성령을 받음과 동시에 방언도 하고 예언도 하게 되었습니다. 나중에는 능력과 치유와 축귀가 나타났습니다.

왜 성령을 받아야 됩니까? 성령을 받아야 하나님의 인도하심을 받을 수 있기 때문입니다. 하나님이 구름기둥과 불기둥으로 이스라엘을 애굽에서 가나안까지 인도하신 것처럼, 성령이 우리를 천국까지 인도해 주십니다. 차량 네비게이션을 비유로 든다면, 하나님의 말씀인 성경은 기계에 내장된 지도이고, 성령은 인공위성(GPS)을 따라 나타나는 화살표입니다.

성령은 성경의 모든 역사를 실시간으로 현재화시켜 주십니다. 성령은 우리가 하나님의 자녀임을 증거하십니다. 우리가 하나님을 증언할 수 있는 힘을 주십니다. 성령은 증거의 영이십니다. 성령은 우리의 연약함을 도와주십니다. 육체적, 정신적, 영적으로 약한 것을 도와주십니다. 성령의 인도를 받을 때 모든 것이 합력하여 선을 이루게 됩니다. 그래서 예수님은 당신이 하늘로 올라가시는 것이 우리에게 유익하다고 하셨습니다. 대신 성령이 오셔서 시간과 공간을 초월하여 우리 안에 내주하시고, 인도하시고, 진리를 증거하시고, 도와주시기 때문입니다. 그러므로 성령 충만을 받아야 합니다.

너희가 회개하여 각각 예수 그리스도의 이름으로 세례를 받고 죄사함을

얼으라 그리하면 성령을 선물로 받으리니(행 2:38)

이미 성령을 선물로 받았으면 내 안에서 충만하게 역사하시기를 구해야 합니다. 성령 충만을 위해서는 숨은 죄를 자백하고, 믿음으로 구하고, 성령을 환영하고 모셔 들여야 합니다. 말씀과 찬양과 기도로 하나님께 가까이 나가십시오.

바울은 에베소에서도 우선 유대인의 회당에 들어가 하나님 나라를 강론했지만 유대인의 반대에 부딪히게 되었습니다. 마음이 굳어 순종하지 않는 자들 때문에 바울은 회당을 나와 두란노 서원을 개설하고 그곳에서 날마다 제자들에게 강론했습니다. 그렇게 바울은 2년 동안 두란노 서원 사역을 하면서 말씀 공부를 시켰습니다. 성령 사역과 말씀 사역을 함께 행한 것입니다. 성령의 역사는 말씀 가운데 확인되고, 그 토대 위에 견고히 세워져야 합니다.

성령의 증거

그렇다면 우리가 성령을 받았는지 아닌지 어떻게 분별할 수 있을까요? 성령을 받은 내적 증거와 외적 증거가 있습니다. 내적 증거는 이것입니다.

■ 사랑의 사람으로 변화가 일어납니다

하나님의 역사는 물을 포도주로 변화시키는 역사입니다. 여기에서 가장 먼저 나타나는 것이 사랑입니다. 모든 것이 사랑스러워 보입니다. 하나님을 사랑하고, 이웃을 사랑하고, 자연조차도 사랑하게 됩니다. 사랑할 수 없었던 것을 사랑하고 용서할 마음이 생겨납니다. 기독교의 사랑은 세상의 사랑과 다릅니다. 왜냐하면 성령의 역사로 사랑하기 때문입니다.

■ 거룩한 생활에 대한 열망이 생깁니다

성령의 사람은 행복해지기보다 거룩하기를 열망하고, 잘못 살기보다는 바르게 죽겠다는 마음이 있습니다. 성령은 거룩한 영이시기 때문에, 죄를 미워하고 의로운 일을 사모하게 됩니다.

성령은 인격자이십니다. 따라서 절대로 성령을 근심시키거나, 성령의 인도하심을 소멸하거나, 성령의 역사를 훼방해서는 안 됩니다. 성령을 소멸하는 것은 거룩한 생각을 저버릴 때 일어납니다. 성령을 근심시키는 것은 악한 마음을 품거나 행동으로 옮길 때 일어납니다. 성령을 훼방하는 것은 성령의 역사를 방해할 때입니다. 그러한 생활을 하면 성령이 떠나십니다.

성도에게 가장 큰 재난은 성령이 떠나시는 것입니다. 성령이 떠나시면 그는 아무것도 아니기 때문입니다. 다윗은 사울에게서 성령이 떠난 인생이 얼마나 비참한가를 보았습니다. 그래서 그가 범죄했을 때 가장 먼저 "주의 성령을 내게서 거두지 마소서"(시 51:11)라고 기도했습니다.

외적 증거는 이것입니다.

■ 신령한 능력이 나타납니다

하나님의 나라는 말에 있지 아니하고 능력에 있습니다. 성령의 각종 은사가 나타납니다. 성령의 은사에는 지혜의 말씀, 지식의 말씀, 믿음,

병 고치는 은사, 능력 행함, 예언, 영 분별, 방언, 통역 같은 것이 있습니다(고전 12:8-10 참조). 말로만 "주여 주여" 하는 것이 아니라 믿음의 삶이 있고 능력이 있어야 합니다. 야고보는 "행함으로 너의 믿음을 보이라"고 말합니다.

■ 선한 열매를 맺게 됩니다

성령이 계시면 반드시 그 열매가 나타납니다. 못된 나무가 좋은 열매를 맺을 수 없고, 좋은 나무가 못된 열매를 맺을 수 없습니다. 성령이 우리 안에 계시면 좋은 열매가 주렁주렁 열립니다. 그것은 성품으로 나타납니다.

> 오직 성령의 열매는 사랑과 희락과 화평과 오래 참음과 자비와 양선과 충성과 온유와 절제니(갈 5:22-23)

에베소에 나타난 성령의 역사

사도행전 19장은 '에베소의 오순절' 이후 밖으로 드러난 성령의 역사를 기록하고 있습니다.

① 은사로서 방언도 하고 예언도 했습니다(6절)

바울이 안수할 때에 성령이 임하였는데, 마가의 다락방에 모였던 120명에게 성령이 임하였을 때 방언을 하였던 것처럼 이들 역시 방언도 하고 예언도 하게 되었습니다. 이 모두가 동일한 성령의 역사라는 것을 나타내고 있습니다.

....
신전 기둥 하나만 남은 아데미 신전 터

....
에베소의 원형 극장(연극장)

② 치유와 축귀가 나타났습니다(11-12절)

바울을 통하여 놀라운 능력을 행하셨습니다. 심지어 사람들이 바울의 몸에서 손수건이나 앞치마를 가져다가 병든 사람에게 얹으면 그 병이 낫고 악귀가 떠났습니다.

③ 악령의 역사를 이겼습니다(13-17절)

유랑하면서 마술과 축귀로 업을 삼았던 유대 제사장 스게와의 일곱 아들이 귀신 들린 사람을 치유하려 할 때, 바울과 바울이 의지하는 예수라는 이름을 참칭했다가 귀신에게 도리어 모욕을 당하는 사건이 있었습니다. 귀신은 "내가 예수도 알고 바울도 알거니와 너희는 누구냐"라며 그들에게 호통을 쳤습니다. 이 사건을 계기로 예수님의 이름은 더욱 높아졌습니다. 귀신도 성령 충만한 사람을 귀신같이 알아봅니다.

④ 사람들의 삶에 변화가 일어났습니다(18-19절)

주 예수 이름을 높이고, 믿는 자들이 자복하여 죄를 고하고, 마술을 하던 사람들이 마술 책을 불태웠습니다. 불태운 책의 값을 계산하니 은 오만이나 되었습니다. 이는 5만 명의 하루 일당에 해당하는 엄청난 액수입니다. 복음으로 인해 에베소 사람들의 세계관과 가치관에 엄청난 변화가 생긴 것입니다.

17세기 고전주의 프랑스 화가 외스타슈 르 쉬외르가 그린 「에베소에서 성 바울의 설교」에서도 이런 정황을 잘 살펴볼 수 있습니다. 복음의 진리를 받아들인 에베소 사람들은 자신들이 소장하고 있던 마

....
「에베소에서 성 바울의 설교(The Preaching of St. Paul at Ephesus)」, 1649, 외스타슈 르 쉬외르(Eustache Le Sueur), 캔버스에 유화, 394×328cm, 루브르 박물관, 파리.

술 책들을 앞다투어 바울에게 가져와 불태웁니다. 살아 계시고 참되신 하나님을 체험했기 때문입니다. 우리나라에서도 예수님을 영접한 후에 평생 모시던 신주단지를 깨트린 일화가 많습니다. 한편에는 이런 변화가 달갑지 않은 사람들이 불만을 품고 달려들려 하지만, 기세에 눌려 감히 반항하지 못하고 있는 모습이 잘 그려져 있습니다.

⑤ 말씀이 힘이 있어 흥왕하여 세력을 얻었습니다(20절)

전도가 더욱 왕성하게 전개되었습니다. 이와 같이 성령의 임재로 인해서 에베소에 놀라운 일이 벌어졌습니다. 성경은 성령을 비둘기 같은 성령, 바람 같은 성령, 불 같은 성령이라고 합니다. 비둘기는 성품을, 바람은 변화를, 불은 능력을 상징합니다.

에베소에서 벌어진 소동

바울이 에베소 사역을 마칠 때쯤 큰 소동이 있었습니다(행 19:23-40). 이 사건은 복음이 에베소 사회에 얼마나 큰 영향력을 미쳤는지를 잘 보여 줍니다. 복음의 진리를 따르는 사람들의 삶의 변화는 에베소에 유행하던 점술가, 신상 모형 만드는 자, 아데미 신전에서 생업을 유지하는 사람들의 영업에 큰 타격을 주었습니다.

에베소는 아데미 신전을 중심으로 전 아시아에 우상을 보급하여 이익을 보던 본산이었습니다. 특히 데메드리오는 우상을 제작하여 아데미 신전에 공급하던 은장색 중 하나로서, 아데미 신상 모형을 팔아 큰 이익을 보고 있었습니다. 그런데 바울의 사역으로 인해 매출이 떨어지고 자신의 영향력이 축소되자 이에 반발하여 동업자들을 충동질하게 되었습니다. 오늘날로 하면 노동조합 사람들이 모여 시위를

아데미 여신상(에베소 고고학박물관 소장)

벌인 것입니다. 그들은 에베소 연극장에 모여 바울 성토대회를 벌였습니다. 에베소 연극장은 2만 5,000명의 관중을 수용할 수 있는 시설입니다.

> 그가 그 직공들과 그러한 영업하는 자들을 모아 이르되 여러분도 알거니와 우리의 풍족한 생활이 이 생업에 있는데 이 바울이 에베소뿐 아니라 거의 전 아시아를 통하여 수많은 사람을 권유하여 말하되 사람의 손으로 만든 것들은 신이 아니라 하니 이는 그대들도 보고 들은 것이라 우리의 이 영업이 천하여질 위험이 있을 뿐 아니라 큰 여신 아데미의 신전도 무시당하게 되고 온 아시아와 천하가 위하는 그의 위엄도 떨어질까 하노라 하더라(행 19:25-27)

에베소에서 아데미 여신에 대한 축제가 얼마나 대단하게 진행되었는지를 묘사한 글이 있습니다.

에베소 사람들이 열정적으로 숭배했던 아데미 여신은 가슴에 유방이 24개가 달린 풍요의 여신이다. 아데미 여신의 머리에는 바벨론을 상징하는 성이 있고, 몸에는 특이한 사냥꾼 니므롯을 상징하는 사자, 호랑이, 사슴 등의 다양한 짐승이 부조로 새겨져 있다. 매년 5월 아데미 여신의 축제날이 되면 유방과 같은 수의 24명의 흰 옷을 입은 여자 사제들이 앞에 서고, 뒤에는 자신의 고환을 아데미 여신에게 바친 남자 사제들이 여신의 호위병처럼 뒤따른다. 축제의 행렬은 아데미 신전에서부터 시작된다. 아데미 신전에서 출발한 아데미 신상과 축제 행렬은 에베소 시의 동쪽에 있는 마그네시아 문을 통해 입성하고, 동방 체육관과 시장, 음악당을 지나서 에베소 시청에 이른다. 에베소 시청 앞에는 또 하나의 아데미 여신상이 밖을 향하여 서 있는데 두 개의 여신상이 만나게 되면 군중의 열광은 절정에 이르게 된다. 이때, 에베소의 총독은 관저에서 나와서 아데미 여신에게 경의를 표하게 된다. 총독의 인사를 받은 아데미 여신상은 크레테 도로를 지나 셀수스 도서관을 거쳐 에베소 광장에 이른다. 광장에서 왼쪽 방향으로 항구대로를 지나 부두에 이르게 된다. 부두에 이르면, 드디어 소들을 바치는 희생 제사가 드려진다. 남자 사제들이 황소 24마리의 고환을 잘라 아데미 여신의 목에 걸어 주면, 군중은 열광적인 함성을 터뜨리기 시작한다. 무용수들은 음악에 따라 춤을 추고, 도살된 소들이 제단에 올려지면, 이때부터 본격적으로 아데미 축제가 무르익게 된다. (http://blog.daum.net/sunghwa/1699800에서 인용)

축제가 벌어지면 각 지역에서 사람들이 몰려들었고, 신상 모형을 만들어 파는 사업자들은 엄청난 수익을 올렸을 것입니다. 이런 에베소에 바울로 말미암아 미신과 우상을 타파하는 운동이 일어났고, 이는 우상을 팔아 풍족한 생활을 하던 조합원들에게 경제적으로 큰 위협이 되었다는 것입니다.

실제로는 이렇게 자신들의 사업이 막대한 손해를 입은 것에 분노하였지만, 표면적으로는 위대한 신 아데미를 위하여 나설 수밖에 없다고 말하고 있습니다. 마치 아데미 여신을 위해 의로운 분노를 발하는 투사처럼 말입니다. 이 말에 동조하여 격분한 은장색 동업자들이 시위를 시작하여 "크다. 에베소 사람의 아데미여!" 하고 외치면서 온 시내에 소요가 일어나게 되었습니다.

한참의 소란 후에 사람들은 바울의 동역자인 가이오와 아리스다고를 붙들고 연극장으로 몰려들었습니다. 바울이 들어가 말리려고 하였으나 바울까지 위태로워질 것을 염려한 제자들이 만류하였습니다. 연극장에 모인 수만의 무리는 "크다. 에베소 사람의 아데미여!"라는 구호를 두 시간 이상이나 외쳤습니다. 결국 에베소의 서기장이 나서서 무리를 진정시키기 위해 "에베소 사람들아, 에베소 시가 큰 아데미와 제우스에게서 내려온 우상의 신전지기가 된 줄을 누가 알지 못하겠느냐?"(행 19:35) 하면서 그들을 진정시켰습니다. 그러면서 가이오와 아리스다고가 신전의 물건도 훔치지 않았고 아데미 여신도 비방하지 않았는데 붙잡아 왔다고 지적하며, 데메드리오와 직공들에게 고발할 것이 있다면 정식 절차를 밟아 고소를 하라고 했습니다. 이 사태는 불법 집회이므로 로마 당국에 알려지면 법적인 책임을 질 수밖에 없다는 말에 소요가 종식되었습니다.

변혁을 일으키는 복음

이 사건은 그리스도인이 성령을 받고 살아갈 때 사회에 어떤 변화가 일어나는가를 보여 주는 대표적인 사례입니다. 우리가 참된 그리스도인이 됨으로써 사회에 어떤 영향력을 끼칠 수 있는지를 여실히 보여 줍니다. 개인의 변화가 사회의 변혁으로 이어지는 것입니다.

한국도 1907년 평양 부흥 운동이 일어났을 때, 평양의 술집, 기생들이 생계 위협을 받은 나머지 기생조합에서 대표적인 목사를 넘어뜨리려고 유혹 작전까지 꾸몄다는 기록이 있습니다. 오늘날의 기독교가 점집, 술집, 카지노, 성매매자들을 위협하고 있습니까? 그들이 교회 때문에 장사를 못하겠다고, 교회 앞에 모여서 데모를 한 적이 있습니까?

"너희가 믿을 때에 성령을 받았느냐?" 우리가 성령을 받았다면, 능력과 변화가 일어나야 합니다. 개인과 사회에 선한 변화가 나타나야 합니다. 개인의 변화뿐 아니라 도시 전체의 문화를 변화시키는 복음의 능력이 나타나야 합니다. 우리가 믿는 예수는 사회와 문화를 변혁하는 그리스도가 되어야 합니다.

로버트 루이스 목사는 "만일 지역교회가 없어진다면, 그 교회 신자들 외에 교회를 그리워할 사람이 얼마나 있을까요?"라는 도발적인 질문을 던졌습니다. 그런데 그 질문에 자신이 없습니다. 복음과 성령은 교회 내부에 있는 사람들만을 위한 것이 아닙니다. 사회를 변혁시키고, 악한 영들을 쫓아내는 것입니다.

"너희가 믿을 때에 성령을 받았느냐?" 당신에게는 성령을 받았다는 증거가 있습니까? 그것을 보여 주십시오.

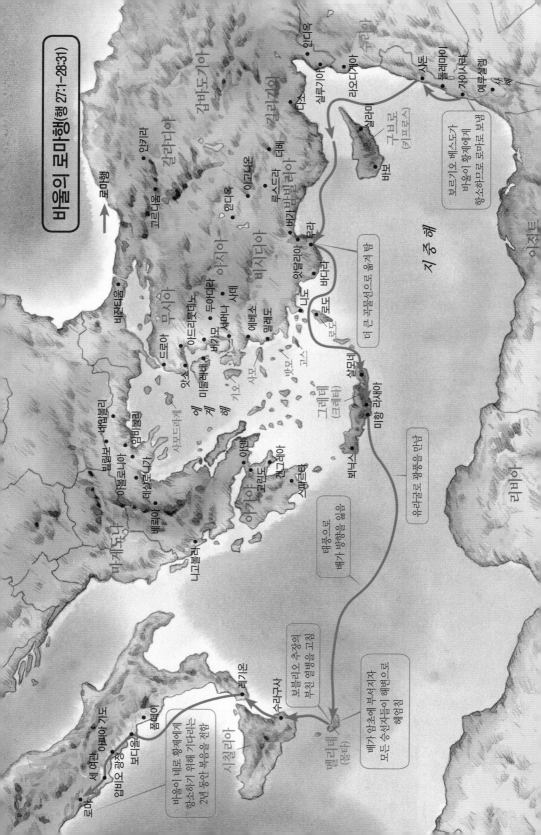

바울의 로마행(행 27:1-28:31)

로마행

지 중 해

보르기오 베스도가
바울의 형제에게
항소하므로 로마로 보냄

미르 구물선으로 옮겨 탐

유라굴로 광풍을 만남

태풍으로
배가 방향을 잃음

보블리오 추장이
부친 열병을 고침

배가 암초에 부딪치자
모든 승선자들이 헤엄으로
해엄침

바울이 네로 황제에게
항소하기 위해 기다리는
2년 동안 복음을 전함

28

로마
Rome

예수님을 위한 죄수 바울
사도행전 28:16-23

복음의 확산

바울은 제3차 선교 여행의 대부분을 에베소에서 보냈습니다. 에베소 사역을 통해 복음은 전체 아시아 속주로 확산되었습니다.

> 두 해 동안 이같이 하니 아시아에 사는 자는 유대인이나 헬라인이나 다 주의 말씀을 듣더라(행 19:10)

에베소 사역을 마칠 무렵 바울은 유럽에 세운 교회들을 돌아본 뒤에 예루살렘으로 가기로 결정했습니다. 당시 예루살렘은 가뭄으로 극심한 고통을 겪고 있었기 때문에 이방 교회에서 연보를 보아 물질적인 도움을 주려는 목적도 있었을 것입니다. 결국 마게도냐와 아가야에 있는 빌립보 교회, 데살로니가 교회, 고린도 교회를 다니면서 사역도 하고 연보도 거두게 됩니다. 바울은 예루살렘으로 돌아가기 전에 로마에 보내는 편지를 통하여 이때의 정황을 밝히고 있습니다.

> 그러나 이제는 내가 성도를 섬기는 일로 예루살렘에 가노니 이는 마게도냐와 아가야 사람들이 예루살렘 성도 중 가난한 자들을 위하여 기쁘게 얼마를 연보하였음이라 저희가 기뻐서 하였거니와 또한 저희는 그들에게 빚진 자니 만일 이방인들이 그들의 영적인 것을 나눠 가졌으면 육적인 것으로 그들을 섬기는 것이 마땅하니라(롬 15:25-27)

다른 사람을 보낼 수도 있었지만, 바울은 자신이 이방인 교회와 예루살렘 교회의 연결 고리 역할을 하고자 하였습니다. 이런 바울의 노력이 없었다면 히브리파 기독교, 헬라파 기독교로 양분될 위험도 있습니다.

또한 여기에는 바울이 생각하는 바 하나의 교회에 대한 모티브가 작동하고 있습니다. 더구나 예루살렘 교회를 생각해 달라는 베드로의 당부도 있었을 것이고, 영적으로 빚진 예루살렘 교회에 대한 생각도 간절했을 것입니다. 복음을 전해 준 예루살렘 교회에 대한 고마움을 물질적으로나마 보답하는 것이 도리하고 생각했을 것입니다.

다시 예루살렘으로

바울의 목표는 세계의 중심지인 로마에 가서 복음을 전하고, 로마 교회의 후원을 받아 당시 땅끝이라고 생각하던 서바나(스페인)까지 가는 것이었습니다. 고린도에서 곧장 진행하면 더 쉽게 갈 수 있었지만, 반대 방향인 예루살렘으로 돌아가는 우회로를 선택한 것입니다.

예루살렘으로 돌아가는 길은 멀고도 험난했습니다. 이방인 교회의 연보가 고린도에서 취합되었을 때, 바울의 생명을 노리고 있다는 모의가 알려졌습니다. 그래서 바울은 지름길인 뱃길을 포기하고, 오던 길을 되짚어 육로로 갈 수밖에 없었습니다. 뿐만 아니라 성령은 바울이 만나는 신실한 동역자들을 통하여 예루살렘에서 그를 기다리고 있는 일을 미리 가르쳐주셨습니다. 예루살렘에서 바울을 기다리고 있는 것은 환대가 아니라 결박과 환난입니다.

바울은 귀로에 밀레도에서 에베소 교회 장로들을 만나 저간의 사정을 이야기하고 있습니다.

> 보라 이제 나는 성령에 매여 예루살렘으로 가는데 거기서 무슨 일을 당할는지 알지 못하노라 오직 성령이 각 성에서 내게 증언하여 결박과 환난이 나를 기다린다 하시나 내가 달려갈 길과 주 예수께 받은 사명 곧 하나님의 은혜의 복음을 증언하는 일을 마치려 함에는 나의 생명조차 조금도 귀한 것으로 여기지 아니하노라(행 20:22-24)

바울은 에베소 교회 장로들에게 다시는 보지 못할 것이라고 이야기하면서 삼 년 동안 눈물로 사역했던 것을 기억하라는 당부의 말을 했습니다. 그리고 함께 기도하고 크게 울며 목을 안고 입을 맞추며 작별하였습니다.

예루살렘에서 당할 일

밀레도에서 고스, 로도, 바다라, 베니게, 구브로에서 수리아로 항해하여 두로에 도착했을 때에도, 성령의 감동을 받은 제자들이 예루살렘에 가는 바울을 만류했습니다. 바울은 돌레마이를 거쳐 가이사랴에 도착하여 일곱 집사 중 하나인 전도자 빌립의 집에 머물렀습니다. 이때에도 빌립의 예언하는 딸들을 통해 예루살렘에서 당할 일에 대해 들었을 것입니다. 바울의 안전을 염려하는 많은 사람들이 바울의 예루살렘행을 거듭 만류했습니다.

> 여러 날 머물러 있더니 아가보라 하는 한 선지자가 유대로부터 내려와 우리에게 와서 바울의 띠를 가져다가 자기 수족을 잡아매고 말하기를 성령이 말씀하시되 예루살렘에서 유대인들이 이같이 이 띠 임자를 결박하여 이방인의 손에 넘겨주리라 하거늘 우리가 그 말을 듣고 그곳 사람들과 더불어 바울에게 예루살렘으로 올라가지 말라 권하니 (행 21:10-12)

그러나 바울은 이런 여러 차례의 예언을 '피하라'가 아니라 '준비하라', '각오하라'로 해석했습니다. 우리 같으면 미리 알려 주시니 감사하며 피했을 텐데 말입니다.

성결교단의 전도자인 문준경 전도사도 6·25전쟁이 일어나서 북한군에 의해서 증도가 장악되었음에도 그곳에 가려 했습니다. 부흥사였던 이성봉 목사도 문준경 전도사를 만류했습니다. 하지만 "내 양을 돌보겠다"고 하면서 들어갔고 결국 그곳에서 북한군에 의해서 순교를 당하게 되었습니다.

최근에 중앙성결교회에서 중국에 파송한 강호빈 선교사는 2011년 8월 11일 단둥에서 독침 테러를 당했는데, 체력이 좋은데다 신속하게 대처하여 목숨을 구할 수 있었습니다. 그리고 한국에서 머물며 건강을 회복한 후에, 이제 신분이 노출되어 더 이상 중국에서 탈북자들을 위한 사역이 불가능하다고 많은 사람들이 만류하는데도 자신이 키운 제자들을 돌보아야 한다며 중국에 다시 들어갔습니다. 그 후 2012년 5월 27일 연변에서 교통사고를 위장한 사고로 사망하게 되었습니다.

바울이나 문준경 전도사나 강호빈 선교사는 닥칠 환난에 대한 경고를 들었지만 피하지 않고 더욱 준비하여 사명을 감당했습니다.

바울이 대답하되 여러분이 어찌하여 울어 내 마음을 상하게 하느냐 나는 주 예수의 이름을 위하여 결박당할 뿐 아니라 예루살렘에서 죽을 것도 각오하였노라(행 21:13)

예루살렘에 도착한 바울 일행은 이방인 교회들이 자발적으로 모은 연보를 예루살렘 교회에 전달하면서 큰 기쁨과 위로를 얻었을 것입니다. 예루살렘에 있던 히브리파 기독교인들은 이방인 교회에 감사하고 바울의 안위를 걱정하였습니다. 바울이 열정적으로 복음을 전파한 결과, 특별히 이방인 선교를 하는 과정에서 유대 전통과 율법의 중요성을 무시하는 언행을 했다는 풍설이 파다하게 퍼져 있었기 때문입니다. 편협한 유대교인들은 바울을 그냥 두려 하지 않았습니다. 그들에게는 바울이 공공의 적이요 눈엣가시요 민족의 반역자로 보였기 때문입니다.

예루살렘 교회의 수장인 야고보는 적의를 품고 있는 유대인들의 마음을 누그러뜨리기 위해서 바울에게 유대교의 규정대로 정결례를 행하라고 권했습니다. 서원한 네 사람이 있는데 그들이 정결예식을 행하게 하고 돈을 내어 머리를 깎게 하라는 것이었습니다. 이를 통해 바울이 의도적으로 모세 율법을 깨뜨린다는 풍설을 잠재우려 했습니다.

사실 바울은 율법을 폐한 적이 없습니다. 유대인으로서 그리스도인이 된 자는 억지로 이방인이 될 필요가 없고, 이방인으로서 그리스도인이 된 자는 억지로 유대인이 될 필요가 없다고 했을 뿐입니다.

율법이 구원의 조건은 되지 않지만, '유대인' 바울은 어려서부터 배우고 몸에 익힌 율법의 관행을 지킴으로써 경건의 습관을 유지했습니다. 하지만 그렇다고 이방인에게 복음의 본질 외에 유대인의 율법을 강요하지도 않았습니다. 따라서 이런 제안은 바울에게 거리낄 것이 전혀 없었습니다. 하지만 바울이 성전에서 정결례를 행하는 동안 아시아에서 온 유대인들이 바울과 그의 동행을 보고 오해하여 소동을 일으켰습니다. 저자 거리에서 바울이 이방인과 함께 있던 것을 보고 성전에 그 이방인을 데리고 들어왔다고 생각한 것입니다.

인간의 오류 중에 확증편향(confirmation bias)이 있습니다. 자기가 보고 싶은 것만 보고, 듣고 싶은 것만 듣고, 믿고 싶은 것만 믿는다는 것입니다. 자기에게 불리한 것은 받아들이지 않고 유리한 것만 이용하는 것입니다. 어떤 유대인들의 이 같은 오해로 인하여 성전에서 소동이 벌어졌고, 사람들은 바울을 성전 밖으로 끌어내어 죽이려고까지 했습니다. 소요 소식을 들은 로마의 천부장이 군사를 끌고 와서 바울을 폭도들의 손에서 건져 내었습니다.

예루살렘에서의 증언
바울은 안토니오 요새로 연행되어 가면서 천부장에게 변명할 기회를 달라고 요청했습니다. 전후 사정을 알지 못했던 천부장은 바울에게 소명의 기회를 허락했습니다. 이에 바울은 자신이 바리새파의 가르침을 따라 열성적으로 헌신했던 이야기, 그리스도인들을 체포하고 억압하기 위해서 애쓴 이야기, 다메섹으로 가는 길에 부활하신 예수님을 만난 이야기, 주님을 영접하고 세례를 받은 이야기, 예루살렘에서 기도할 때 이방인에게 나아가라는 계시를 받은 이야기를 했습니다. 하지만 이 같은 바울의 변론은 분노한 유대인들의 화를 돋굴 뿐이었고, 격분한 군중이 바울에게 달려들어 죽이려 하자 천부장은 간신히 바울의 신병을 보호했습니다.

이튿날 천부장은 진상을 파악하기 위해서 바울을 공회의에 회부했습니다. 이 자리에서 바울은 예수님의 부활 소식을 중심으로 변론함으로써 공의회의 다수를 차지하고 있던 바리새파의 지지를 이끌어내어 정죄를 내리지 못하게 했습니다. 예루살렘의 군중도 공의회도 바울을 두고 맹렬하게 충돌했습니다. 바울의 목숨을 빼앗겠다는 사람들의 아우성이 영내까지 들리는 듯했습니다.

예견했던 일이라 해도 막상 실제 상황이 되면 불안하고 두려워지는 것이 인지상정입니다. 예수님도 자신의 죽음을 이미 아셨고 또한 각오하고 계셨지만, 예루살렘에 입성하신 뒤 겟세마네에서 생명을 건 기도를 하시며, 땀이 땅에 떨어지는 핏방울같이 되었다고 했습니다. 예수님은 이런 상황 가운데 있는 바울을 밤중에 찾아오셔서 위로하셨습니다.

주께서 바울 곁에 서서 이르시되 담대하라 네가 예루살렘에서 나의 일을 증언한 것 같이 로마에서도 증언하여야 하리라(행 23:11)

체포와 가이사랴 호송

결국 바울은 자신의 체포가 로마로 가는 길임을 알게 되었습니다. 그가 원하는 방식은 아니었지만 로마로 가는 길이 결국 그렇게 열리게 된 것입니다. 주님은 바울을 자유의 몸이 아니라 구금된 상태로 로마로 보내어 증언하게 하실 계획이었던 것입니다. 바울이 어려움 중에 목숨을 구하고, 로마 군인들의 호위를 받으며 로마에 갈 수 있는 길이 열렸습니다. 그 과정에 고발, 체포, 심리, 암살 음모, 보호 감찰, 재판, 호송, 감금들이 있었습니다.

바울이 영내에 구금되었다는 소식을 전해 들은 열성 유대인들은 바울을 죽이기 위한 모략을 꾸몄습니다. 바울을 죽이기 전에는 먹지도 마시지도 않겠다고 맹세한 자들이 40여 명이나 되었습니다. 그들은 대제사장들과 장로들에게 가서 바울의 사건을 상세히 심문할 목적으로 그를 데려오라고 로마 천부장에게 요청하기로 했습니다. 이는 그 길에 매복하여 있다가 바울의 목숨을 빼앗겠다는 포석이었습니다. 로마 군사들과의 접전과 살상까지도 각오하면서 이런 위태로운 계획을 세웠습니다. 그만큼 바울에 대한 미움과 증오, 살의가 대단했습니다.

하지만 하나님의 사자는 그의 사명이 끝나기 전에 절대 죽는 법이 없습니다. 유대인들의 모의를 바울의 생질이 엿듣게 되었고 그 사실을 로마 천부장에게 알렸습니다. 천부장은 사건이 심상치 않다는 것을 깨닫고는 병력을 모아 바울을 가이사랴에 있는 총독 벨릭스에게 호송할 계획을 은밀하게 시행했습니다.

바울을 호위하는 군사는 보병 200명, 기병 70명, 창병 200명이었습니다. 한 사람을 호위하기 위해 이렇게 많은 군사를 동원했다는 것은 사태가 얼마나 심각했는지를 가늠하게 합니다. 결국 바울은 가이 사랴 헤롯 궁에서 이 년 동안 구류되어 여러 차례 심문을 받게 되었습니다.

바울이 밤 사이에 중무장한 로마군에 의해서 가이사랴로 호송되었다는 소식이 알려지자, 대제사장들과 장로들은 애석해 하면서 변호사 더둘로를 앞세우고 벨릭스 총독에게 와서 바울을 고발했습니다. 더둘로는 바울을 "전염병 같은 자", "천하에 흩어진 유대인을 다 소요하게 하는 자", "나사렛 이단의 우두머리"라고 비난했습니다.

바울은 더둘로가 제기한 기소 내용 중 소요의 죄에 대해서는 증거가 없음을 이유로 혐의를 부인했습니다. 하지만 "나사렛 이단의 우두머리"라는 것에 대해서는 일부 시인하고 일부 반박했습니다. 나사렛 예수에 대한 것을 선포하고 다닌 것은 사실이지만 그 부활의 사건은 유대인들이 하나님께 받은 소망의 성취라는 것을 피력했습니다. 나사렛 예수의 종교는 이단이 아니라 약속의 성취라는 것입니다.

바울의 변호가 더 강력했지만, 벨릭스는 유대인 집권자들의 체면을 의식해서인지 판결을 연기했습니다. 심지어 벨릭스는 아내와 함께 바울에게 와서 말씀을 듣고 두려워하면서도 바울을 풀어 주지는 않았습니다. 오히려 바울에게 뇌물을 기대하면서 더 자주 불러 대화했습니다.

로마 황제에게 상소하는 바울

이 년 뒤에 베스도가 벨릭스를 대신하여 총독으로 부임하자, 유대인 대적자들은 다시 바울 살해 모의를 꾸몄습니다. 심리를 핑계로 바울을 가이사랴에서 예루살렘으로 불러올릴 때 길에 매복했다가 죽이

자는 것입니다. 그들은 베스도에게 이런 제안을 했지만 베스도는 그들의 제안을 거절하고 가이사랴로 내려갔습니다.

다시 열린 심리에서도 바울의 유죄를 증명할 증거가 부족했습니다. 재판이 답보 상태에 빠지자 베스도는 뜻밖에도 유대인들의 제안대로 바울에게 예루살렘으로 올라가지 않겠느냐고 물었습니다. 이때 바울은 드디어 로마 황제에게 상소를 하게 됩니다.

내가 가이사께 상소하노라(행 25:11)

제21장 〈욥바와 가이사랴〉에서 바울의 항소문 사진을 볼 수 있습니다(84페이지). 로마 시민권자에게는 재판상의 특혜가 있었는데, 특별히 최고심인 황제에게 상소할 수 있는 권리가 있었습니다. 이때를 위하여 하나님은 바울에게 로마 시민권을 주신 것이 아닐까 생각이 듭니다. 하나님이 주신 것에는 반드시 이유가 있습니다.

한편 베스도가 부임했다는 소식을 듣고 유대를 통치하고 있던 아그립바 왕과 버니게가 예방을 했습니다. 그들은 헤롯 왕의 자손으로서, 남매지간이지만 부적절한 염문을 뿌리고 다니기도 했습니다. 베스도는 그들을 우대하고 그들의 의견을 청함으로써 협력 관계를 구축하고자 바울의 사건을 언급했습니다. 결국 유대교 교리에 밝은 아그립바 왕 앞에서 바울의 사건을 청문해 보기로 했습니다. 황제에게 상소했으니 상소의 내용을 구체화하려는 이유도 있었을 것입니다.

바울은 이 청문의 자리에서 자신의 과거 행적을 반복하여 진술하면서, 부활하신 예수님이 주신 사명대로, 유대인이든 이방인이든 회개하고 부활하신 주님께 나아오라고 선포했다고 변호했습니다. 아그립바 왕은 바울의 간증을 들으면서 "바울아 네가 미쳤도다. 네 많은 학문이 너를 미치게 한다"라고 폄하했지만, 아그립바 왕, 베스도 총독, 버니게는 모두 함께 바울에게 사형이나 결박을 받을 만한 죄가 없다는 결론에 도달했습니다. "만일 가이사에게 상소하지 아니하였더라면 석방될 수 있을 뻔하였다"(행 26:32). 그러나 바울이 이미 황제에게 상소했기 때문에 로마로 보내기로 결정했습니다. 당시 로마 황제는 네로였습니다.

로마를 향하여

비록 죄수 신분이기는 했지만 드디어 바울은 하나님의 명령에 의해서 로마로 가게 되었습니다.

> 우리가 배를 타고 이달리야에 가기로 작정되매 바울과 다른 죄수 몇 사람을 아구스도대의 백부장 율리오란 사람에게 맡기니(행 27:1)

여기서 '우리'라는 말이 나오는데, 사도행전의 저자로 알려진 누가와 데살로니가 사람 아리스다고가 바울의 동행자였습니다. 이들의 동행으로 말미암아 바울의 로마 압송은 정확한 항해일지를 갖게 되었습니다. 바울이 거쳐간 곳은 다음과 같습니다.

가이사랴 → (아드라뭇데노 호) → 시돈 → 루기아 무라 → (알렉산드리아 호) → 니도 → 살모네 → 그레데 섬 미항(라새아 성에서 가까운) → (뵈닉스, 40킬로미터 정도 떨어진 곳) → 가우다 → 아드리아 바다(14일 표류) → 멜리데(몰타 섬, 3개월) → 수라구사(시칠리아 섬) → 레기온 → 보디올(나폴리) → 로마 바울의 재판 기록도 그렇지만 항해일지도 놀라울 정도로 상세하게 정리되어 있습니다. 이 기록을 바탕으로 해서 바울의 행적을 재연할 수 있을 정도로 정확하게 지형과 지명과 기상과 시간이 기록되어 있습니다. 바울은 죄인의 신분으로 압송되어 가면서도 예수님을 증언했습니다. "너는 말씀을 전파하라 때를 얻든지 못 얻든지 항상 힘쓰라" (딤후 4:2)는 권면을 스스로 실천한 것입니다.

비록 몸은 결박되었으나 복음은 결박당하지 않았습니다. 재판을 받을 때도 단순히 자신을 변호한 것이 아니라 예수의 복음을 전파했습니다. 그의 능력도 자유롭게 나타났습니다. 누가 자유인이고 누가 후송되는 자인지 모를 정도입니다. 바울은 하나님의 함께하심으로 말미암아 로마로 가는 일행 중 주도적인 인물이 되었습니다. 그의 말에 권위가 있었고, 성품과 지혜와 능력으로 사람들에게 인정을 받았습니다. 바울 때문에 그 배에 탄 사람들이 복을 받았습니다. 마치 요셉이 종과 죄수의 몸으로 있었지만 그로 인해 주변 사람이 복을 받은 것과 같습니다.

풍랑을 만나 표류함

배가 풍랑을 만나 표류한 기사를 통해서도 바울의 선견지명과 리더십을 확인할 수 있습니다. 바울 일행을 태운 배가 그레데 섬 미항에 기항했습니다. 그런데 금식하는 절기가 이미 지났기 때문에 더 이상 항해하는 것이 위험했습니다. 하지만 선주와 선장은 그레데 섬 서쪽 끝에 있는 뵈닉스로 가는 것이 좋겠다는 의견을 냈습니다. 바울은 미항에서 그대로 월동하자고 했지만, 율리오 백부장은 선장과 선주의 말을 바울의 말보다 더 믿었습니다. 이에 바울은 이번 항해의 결과를

멜리데의 성 바울 기념교회

바울 난파 기념교회(뱀에 물린 곳)

암울하게 예측했습니다.

> 내가 보니 이번 항해가 하물과 배만 아니라 우리 생명에도 타격과 많은
> 손해를 끼치리라(행 27:10)

물론 선장은 경험이 많은 사람이고 바다에서 잔뼈가 굵은 사람입니다. 그의 의견에 찬성하는 사람이 많았습니다. 그리고 선주는 배에 실은 곡물을 하루라도 빨리 운송해야 경제적인 이윤을 많이 얻게 될 것입니다. 백부장 율리오는 전문가의 의견, 다수의 의견을 좇아 출항하기로 결정했습니다.

바울은 항해에 대해 비전문가요, 천막 만드는 사람이요, 죄수의 신분이었지만 하나님의 사람으로서 성령의 영감을 갖고 있었습니다. 만약 바울의 말이 하나님이 주신 것이라면 그들은 파국을 맞게 될 것입니다. 실제로 바울의 말은 적중했고, 그들의 생각이 잘못되었다는 것이 곧 드러났습니다.

> 얼마 안 되어 섬 가운데로부터 유라굴로라는 광풍이 크게 일어나니(행
> 27:14)

결국 그 배는 싣고 있던 화물도, 배를 움직이는 기구들도 버리고 바다 위에서 바람에 밀려 이리저리 표류할 수밖에 없었습니다.

> 여러 날 동안 해도 별도 보이지 아니하고 큰 풍랑이 그대로 있으매 구원의
> 여망마저 없어졌더라(행 27:20)

표류가 십사 일이나 계속되자 많은 사람들이 살 소망을 포기하고 자포자기했습니다. 하지만 바울은 하나님의 음성을 듣고 오히려 그들을 위로합니다.

여러분이여 내 말을 듣고 그레데에서 떠나지 아니하여 이 타격과 손상을 면하였더라면 좋을 뻔하였느니라 내가 너희를 권하노니 이제는 안심하라 너희 중 아무도 생명에는 아무런 손상이 없겠고 오직 배뿐이리라 내가 속한 바 곧 내가 섬기는 하나님의 사자가 어제 밤에 내 곁에 서서 말하되 바울아 두려워하지 말라 네가 가이사 앞에 서야 하겠고 또 하나님께서 너와 함께 항해하는 자를 다 네게 주셨다 하였으니 그러므로 여러분이여 안심하라 나는 내게 말씀하신 그대로 되리라고 하나님을 믿노라(행 27:21-25)

바울은 비록 그 배의 주인은 아니지만 배의 운행과 관련하여 가장 현명한 조치를 제안했고, 배가 표류하여 절대절명의 순간에 빠졌을 때에도 우뚝 일어나 선원과 선객들을 위로하고 격려한 진정한 지도자였습니다. 바울은 사람들을 격려하고 음식을 먹게 했습니다. 그리고 그의 말대로 배는 한 섬에 좌초하여 상륙하게 되었습니다. 고난을 겪었지만 배에 탄 276명 전원이 무사히 상륙하게 되었습니다. 만약 바울이 그 배에 없었더라면 276명의 생명은 어떻게 되었을까요?

멜리데 섬에서의 이적
멜리데 섬에 도착한 바울은 원주민들이 불을 피워 주자 나무 한 묶음을 불에 넣다가 독사에게 물렸습니다. 죄수 신분임을 알았던지 원주민들은 틀림없이 바울이 살인자로서 하늘의 공의의 심판을 받은 것이라고 수군거렸습니다. 비록 바다에서는 살아 나왔지만 육지에서 심판을 받은 것이라고 말입니다. 하지만 시간이 지나도 상처가 붓지도 않고 갑자기 쓰러져 죽지도 않자 이번에는 신으로 받들었습니다. 바울과 바나바가 루스드라에서 앉은뱅이를 고치자 제우스와 헤르메스 신으로 추앙하다가 나중에 돌로 친 것과 정반대의 경우입니다(행 14:8-19). 성령이 함께하시면 신적인 역사가 나타납니다.

한편 그 섬의 높은 사람 보블리오의 부친이 열병과 이질로 사경을 헤매었는데 바울이 안수 기도하니 병이 떠났습니다. 의사 누가가 동행하고 있었지만 바울이 그를 치료한 것입니다. 그 섬의 많은 사람이 그렇게 신유의 은혜를 받았습니다. 그래서 바울 일행은 후한 대접을

「멜리데 섬에 표류한 바울(St. Paul Shipwrecked on Malta)」, 1630, 로랑 드 라 이르(Laurent de La Hyre), 캔버스에 유화, 105.4X161.9cm.

받고 떠날 때에는 배에서 쓸 것을 많이 공급받았습니다(행 28:7-10). 지금도 성령은 믿는 자들에게 동일하게 역사하십니다. 병든 자에게 손을 얹고 기도하면 병이 떠나고, 부지불식간에 독을 마셔도 죽지 않습니다.

로마에서의 선교 사역

다사다난했던 항해 끝에 바울은 드디어 로마에 들어서게 되었습니다. 당시 로마는 인구가 200만 명에 이르는 세계에서 가장 큰 도시였습니다. 바울은 비록 죄수의 몸으로 왔지만, 로마의 믿는 형제들이 그의 소식을 듣고 69킬로미터 거리인 압비오 광장과 53킬로미터 거리인 '트레이스 타베르네'(세 여관이라는 뜻)까지 나와서 영접했습니다. 바울은 영접 나온 그들을 보고 "하나님께 감사하고 담대한 마음을 얻었다"고 했습니다.

　로마에 도착한 바울은 셋집에서 이 년 동안 군인 한 명과 함께 비교적 자유롭게 지내면서 말씀을 전할 수 있었습니다. 일종의 가택연금을 당한 것입니다. 바울은 이 기간에 옥중서신인 빌립보서, 에베소서, 골로새서, 빌레몬서를 썼습니다. 골로새 교회에 문안한 내용을 보면 두기고, 오네시모, 아리스다고, 바나바의 생질 마가, 유스도, 에바브라, 의사 누가, 그리고 데마가 바울과 함께 로마에 함께 있었습니다(골 4:7-14).

　바울은 로마에 있는 유대인 지도자들을 초대하여 자신이 왜 황제에게 상소하게 되었는지를 상세히 설명했습니다. 유대 민족을 거역하는 반민족적 행위가 아니라, "이스라엘의 소망 때문"에 고난을 받는다고 했습니다. 이스라엘의 소망은 바로 예수 그리스도라고 했습니다.

예수님이야말로 유대인뿐 아니라 세상 모든 이의 참된 소망입니다. 세상에 많은 가르침과 소식이 있지만 생명을 주는 기쁜 소식은 오직 하나님의 말씀입니다.

바울은 자기를 찾아오는 사람들을 맞아 아침부터 저녁까지 하나님 나라에 대하여, 그리고 율법과 선지자의 완성이신 예수님에 대하여 전하였습니다. 믿는 사람도 있고 믿지 않는 사람도 있었지만 열심히 전하였습니다. 누가는 다음과 같은 말로 사도행전을 맺습니다.

> 바울이 온 이태를 자기 셋집에 머물면서 자기에게 오는 사람을 다 영접하고 하나님의 나라를 전파하며 주 예수 그리스도에 관한 모든 것을 담대하게 거침없이 가르치더라(행 28:30-31)

렘브란트가 그린 「감옥에 갇힌 사도 바울」을 보면 바울은 감옥에 갇혀 있는 동안에도 복음 사역을 게을리하지 않았습니다. 바울이 오랫동안 읽었을 성경이 침대에 놓여 있고, 바울은 깊은 생각에 잠겨 편지를 작성하고 있습니다. 누구를 생각하며 무슨 내용을 쓰려는지 알 길이 없지만 밝은 빛에 쌓여 있는 바울의 모습이 영적 깊이를 느끼게 합니다. 바울의 몸은 궁색한 감옥에 갇혀 있었지만 복음은 결코 매이지 않았습니다.

감옥에 있을 리가 없는, 좌측에 보이는 칼은 중의적입니다. 우선은 그의 회심 이전의 삶을 나타내는 것으로, 그리스도인들을 체포하고 핍박하던 시절의 칼입니다. 바울은 기독교인들을 체포하고 죽이는 데 앞장선 기독교의 비방자, 박해자, 폭행자였습니다. 다음으로는 하나님의 말씀의 검을 의미합니다. 침대 위에 있는 갑옷을 보면 전신갑주

「감옥에 갇힌 사도 바울(St. Paul in Prison)」, 1627, 렘브란트(Harmensz van Rijn Rembrandt).

를 입고 말씀의 검을 가지라는 교훈이 떠오릅니다. 바울은 평생 예수님이 주와 구주가 되심을 설파했습니다. 하나님의 말씀의 검은 어떤 견고한 진도 무너뜨리는 하나님의 능력입니다. 마지막으로는 로마의 칼로서 바울이 자신의 달려갈 길을 다 마치고 충성을 다 바친 뒤에 칼로 목 베임을 당할 것을 암시합니다.

바울의 벗은 발은 반석 위에 놓여 있고, 다른 발은 신을 신고 있습니다. 벗은 발은 사역을 마치고 안식하며 거룩하신 하나님 앞에서 신을 벗고 반석 위에 서 있는 모습을, 신을 신고 있는 발은 아직도 달려가야 할 길이 남았음을 동시에 보여 주는 것 같습니다.

저항할 수 없는 복음의 힘

바울이 이 년 동안 방해 없이 담대하게 복음을 전했다는 것이 사도행전의 마지막 증언입니다. 저항할 수 없는 복음의 힘입니다. 이와 같이 사도행전은 일반서신 형태로 시작하여 끝맺음 인사도 없이 끝납니다. 문학적으로 말하자면 미종결 상태로 서신을 마무리하는 셈입니다. 로마에서 네로에게 재판을 받는 광경, 바울의 순교에 대한 보도도 없어 그냥 끝납니다. 누가가 사도행전을 기록할 때 바울의 순교를 알고 있었더라도 이렇게 종결을 지었을 것입니다.

복음서가 예수님의 죽음으로 끝나지 않고 부활 기사로 새로운 역사를 예고했듯이, 사도행전도 바울의 마지막 재판이나 순교로 끝나지 않습니다. 바울이 로마에 이르기까지 숱한 역경은 세세히 기록하면서도 정작 로마 도착 이후에 대해서는 자세하게 기록하지 않고 있습니다. 그곳에서 바울이 어떻게 설교를 했는지, 가이사 앞에서 어떻게 변론을 했는지, 어떤 과정을 거쳐 놓임을 받았는지 통 기록이 없습니다. 로마에 기독교가 어떻게 확장되었는가 하는 일련의 기사를 다 생략한 채, 바울이 로마에 죄수의 몸으로 들어가 재판을 기다리며 집에 감금된 상태에서도 찾아오는 이들에게 복음을 전파했다는 기사로 28장을 맺고 있는 것입니다.

이것은 앞으로 있을 많은 역사에 대한 복선입니다. 계속되는 말씀 전파를 언급하는 끝맺음은, 사실상 29장으로 계속된다는 의미를 담고 있습니다. 이것이 사도행전을 '열린 결말'이라고 부르는 이유입니다. 사도행전의 주인공은 바울이 아닙니다. 성령입니다. 성령을 통해 오늘도 우리는 사도행전을 계속 써 가야 합니다.

바울의 순교

학자들에 따라 바울이 방면되어 서바나로 선교 여행을 떠났다고 하거나 이때 순교했다고 말하기도 합니다. 정확한 시점은 알 수 없지만 바울이 순교한 곳은 로마입니다. 로마에서 바울은 마지막 서신인 디모데후서를 작성했는데, 이때 영적 아들인 디모데를 격려하는 모습이 나옵니다.

전제와 같이 내가 벌써 부어지고 나의 떠날 시각이 가까웠도다 나는 선한 싸움을 싸우고 나의 달려갈 길을 마치고 믿음을 지켰으니 이제 후로는 나를 위하여 의의 면류관이 예비되었으므로 주 곧 의로우신 재판장이 그날에 내게 주실 것이며 내게만 아니라 주의 나타나심을 사모하는 모든 자에게도니라(딤후 4:6-8)

초기 기독교인들은 베드로와 바울이 같은 날 순교를 당했다고 믿었는데, 그 날짜는 주후 67년 6월 29일입니다. 베드로와 바울이 수감되었던 곳에 세워진 빈콜리 성당에 가면 베드로가 묶여 있었다는 쇠사슬을 볼 수 있습니다. 거기에서 미켈란젤로의 '모세 상'도 볼 수 있습니다. 베드로는 네로의 경기장에서 십자가에 거꾸로 못박히고, 로마 시민이었던 바울은 참수형을 당했다고 합니다.

바울은 순교할 때 "아, 주 예수여!"라는 마지막 말을 했으며, 그의 목은 베어진 후 땅에 세 번 튀었고 그곳에서 샘물이 솟았다고 합니다. 현재 세 분수 교회가 이를 기념하고 있습니다.

하나님의 사자인 바울과 베드로는 비록 순교했지만 그들을 향한 하나님의 사랑은 결코 끊어지지 않았습니다.

산 피에트로에 있는 빈콜리 성당 | 베드로 쇠사슬과 미켈란젤로의 모세 상이 있다.

....
바울의 참수터 위에 세워진 세 분수 교회

....
바울의 참수 장면(세 분수 교회 내부)

....
바울의 참수 장면화(세 분수 교회 내부)

....
바울이 참수된 돌(세 분수 교회 내부)

「사도 베드로와 바울(St. Peter and St. Paul)」, 1587–1592, 엘 그레코(El Greco), 캔버스에 유화, 121.5×105cm, 에르미타주 박물관, 상트페테르부르크.

누가 우리를 그리스도의 사랑에서 끊으리요 환난이나 곤고나 박해나 기근이나 적신이나 위험이나 칼이랴(롬 8:35)

그리고 하나님과 복음의 능력은 그들의 순교에도 불구하고 매이지 않았습니다. 결국 250여 년이 지나 주후 313년에 로마 제국은 기독교를 공인하게 되었고, 데오도시우스 황제 때(381년)에는 로마 제국의 국교로 선포하기에 이르렀습니다.

예루살렘에서 시작된 복음은 안디옥 교회를 중심으로 이방 세계로 확장해 나가, 이제는 로마가 1,000년 동안 기독교 복음을 전하는 세계 선교의 중심이 되었습니다. 바울이 전한 복음이 로마 제국을 송두리째 바꿔버린 것입니다. 이스라엘의 소망이 온 인류의 소망이 된 것입니다.

몇 년 전 로마 바티칸에 방문했을 때, 베드로와 바울 특별 전시회를 볼 수 있었습니다. 로마에서 이 두 거대한 인물을 만난다는 것이 참 의미심장했습니다. 그들은 각각 다른 길을 걸었지만 예수 그리스도의 복음을 전하려는 같은 목적을 추구하였으며 결국 로마에서 함께 순교하였습니다.

엘 그레코는 베드로와 바울을 잘 대비하여 그렸습니다. 그들 뒤로 천국을 향하여 열린 문이 있고, 베드로는 천국의 열쇠를, 바울은 말씀을 가리키고 있습니다. 그들의 의상은 각각 '빛'과 '예수의 보혈'을 드러냅니다. 그들은 함께 그리스도께로 우리를 초대하고 있습니다.

밧모 섬과 소아시아 일곱 교회

흑 해

비잔티움

안키라

고르디움

무시아

갈라디아

드로아

앗소

아드리뭇데노

마둘레네

버가모

두아디라

아시아

서머나

사데

에게 해

빌라델비아

비시디아

안디옥

사모

에베소

이고니온

히에라볼리

라오디게아

골로새

밀레도

루스드라

더베

밧모

버가

밤빌리아

고스

니도

앗달리아

무라

로도

로도

바다라

구브로
(키프로스)

살모네

그레데
(크레타)

바보

지 중 해

29

밧모
Patmos

성령에 감동되어
요한계시록 1:9-20

구약 성경은 모세오경, 역사서, 성문서, 예언서로 분류됩니다. 신약 성경은 복음서, 역사서(사도행전), 서신서, 예언서로 분류됩니다. 구약 예언서들이 이스라엘 사회를 비판하면서 오실 메시아를 예언했다면 신약의 유일한 예언서인 요한계시록은 부활승천하신 예수님이 장차 재림주로 오실 때까지의 일을 기록하고 있습니다.

요한계시록의 저자

요한계시록의 저자 사도 요한은 예수님의 열두 제자 중에서 마지막까지 살아남은 자입니다. 예수님이 직접 뽑으신 사도들이 모두 순교했지만 요한은 자연사하였습니다. 요한복음 21장에 언급된 말씀대로입니다.

예수께서 이르시되 내가 올 때까지 그(요한)를 머물게 하고자 할지라도 네
(베드로)게 무슨 상관이냐 너는 나를 따르라 하시더라(요 21:22)

혹자는 요한이 예수님으로부터 모친 마리아를 부탁받았기 때문에
어려운 순간마다 다른 사도들이 마리아를 모시고 피신하라고 하여
결국 오래 살았다고 주장합니다. 그런데 저는 예수님이 십자가에 달
리실 때 유일하게 함께했던 사도 요한이 이미 예수님과 함께 십자가
에서 죽는 경험을 했기 때문에 순교한 것과 마찬가지라고 봅니다.

사랑하는 예수님이 십자가에서 돌아가시는 모습을 자신이 함께
죽는 것 없이 어떻게 그저 지켜볼 수 있었겠습니까? 요한은 동료 사
도들이 순교를 당할 때마다 가슴이 아팠을 것입니다. 예수님의 그늘
아래 있을 때에 동료 사도들을 더욱 뜨겁게 사랑하지 못하고, 오히
려 주도권을 놓고 경쟁하고 암투를 벌인 일들을 부끄러워했을 것입
니다.

요한은 예수님을 따르면서 '보아너게' 곧 우레의 아들이라는 오명을
씻고 '사랑의 사도'가 되었습니다. 형장의 이슬로 순교당하지 않았다고
해서 그가 순교하지 않은 것이 아닙니다. 그는 매일 자신과 세상에 대
하여 죽는 순교적 삶을 살았습니다. 그는 살아 있는 순교자였습니다.

전승에 따르면 요한은 신약 성경 중 다섯 권의 책을 썼습니다. 과거
의 일을 되돌아보고 쓴 요한복음, 현재 교회의 제반 사항들을 보면서
쓴 요한일서, 요한이서, 요한삼서 그리고 장차 일어날 일에 대한 주님
의 계시를 기록한 요한계시록이 그것입니다.

대개 요한이 등장하는 성화(聖畵)에는 독수리가 자주 나오는데, 이

「밧모의 요한(St. John on Pathmos)」, 1479, 한스 메믈링(Hans Memling), 패널에 유화,
176×79cm, 메믈링 뮤지엄, 브뤼헤.

는 요한복음이 독수리 복음으로 불리기 때문입니다. 또한 그림에 책이 나오는 것은, 그가 다섯 권의 책을 써서 '신학자'라는 별명이 붙었기 때문입니다. 뱀과 잔은 요한계시록에 사탄의 세력과 관련해서 묘사되어 있기 때문입니다. 요한이 어린 청년으로 묘사되는 이유는 그가 어릴 적에 사역자로 부름 받았고 예수님의 각별한 사랑을 받았기 때문입니다.

요한은 요한계시록 초두에서 자신을 다음과 같이 소개하고 있습니다.

나 요한은 너희 형제요 예수의 환난과 나라와 참음에 동참하는 자라 하나님의 말씀과 예수를 증언하였음으로 말미암아 밧모라 하는 섬에 있었더니(계 1:9)

요한은 주지하다시피 명실상부한 '사도'입니다. 바울은 일평생 자신의 사도권 때문에 투쟁해야 했습니다. 하지만 요한에게는 그런 문제가 없었습니다. 오히려 그는 예수님이 세상에 계실 때 가장 사랑받은 제자로 알려진 인물입니다. 초대교회에서 베드로 그리고 주님의 형제 야고보와 함께 기둥 같은 역할을 수행했고, 죽기 직전까지 에베소 교회에서 담임 사역을 했습니다.

지금 그는 영적인 눈을 떠서 놀라운 계시를 보고, 신약 성경 중 유일한 예언서를 기록하는 영광을 누리고 있습니다. 하지만 요한은 자신을 전혀 높이지 않고 도리어 '형제' 중의 한 명이라고 소개하고 있습니다. 이전에 예루살렘으로 올라가면서 예수님께 "주의 영광 중에서 우리를 하나는 주의 우편에, 하나는 좌편에 앉게 하여 주옵소서"

(막 10:37)라고 요청했던 이가 지금은 겸손히 자신을 낮추고 있습니다. 이것이 올바른 기독교 영성입니다.

요한계시록을 쓰는 요한은 신학자이며 시인이며 목회자입니다. 요한계시록에는 세상을 보는 신학자의 해석이 들어가 있고, 상상력을 풀어 내는 시인의 감성이 있고, 신자들을 사랑하는 목회자의 심정이 들어가 있습니다. 더구나 그는 로마 제국의 감시와 검열을 통과하여 신자들에게 주님의 말씀을 전해야 하는 어려운 상황에 처해 있었습니다. 그 모든 것을 요한은 이 요한계시록에 잘 녹여 내고 있습니다.

하나님 나라의 시간적 확장

요한은 먼저 요한계시록을 기록하게 된 배경을 소개합니다. 그는 하나님의 말씀 즉 예수님을 증언하는 것 때문에 밧모 섬에 유배된 상태라고 증언하고 있습니다. 바울이 순교한 지 28년이 지났고, 사도로서 유일하게 살아 있는 요한이 밧모 섬에 유배되어 있던 중 비전을 본 것입니다.

바울은 세상의 중심 로마에서 기독교의 세계화를 열었다면, 요한은 작은 섬 밧모에서 장차 펼쳐질 하나님 나라의 비전을 보여 줍니다. 바울이 하나님 나라의 공간적인 확장을 이루었다면, 요한은 시간적인 확장을 이루었습니다. 바울이 로마 감옥에서 옥중서신을 썼다면, 요한은 유배지에서 요한계시록을 썼습니다.

이처럼 고난 중에 불멸의 일들이 일어납니다. 요한은 주님의 복음을 전하다가 결국 체포되어 유배되었습니다.

의를 위하여 박해를 받은 자는 복이 있나니 천국이 그들의 것임이라 나로 말미암아 너희를 욕하고 박해하고 거짓으로 너희를 거슬러 모든 악한 말을 할 때에는 너희에게 복이 있나니 기뻐하고 즐거워하라 하늘에서 너희의 상이 큼이라 너희 전에 있던 선지자들도 이같이 박해하였느니라(마 5:10-12)

밧모 섬

밧모 섬은 에게 해에 있는 3,000여 섬 가운데 작은 하나입니다. 터키 서해안의 에베소 외항인 쿠사다시(Kusadasi)에서 서쪽으로 약 60킬로미터, 그리스 아테네에서는 동쪽으로 약 250킬로미터 지점에 있습니다. 지리적으로는 터키에 가깝지만 그리스에 속한 섬입니다. 남북 길이가 16킬로미터, 동서 길이는 넓은 곳이 10킬로미터에 중간 부분이 1킬로미터 정도 되며, 스칼라 항구가 있습니다. 면적은 40제곱킬로미터로 우리나라의 전라남도 압해도나 고금도 정도의 크기입니다.

이곳은 정치 및 종교 중범죄자들의 유배처여서, 죄인들은 채석장에서 강제 노역을 했습니다. 로마의 도미티아누스 황제(Domitianus, 주후 51-96년 재위)는 자신을 '주인이며 신'(Dominus et Deus)으로 숭배하도록 전 로마 제국에 강요했는데, 사도 요한은 95년경 황제 숭배를 거부한 죄목으로 이곳에 유배되어 18개월 지내다가 96년에 에베소로 귀향했습니다. 우리나라에서도 일제 강점기에 천황숭배나 신사참배 문제로 이와 비슷한 일이 많았습니다.

요한 계시동굴 앞에 보면 모자이크로 된 동판이 하나 있는데, 그 동판에는 요한과 브로고로 집사의 모습이 있습니다. 브로고로는 초대교회 일곱 집사(행 6:5) 중 한 사람으로, 에베소 교회에서 요한을 돌

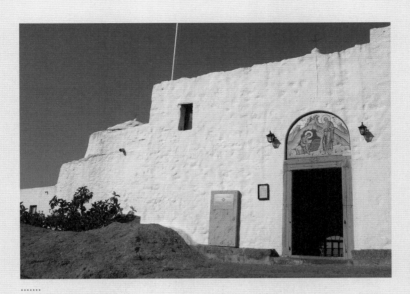

요한 계시동굴 외부의 모습

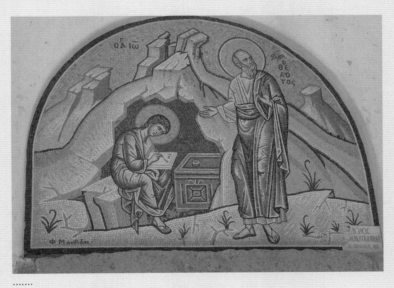

요한 계시동굴 입구의 벽화에 묘사된 요한과 브로고로 집사

요한 계시동굴 내부의 모습

보라고 보낸 사람입니다. 요한계시록 자체에는 대필자의 이름이 나오지 않지만, 전승에 따르면 브로고로가 눈이 어두운 요한을 대신해서 요한계시록을 받아 적었다고 합니다.

하늘의 비전

요한은 비록 세상 눈은 어두워졌으나 하늘 나라의 비전을 보았습니다. 참으로 암울했던 시기였습니다. 정치는 광포해지고 앞날은 막막했습니다. 사도의 몸은 연약해지고 눈도 침침해졌습니다. 유배를 와 있으니 교회를 돌볼 수도 없는 처지입니다. 사역자로서 막다른 골목, 구덩이에 빠졌다고 해야 할 지경입니다. 세운 교회, 어린 신자들, 사역자

....
밧모 섬 전경

들에 대한 염려가 있었을 것입니다. 하지만 그렇게 모든 것이 막힐 때 요한은 하늘의 비전을 보게 되었습니다. 세상에서 사방으로 막힐 때 위로 하늘 문이 열린 것입니다.

하늘의 비전을 보게 되는 것은 성령에 의해서입니다.

주의 날에 내가 성령으로 감동되어(10절)

요한은 어느 주일에 성령의 감동을 받았습니다. 전에는 요한이 유대인으로서 안식일을 지켰을 터이지만, 이제는 예수님이 부활하시고 그들에게 나타나신 '주님의 날'에 동굴을 찾아 기도하고 찬양했을 것입니다. 바로 그때 성령의 감동하심이 있어 비전의 문이 열렸습니다. 그 비전을 통해 비로소 요한 자신도, 교회들도 소망을 품을 수 있게 될 것입니다. 현실이 어려울수록 주님이 주시는 비전을 꿈꾸어야 합니다. 비전은 현재의 고난을 보시는 주님의 관점입니다. 주님의 관점을 가져야 능히 현재의 고난을 이길 수 있습니다.

소망과 확신을 주는 비전

믿음은 환경의 문제가 아니라 관점의 문제입니다. 우리가 만난 현실을 주님의 시선으로 바라보면 소망을 가질 수 있습니다. 엄밀한 의미에서 요한계시록은 미래에 대한 책이라기보다는 현실의 목회적 상황에 대한 책입니다. 사실 구약 선지자의 예언도 미래를 말하는 것이 목적이 아니라 미래를 통해 현실을 변화시키는 것이 목적입니다. 예언의 말씀이 강조하는 것은 현재입니다. 예측도 현재 메시지를 강화하기 위한 장치입니다. 미래가 현재로 뚫고 들어와 현실을 변화시킵니다.

비전으로 인해 요한은 힘을 얻습니다. 유배된 요한, 갇힌 요한, 무기력해진 요한은 이제 능력 받은 요한, 소망을 전파하는 요한이 되었습니다. 비전을 통해 새로운 현실이 피어납니다. 요한은 역경과 고난과 절망 가운데 있었지만 성령 안에서 새로운 비전을 보았습니다. 고난 가운데 하나님의 주권을 확신하고 소망 가운데 인내하는 것입니다.

그래서 요한계시록은 무서운 책이 아니라 소망, 확신, 위로를 주는 책입니다. 역사가 하나님의 손 안에 있음을 알리고, 역사의 마지막을 알고 현재를 살라는 취지로 주신 책입니다. 따라서 현재에, 고난은 있어도 절망은 없습니다. 어떤 순간에도 예수님은 소망이 되십니다.

일곱 교회에 보내는 편지

성령에 감동된 사도 요한은 뒤에서 큰소리를 듣게 되었습니다.

> 이르되 네가 보는 것을 두루마리에 써서 에베소, 서머나, 버가모, 두아디
> 라, 사데, 빌라델비아, 라오디게아 등 일곱 교회에 보내라 하시기로(계 1:11)

일곱 교회의 순서는 에베소를 기점으로 시계 방향으로 돌아가고 있습니다. 요한계시록은 서신의 형태로 교회들이 공람하도록 의도된 것입니다. "이 예언의 말씀을 읽는 자와 듣는 자와 그 가운데에 기록한 것을 지키는 자는 복이 있나니 때가 가까움이라"(계 1:3). 당시에는 이런 서신을 교회들이 돌려 보았고, 필사해 두었다가 예배 시간 중에 낭독하곤 했습니다. 이를 통해 어려움을 겪고 있는 교회들을 격려하고 문제점을 지적하며 고치라는 메시지를 주는 것입니다.

하나님은 마지막 때의 교회와 신자에 큰 관심을 두고 계십니다. 세상은 악하며 멸망으로 치닫고 있습니다. 세상 가운데 있는 신자와 교회는 핍박을 당하고 있습니다. 그러나 교회와 성도는 끝까지 견뎌야 합니다. 그래서 요한계시록을 통한 하늘의 비전을 주십니다. 성도들을 격려하기 위해서입니다. 요한계시록의 비전은 성도를 위협하거나 혼란을 가중하거나 지적 호기심을 만족시키기 위한 것이 아닙니다. 미래를 준비하라고 주신 것입니다.

일곱 금촛대와 일곱 별

요한은 뒤로 돌이켜 자신에게 말씀하시는 분을 보려 했습니다. 바로 그 순간 그는 동굴에서 천상의 세계로 이동하게 되었습니다. 요한이 몸을 돌이켰을 때 그의 눈앞에 나타난 것은 일곱 금촛대 사이를 거니시는 인자와 같은 분이었습니다. 일곱 금촛대는 일곱 교회입니다. 인자와 같은 이는 바로 승귀하신 예수님입니다.

주님은 일곱 금촛대 사이로 행하십니다. 주님은 교회 안에 운행하고 계시며 교회에 임재하십니다. 주님의 임재를 체험하려면 교회로 와야 합니다. 어려울 때일수록 주님께 매달려야 합니다. 주님이 임재하시는 교회로 나와야 합니다. 예수님의 손에는 일곱 별이 들려 있습니다. 일곱 별은 교회의 사역자입니다. 주님은 자신의 종들을 오른손으로 붙들고 계십니다. 사역자들은 부족할지라도 주님이 붙들고 계시기 때문에 하나님의 쓰임을 받습니다. 비록 주의 종이 부족할지라도 그들을 붙들고 계시는 주님을 보아야 합니다. 한편 주의 종은 온전히 주님께만 붙들려 있어야 합니다.

교회를 금촛대에 비유하는 이유는 그 본질과 사명이 고귀하기 때문입니다. 초는 본래 어둠을 깨뜨리는 빛을 내기 위한 것입니다. 마찬가지로 교회는 참된 빛이신 예수님의 광채를 받아 이 세상을 비추는 반사경이 되어야 합니다.

'소금과 빛'의 사명은 기독교인 개개인뿐만 아니라 교회의 사명이기도 합니다. 금으로 만들어진 이유는, 교회가 바로 예수님의 몸이기 때문입니다. 예수님의 보혈로 구원 받은 하나님의 자녀들이 모이는 곳이기 때문입니다. 일곱인 이유는 이 지상에 존재하는 모든 교회를 대표하기 때문입니다. 주님은 한 개의 보편적인 교회를 구성하는 지역

....
「성 요한의 소명(The Vision of St. John)」, 1608–1614, 엘 그레코(El Greco), 캔버스에 유화, 메트로폴리탄 박물관, 뉴욕.

교회 모두를 보살피시는 대감독, 목자장이십니다.

승귀하신 예수님의 모습

요한은 승귀하신 예수님의 모습을 다음과 같이 묘사하고 있습니다.

> 촛대 사이에 인자 같은 이가 발에 끌리는 옷을 입고 가슴에 금띠를 띠고
> 그의 머리와 털의 희기가 흰 양털 같고 눈 같으며 그의 눈은 불꽃 같고 그
> 의 발은 풀무불에 단련한 빛난 주석 같고 그의 음성은 많은 물소리와 같
> 으며 그의 오른손에 일곱 별이 있고 그의 입에서 좌우에 날선 검이 나오
> 고 그 얼굴은 해가 힘 있게 비치는 것 같더라(계 1:13-16)

발에 끌리는 옷과 가슴의 금띠는 대제사장과 왕이신 예수님을 묘
사하고 있습니다. 예수님은 왕이시면서 제사장이십니다. '왕 같은 제
사장'이십니다. 발에 끌리는 옷은 권위와 주권을 상징합니다. 요한은
계속해서 예수님의 외양을 일곱 항목으로 묘사하는데, 이는 앞뒤로
짝을 이루고 중간에 하나가 있는 구조입니다.

① 흰머리	⑦ 빛나는 얼굴	하나님이 주시는 용서와 축복을 상징합니다.
② 불꽃 같은 눈	⑥ 좌우에 날선 검이 나오는 입	보호와 심판을 의미합니다.
③ 빛난 주석 같은 발	⑤ 일곱 별을 붙든 오른손	확신과 능력을 나타냅니다.
④ 많은 물소리 같은 음성		말씀과 찬양을 나타냅니다.

만약 이런 모습을 그림으로 그린다면 무섭고 기괴한 모습이 될 것입니다. 이 묘사의 초점은 승귀하신 예수님이 영광스럽고 엄위로운 심판자가 되신다는 것입니다. 이는 다니엘이 보았던 환상 중 '구름 타고 오시는 인자'에 관한 내용과 일맥상통합니다.

> 내가 또 밤 환상 중에 보니 인자 같은 이가 하늘 구름을 타고 와서 옛적부터 항상 계신 이에게 나아가 그 앞에서 인도되매 그에게 권세와 영광과 나라를 주고 모든 백성과 나라들과 다른 언어를 말하는 모든 자들이 그를 섬기게 하였으니 그의 권세는 소멸되지 아니하는 영원한 권세요 그의 나라는 멸망하지 아니할 것이니라(단 7:13-14)

사도 요한은 이 광경을 보았을 때 그분의 발 앞에 엎드려져 죽은 자 같이 되었습니다. 승귀하신 예수님은 곧 신이시며 절대적이고 초월적인 분이십니다. 그분을 본 인간은 신적인 경외감으로 큰 두려움을 느끼고 육신의 힘이 다 빠지게 될 것입니다. 인간이 아무리 고결하다고 해도 신적 존재 앞에서는 아무것도 아닙니다. 신을 본 자는 죽는다고 알려져 있는데, 그와 유사한 일이 벌어진 것입니다. 주님은 이렇게 죽음의 문턱에 이른 요한에게 오른손을 얹으시며 "두려워 말라"고 말씀하십니다.

예수님은 풍랑 가운데 두려워하는 제자들에게, 빈 무덤 앞에서 대경실색한 여인들에게, 예수님의 십자가 처형 후 방안에 숨어 있는 자들에게도 이같이 말씀하신 적이 있습니다.

지금 요한에게 계시된 분은 공생애 기간 중 제자들을 위로하셨던 바로 그분입니다. 영광을 받으신 예수님, 종말의 일을 알려 주러 오신 예수님은 결코 제자들을 위협하지 않으십니다. 재차 강조하지만 요한계시록은 두려움의 책이 아니라 소망의 책입니다. 무서운 영화나 소설도 해피엔딩이라는 결론부터 알고 보면 안심이 됩니다. 요한계시록은 제자들을 위로하고 두려움을 없애며 인내할 수 있는 자원을 주는 말씀입니다. 확신을 주시는 말씀입니다.

알파와 오메가가 되시는 주님

이제 사도 요한과 예수님이 대면하게 되었습니다. 공생애 동안 특별한 사랑을 받았고 승천하시는 광경을 목격했고 재림하실 예수님을 고대한 사도 요한이지만 승귀하신 예수님께는 쉽사리 범접할 수 없었습니다. 회포를 풀 수도 없을 것입니다. 그 이유는 요한이 아직 연약한 육신 가운데 있고, 하나님과 피조물 사이에는 무한한 거리, 무한한 간격이 있기 때문입니다.

예수님은 자신을 "처음이요 마지막"(계 1:17), "알파와 오메가"(계 1:8)라고 소개하십니다. 알파와 오메가는 그리스어 알파벳의 처음 글자와 마지막 글자입니다.

하나님이 처음부터 끝까지 모든 것을 주관하신다는 의미입니다. 하나님의 뜻에서 벗어나는 것은 있을 수가 없다는 의미입니다. 계획하신 분이 마침내 성취하여 끝내실 것이라는 의미입니다. 그래서 창세기에서 언급되었던 생명나무, 무지개 같은 것들이 요한계시록에 다시 언급됩니다. 인류의 역사를 시작하신 하나님이 결국 인류의 역사를 종결지으실 것입니다.

바울은 로마서 8장에서 기독교인의 구원을 다섯 단계로 나누어 설명합니다. 예지→예정→소명→칭의→영화가 그것입니다. 한 사람이 예수님을 믿고 구원을 받는 과정은 우연 혹은 사람의 결단에 의해서 된 것이 아니라 하나님의 계획이라는 뜻입니다. 한 사람을 향한 구원은 이미 하나님이 영원 전부터 예지하신 사항이며 그가 영화를 받을 때까지 하나님이 주관하신다는 것입니다. 이는 '구원은 오로지 하나님께 속했다'는 것을 알게 해줍니다. 각 개인의 구원 문제에서도 하나님이 알파와 오메가가 되십니다.

예수님은 자신을 이전에는 죽었지만 지금은 살아 계신 분으로, 또 이제 세세토록 살아 계신 분으로 소개하십니다. 실제로 예수님은 인류의 구원을 위해서 근본 하나님과 본체이시지만 하나님과 동등됨을 취하지 아니하시고 성육신하셨으며, 그 몸으로 십자가에 달려 죽음의 고통을 대신 맛보셨습니다.

하지만 죽음도 예수님을 가둘 수 없었습니다. 그분은 하나님의 살리심으로 말미암아 부활하셨습니다. 부활하신 예수님은 다시 죽으실 수 없습니다. 이와 같이 예수님의 구원을 받은 자들도 부활한 뒤에 영생을 누리게 됩니다. 부활하신 예수님은 사망과 음부의 열쇠를 가지고 계십니다.

비전을 기록하라

예수님은 요한에게 보여 줄 비전을 기록하라고 요구하십니다.

그러므로 네가 본 것과 지금 있는 일과 장차 될 일을 기록하라(계 1:19)

요한계시록은 이런 구조를 따라서 과거(1장), 현재(2-3장), 미래(4-22장)의 일을 소개하고 있습니다. 각각은 부활하신 예수님, 승천하신 예수님, 재림하실 예수님을 전제하고 있습니다. 요한계시록 말미에서 주님은 속히 오겠다고 약속하십니다. 예수님께 예언된 다섯 가지 즉 탄생, 죽음, 부활, 승천, 재림 가운데 앞의 네 가지는 이미 다 이루어졌고 마지막 한 가지인 재림만 남았습니다. 그래서 말세입니다.

주님이 오셔야 이 모든 일이 완결되고 종결됩니다. 구약이나 신약 시대를 살았던 어느 누구보다도 우리는 너무나 확실한 복음을 받았습니다. 그들은 다섯 가지를 분별해야 했지만 우리에게는 마지막 재림만 남았기 때문입니다. 우리는 재림의 복음 이외에 다른 어떤 것의 미완을 주장하는 이단을 분명히 가려낼 수 있습니다. 재림의 주님이 오시는 순간 모든 것이 완성될 것입니다.

우리가 바라보아야 할 비전

믿는 자는 역사의 완성, 구원의 완성을 위해 오시는 주님의 재림을 소망해야 합니다. "아멘, 주 예수여 오시옵소서"라는 마라나타의 신앙을 지니고 살아가야 합니다. 주님의 재림은 우리의 소망입니다.

> 생각하건대 현재의 고난은 장차 우리에게 나타날 영광과 비교할 수 없도다(롬 8:18)

비록 현실이 녹록지 않고 괴로움과 환난이 닥친다고 해도 우리는 종말에 재림의 예수님이 가져오실 완전한 구원과 영광을 바라보며 오늘을 잘 보낼 수 있습니다. 절망의 밤에 주님을 바라보십시오.

주님은 살아 계십니다. 역사를 주관하십니다. 주님은 우리 가운데 운행하십니다. 주님은 우리를 붙들고 계십니다. 완전한 도시인 하나님의 나라, 온전한 성전인 새 예루살렘, 그리고 회복된 동산인 새 에덴이야말로 지금 우리가 바라보아야 할 비전입니다.

소아시아 일곱 교회-에베소 교회

----- 로마 도로
―――― 요한계시록 회람 순서

흑 해

비잔티움

안키라
고르디움

무시아

갈라디아

드로아

앗소   아드리뭇데노

마둘레네

에 게 해   버가모   두아디라   아시아

서머나   사데   비시디아   안디옥

에베소   빌라델비아

사모   히에라볼리   이고니온

밀레도   라오디게아   골로새

루스드라

밧모   더베

고스   니도   밤빌리아

버가

로도   앗달리아

로도   바다라   무라

구브로
(키프로스)

살모네

그레데
(크레타)   바보

지 중 해

30

에베소 교회
The Church of Ephesus

처음 행위를 가지라

요한계시록 2:1-7

사도 요한은 예수 그리스도로부터 받은 환상을 본격적으로 서술하기(계 4장) 전에 소아시아에 있는 일곱 교회에 서신을 보내고 있습니다(계 2-3장). 여기에 기록된 일곱 교회는 초대교회 당시 소아시아에 실존했던 교회이기도 하지만 또한 지상에 오고 오는 모든 세대의 교회를 대표합니다. 그리고 이 교회들은 우리가 갖추어야 할 교회의 모습과 신앙생활의 표상을 보여 줍니다. 그러므로 건강한 교회가 되고 온전한 신앙을 갖추기 위해서는 반드시 들어야 하는 메시지입니다.

교회(에클레시아)는 건물이 아니라 신자들의 모임입니다. 물론 초대교회 당시 번듯한 교회당 건물이 있을 리가 없고 가정에서 신자들이 모이는 가정교회였을 테지만. 여하튼 이 서신은 건물을 갖춘 개체 교회라기보다는 지역에 있는 신자들에게 주시는 말씀입니다.

살아 있는 교회의 일곱 가지 특징

일곱 교회에 보내진 서신에는 어느 정도 공통된 형식이 있습니다. 수신하는 교회, 발신자인 예수 그리스도의 자기소개, 칭찬의 말씀, 책망의 말씀, 회개와 권면, 그리고 명령을 준수했을 때 받을 약속을 제시하는 식으로 전개됩니다. 물론 교회에 따라 약간의 가감은 있습니다. 여하튼 이렇게 일곱 교회에게 칭찬 혹은 책망을 전함으로써 이상적인 교회의 특성을 하나씩 알려 주고 있습니다. 신자와 교회의 영적 문제점과 해결책을 제시해 주기도 합니다.

일곱 교회에게 주신 말씀을 전체적으로 모으면 '살아 있는 교회의 일곱 가지 특징'을 알 수 있습니다. 바로 이것들입니다.

① 사랑하는 것(에베소)　　② 고난받는 것(서머나)
③ 진리를 말하는 것(버가모)　④ 거룩하게 되는 것(두아디라)
⑤ 진정한 모습을 되찾는 것(사데)　⑥ 사명을 완수하는 것(빌라델비아)
⑦ 예배의 삶을 사는 것(라오디게아)

교회는 세상에서 하나님 나라를 반영해야 하지만 지상에 완벽한 교회는 없습니다. 일곱 교회에 보내는 서신은 교회에 따라 차이가 있지만 우선 칭찬으로 시작하고, 바로잡을 사항을 지적하고, 약속으로 마무리됩니다. 따라서 칭찬 받을 때 자만하지 말고, 책망 받을 때 비관하지 말아야 합니다. 인정받은 강점은 더욱 발전시키고, 지적받은 약점은 빨리 고쳐야 합니다.

주의 날에 요한은 나팔 소리 같은 큰 음성을 듣고 몸을 돌이켰습니

268

다. 그때 일곱 금촛대가 눈에 들어왔습니다. 촛대는 교회이며, 그 교회가 내는 빛은 곧 그리스도 예수입니다. 그러므로 교회란 그리스도의 빛을 어두운 세상에 비추는 곳입니다. 요한이 본 일곱 금촛대는 그가 섬기고 있던 소아시아의 일곱 교회였습니다.

주님은 일곱 교회를 호명하시면서 그 교회들에 편지를 쓰라고 하셨습니다. 에베소, 서머나, 버가모, 두아디라, 사데, 빌라델비아, 라오디게아 교회입니다. 요한이 유배되어 있는 밧모 섬에서 가까운 에베소를 기점으로 시계 방향으로 배치되어 있습니다. 아마도 요한계시록은 이런 순서로 회람이 되었을 것입니다. 모두가 터키의 서부 지역에 자리하고 있습니다.

각 서신의 요약

일곱 교회 각각을 향한 서신의 시작과 끝에 나오는 구절은 '예수님에 대한 소개'와 '성령의 음성을 경청하라는 요청'입니다. 예수님에 대한 소개는 교회마다 달라지는데, 이는 해당 교회에 가르침을 줄 때 필요한 영적 권위를 드러내기 위함입니다. 예를 들어 에베소 교회에 보내는 서신에서 예수님은 자신을 "오른손에 일곱 별을 붙잡고 일곱 금촛대 사이를 거니시는 이"라고 소개하십니다. 일곱 별은 일곱 교회의 사역자들로, 예수님이 그들을 오른손으로 '붙잡고' 계십니다. 또한 예수님은 일곱 금촛대 사이를 '거니시는' 분이십니다. 이는 그분이 교회에 임재하시고 역사하신다는 뜻입니다. 즉 부활 승천하여 하나님 보좌 우편에 계신 그리스도께서 또한 지상에 있는 믿음의 공동체 사이에 다니신다는 의미입니다. 예수님의 임재를 표현하고 있습니다.

그렇습니다. 믿음의 공동체를 떠나서는 그리스도를 볼 수 없습니다. 비록 교회가 지금 사회의 지탄을 받고, 세상의 빛과 소금의 역할, 구원의 방주의 역할, 세상의 소망의 역할을 제대로 수행하지 못한다고 해도 그리스도께서 여전히 교회에 계십니다. 교회에 소망을 두십니다. 그리고 교인은 우리가 선택한 사람들이 아니라, 하나님이 우리에게 함께하라고 주신 사람들입니다. 절대로 교회를 해치거나 교회를 등지는 일은 없어야 합니다.

성령의 말씀을 들으라

서신들의 공통 요소로 맨 나중에 나오는 순종 명령은 비슷합니다. 에베소 교회에 주는 서신의 경우, "귀 있는 자는 성령이 교회들에게 하시는 말씀을 들을지어다"라고 합니다. 성령은 교회에 '말씀하시는 분'이십니다. 성령은 말씀으로 사역하시고, 사람들은 듣습니다. 우리가 듣지 못하는 것은, 성령이 말씀하지 않으시기 때문이 아니라 우리에게 들을 귀가 없거나 들을 의지가 없기 때문입니다. 성령이 나에게 주시는 말씀에 귀를 기울여야 합니다. 우리는 성령을 통해 말씀하시는 하나님의 음성을 듣기 위해서 경청하는 훈련을 해야 합니다. 말씀 듣기가 우리의 영적 건강 상태를 가름합니다. 말씀을 잘 알아들어야 영적으로 건강할 수 있습니다.

예수님은 공생애 기간 중 거듭 "들을 귀 있는 자는 들으라"고 하셨는데 그 반향을 여기서 볼 수 있습니다. 들음의 중요성은 아무리 강조해도 지나침이 없습니다. 예수님은 공생애 기간에 청각장애자를 많이 고쳐 주셨습니다. "열리라" 하시니 그의 귀가 열려 듣게 되었습니다. 바울 역시 믿음은 들음으로 시작된다고 했습니다.

믿음은 들음에서 나며 들음은 그리스도의 말씀으로 말미암았느니라(롬 10:17)

2001년부터 2012년까지 미국 백악관 국가장애위원회 정책차관보를 지낸 강영우 박사는 시각장애자였지만 자신이 들을 수 있는 능력이 있음을 감사하게 생각했습니다. 그는 "못 듣는 것이 못 보는 것보다 더욱 힘든 장애"라고 말할 정도로 들음을 중요하게 여겼습니다.

칭찬, 책망, 약속의 말씀

가 교회에 주는 칭찬과 책망과 약속된 내용이 저마다 다릅니다. 이는 각 교회가 처한 상황이 달랐기 때문입니다. 칭찬하실 때 예수님은 "내가 안다(oida)"는 말씀으로 그분의 전지하심을 드러내십니다. 예수님의 판단은 정확합니다. 예수님은 모든 교회에 임재하시며 불꽃 같은 눈동자로 지켜보고 계시기 때문입니다.

에베소 교회에 대해서는 은근과 끈기와 경각심을, 서머나 교회에는 용감하게 고난을 감수한 것을, 버가모 교회에는 순교 중에도 신앙을 지킨 것을, 두아디라 교회에는 제자로서 성숙됨을, 빌라델비아 교회에는 초지일관을 칭찬하셨습니다.

또한 에베소 교회에는 처음 사랑을 버린 것을, 버가모 교회에는 이단의 가르침에 무관심함을, 두아디라 교회에는 부도덕에 관용한 것을, 사데 교회에는 영적 무감각을, 라오디게아 교회에는 성령 안에서의 삶을 사치스러운 부로 대치함을 책망하셨습니다.

각 교회에 약속의 말씀도 주십니다. 이 약속의 실체는 바로 영생이라고 할 수 있습니다. 다만 표현이 바뀌어 제시됩니다. 에베소 교회에는 생명나무를, 서머나 교회에는 생명의 면류관을, 버가모 교회에는 흰 돌을, 두아디라 교회에는 새벽 별을, 사데 교회에는 흰 옷을, 빌라델비아 교회에는 성전에 있는 기둥을, 라오디게아 교회에는 그리스도와 함께 먹고 다스릴 것을 약속하셨습니다.

사데와 라오디게아 교회는 칭찬을 받지 못했고, 서머나와 빌라델비아 교회는 책망을 받지 않았습니다. 결국 교회는 잘한 점이 있으면 칭찬과 인정을 받고, 잘못한 것이 있다면 지적과 책망을 받으며, 또한 천국의 소망을 약속받는 곳입니다.

에베소 교회

에베소(Ephesos)는 '인내'라는 의미로서 현재 터키의 도시 '셀축'입니다. 에베소는 주전 200년부터 항구도시로 발전했습니다. 현재는 흙이 퇴적되어 해변이 육지로 바뀌어 내륙 깊숙한 곳에 있게 되었지만, 본래는 바다 인근 도시였습니다. 밧모 섬에서 100킬로미터 떨어진 곳입니다.

에베소는 로마, 이집트의 알렉산드리아, 수리아의 안디옥과 더불어 로마 제국의 '4대 도시'로서 인구가 대략 25만 명에 이르는 소아시아의 주요 도시였습니다. 고대 7대 불가사의 중 하나인 거대한 아데미 (유방이 24개 달린 풍요의 신) 신전이 있는 곳이기도 합니다(행 18-20장). 아데미 신전은 아테네의 파르테논 신전보다 4배나 크고, 기둥의 높이도 2배나 되었다고 합니다. 또한 이곳에는 셀수스 도서관과 아고라, 2만 5,000명을 수용하는 원형 극장이 있으며, 기독교 유적으로는 성모 마리아 교회, 요한의 무덤, 요한 교회가 있습니다.

에베소 원형 극장(연극장)

에베소의 아데미 신전 상상도

에베소 교회는 에베소 도시 전체에 흩어져 살고 있는 성도들을 지칭합니다. 에베소 교회는 바울이 제2차 선교 여행 때(주후 60년)에 브리스길라와 아굴라의 도움을 받아 세운, 신약 시대의 가장 큰 교회 중 하나입니다. 제3차 선교 여행 때 바울은 거의 3년 동안 이곳에서 눈물로 목회했습니다(행 20:31). 브리스길라와 아굴라가 주도하여 아볼로를 사역자로 길러냈고, 주변에 교회를 13개나 세웠습니다. 현재의 건물 유적은 콘스탄티누스 황제가 기독교를 국교로 공인한 이후 세워진 것들입니다.

바울은 로마에 감금되어 있을 때 디모데를 에베소 교회로 보내 목회하게 했습니다. 그리고 목회 지침이 되는 디모데전서와 디모데후서 그리고 에베소서를 기록하여 보냈습니다. 디모데는 예루살렘에 있던 사도 요한에게 편지를 보내 영적인 지도를 구했고, 또한 에베소로 와서 목회해 줄 것을 부탁했습니다. 이에 사도 요한은 예수님의 어머니 마리아를 모시고 에베소로 이주하게 되었습니다. 이것이 주후 80년의 일입니다.

그 후 사도 요한이 에베소 교회의 지도자가 되어 버가모, 서머나 등지에서 선교하다 밧모 섬에 유배되어 그곳에서 하나님의 계시를 받아 요한계시록을 기록하게 된 것입니다. 예수님의 어머니 마리아가 말년을 보낸 곳이 바로 에베소입니다. 요한은 도미시아누스 황제가 죽은 후 유배에서 풀렸고 에베소로 돌아와 일생을 마쳤습니다. 요한은 에베소에 묻혔고, 비잔틴 시대에 그의 무덤이 있던 자리에 사도 요한 교회가 세워졌습니다. 이곳에는 또한 마리아와 누가의 무덤이 있고 성모 마리아 교회도 있습니다.

교회사 측면에서 보면 에베소에서 중요한 공회의가 열렸습니다. 주후 431년에 열린 제3차 에베소 공의회입니다. 이 회의에서 그리스도의 양성론(兩性論)이 확정되었습니다. 그리하여 그리스도는 신성(神性)과 인성(人性)을 모두 지니신 분으로 고백하게 되었습니다. 알렉산드리아 주교 시릴은 네스토리우스를 이단으로 정죄하고 마리아의 신성을 주장하여 마리아 숭배의 길을 열어 놓았습니다.

에베소 교회를 향한 칭찬

예수님은 먼저 에베소 교회의 몇 가지 점을 칭찬하셨습니다.

■ 열심히 수고하는 교회

에베소 교회는 열심히 수고하는 교회였습니다. 교회나 신자들이 말은 앞세우면서 실제의 삶과 실천에서는 따라가지 못하는 경우가 많습니다. 그러나 에베소 교회는 하나님을 섬기고, 외로운 사람과 병자들, 노인들을 잘 돌보는 사랑의 수고를 아끼지 않았습니다.

내가 네 행위와 수고와 네 인내를 알고(계 2:2)

에베소 교회는 '믿노라'고 말만 하면서 행함이 없는 죽은 믿음을 갖고 있지 않았습니다. 믿음과 더불어 행동과 실천이 있는 교회였습니다. 내가 '네 행위'를 안다고 인정해 주시는 예수님의 말씀에서, 에베소 교회의 실천적인 믿음을 확인할 수 있습니다.

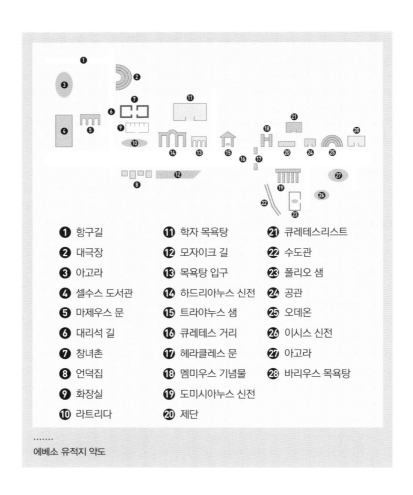

① 항구길	⑪ 학자 목욕탕	㉑ 큐레테스리스트
② 대극장	⑫ 모자이크 길	㉒ 수도관
③ 아고라	⑬ 목욕탕 입구	㉓ 폴리오 샘
④ 셀수스 도서관	⑭ 하드리아누스 신전	㉔ 공관
⑤ 마제우스 문	⑮ 트라야누스 샘	㉕ 오데온
⑥ 대리석 길	⑯ 큐레테스 거리	㉖ 이시스 신전
⑦ 창녀촌	⑰ 헤라클레스 문	㉗ 아고라
⑧ 언덕집	⑱ 멤미우스 기념물	㉘ 바리우스 목욕탕
⑨ 화장실	⑲ 도미시아누스 신전	
⑩ 라트리다	⑳ 제단	

┈┈┈┈
에베소 유적지 약도

■ **인내하는 교회**

에베소 교회는 인내하는 교회였습니다. 에베소라는 말 자체가 '인내'
라는 의미입니다. 로마 황제의 영향력이 컸기에 에베소는 강력한 황제
숭배 사상의 중심지이기도 했습니다. 또한 에베소는 아데미 숭배로 유
명하고, 마술이 성행하던 곳이기도 했습니다. 에베소 문서는 마술 문
서로 통할 정도였습니다. 게다가 에베소는 로마 제국의 모든 물자가 교

역되는 큰 무역항이었습니다. 없는 것이 없을 정도였다고 합니다. 클레오파트라와 염문을 뿌린 안토니우스가 때때로 이곳에 들러 클레오파트라를 위해 화장품과 보석을 사기도 했다고 합니다. 그래서 로마 제국의 여성들은 죽기 전에 꼭 한 번 에베소를 방문하고 싶어 했습니다.

에베소에는 유혹도 많고 핍박도 많았습니다. 로마의 대화재 이후 네로에 의해 기독교가 희생양으로 지목되어 에베소에서도 피바람이 몰아쳤을 때, 트로피무스와 아나니아를 비롯하여 기독교인 70명이 처형되었습니다. 하지만 에베소 교회는 그런 유혹과 핍박 중에도 믿음을 지켰습니다. 복음을 위해 고난을 감수했습니다. 그래서 예수님은 "네 인내를 안다"(2:2)고 말씀하십니다. 예수님의 이름을 위하여 핍박을 잘 참아낸 것입니다.

■ 진리를 사수하는 교회

에베소 교회는 진리를 사수하는 교회였습니다.

> 또 네가 악한 자들을 용납하지 아니한 것과 자칭 사도라 하되 아닌 자들을 시험하여 그의 거짓된 것을 네가 드러낸 것(계 2:2)

에베소 교회는 순결한 교회로서 구별된 생활을 했고, 이단과 잘못된 사상을 잘 분별했습니다. 2세기 초 안디옥의 이그나티우스(Ignatius) 주교도 에베소 교회의 이런 점을 칭찬했습니다. "너희는 다 진리를 따라 사니 너희 가운데 이단이 들어설 틈이 없다. 너희는 진리 안에서 예수 그리스도에 관한 말이 아니면 아예 듣지 않는구나."

예수님은 니골라 당의 사례도 말씀하셨습니다. 니골라 당은 가르침뿐 아니라 행위도 잘못되었는데, 에베소 교회가 이를 잘 분별하여 거절했다는 의미입니다. 우리는 예수님이 좋아하시는 것을 좋아하고, 예수님이 미워하시는 것을 미워해야 합니다.

네게 이것이 있으니 네가 니골라 당의 행위를 미워하는도다 나도 이것을 미워하노라(2:6)

이레니우스에 의하면, 니골라는 유대교에서 기독교로 입교한 일곱 집사 중의 한 명으로 안디옥 사람이라고 합니다. 초기에 그는 성령을 받고 대단한 열심과 엄격한 경건으로 이름난 사람이었는데 갑자기 타락했다고 합니다. 만약 그가 사도행전에 나온 니골라가 아니라면 미지의 인물이 되는데, 그는 분명 그 이름의 뜻대로 '사람들을 멸하는 자'(니골 + 라오스)라는 특성을 지닌 어떤 사람이었을 것입니다. 많은 학자들은 니골라 당이 초기 단계의 영지주의적 이단이 아닐까 추정하고 있습니다.

영지주의는 영육 이원론을 주장하고 있으며, 영은 선하고 물질은 악하다는 견해를 지니고 있습니다. 물질계는 하급신이나 사악한 신이 만든 것이며, 인간의 영이 이 물질계에 들어감으로써 고통이 시작되었다는 것입니다. 또 구원이란 영계로부터 사자가 와서 영적인 지식을 전달해 주는 것이라고 보았습니다. 영지를 받은 자들은 이미 구원이 확정되었기 때문에 육적인 요소는 무의미하다고 보고 극심한 방탕에 빠져들기도 했습니다.

기독교 이단으로서 영지주의는 예수님의 성육신과 죽음과 부활을 인정하지 않습니다. 사도 요한은 요일일서에서 예수 그리스도께서 육체로 임하심을 거부하는 자를 적그리스도로 선언하기도 했습니다. 영지주의는 영육 이원론에 그리스(헬라) 철학 등이 혼합되어 나타난 철학적 경향으로 초대교회에 분열과 많은 어려움을 주었습니다.

바울은 제3차 선교 여행을 마치고 팔레스타인으로 돌아가는 길에 에베소에서 55킬로미터 떨어진 밀레도에서 에베소 교회 장로들을 불러 훈계하였습니다(행 20:29-30). 차후 이단의 발호를 예상하고 지도자들의 경성을 촉구했습니다. "내가 떠난 후에 흉악한 이리가 너희에게 들어와서 그 양떼를 아끼지 아니하며 또한 너희 중에서도 제자들을 끌어 자기를 좇게 하려고 어그러진 말을 하는 사람들이 일어날 줄을 내가 아노니."

에베소 교회를 향한 책망의 말씀

이어서 에베소 교회에 대한 책망이 나옵니다.

그러나 너를 책망할 것이 있나니 너의 처음 사랑을 버렸느니라(계 2:4)

프로테스탄트(개혁 교회)는 중세 로마 교회의 폐단 때문에 '오직 믿음'이라는 기치를 내걸었습니다. 행위가 아니라 믿음에 의해서만 구원을 받는다는 이신칭의의 교리를 바울의 로마서에서 다시 발견했기 때문입니다.

믿음은 기독교에서 구원의 가장 중요한 원리입니다. 하지만 바울은 믿음, 소망, 사랑 중에 제일은 사랑이라고 표현했습니다(고전 13장). 믿음을 통해 중생하고 성화되고 하나님의 자녀가 되고 세상을 정복한다는 측면에서 믿음보다 더 큰 것은 없습니다. 바울이 말한 바, 사랑이 제일이라는 것은 유용성의 관점에서입니다. '더 좋은 은사'를 구하라고 할 때 바울의 기준은 바로 타인에 대한 유용성이라는 잣대였습니다. 믿음은 자신을 구원하지만 사랑은 다른 사람에게 유익을 줍니다. 그래서 사랑이 더 큰 은사입니다(찰스 하지). 하지만 에베소 교회는 그 사랑을 상실했습니다.

존 스토트는 『예수님이 이끄시는 교회』에서 이렇게 말합니다.

교회는 사랑이 타오를 때만 빛을 발한다. 오늘날 많은 교회들이 사실상 죽어 있다. 건물은 멀쩡하고 사역자들은 사역하고 교인들은 모일지 모르지만 그들의 촛대는 이미 옮겨졌다. 교회는 어둠 속에 잠겨 있다. 한 줄기

....
「별이 빛나는 밤에(The Starry Night)」, 1889, 빈센트 반 고흐(Vincent Van Gogh), 캔버스에 유화, 73.7×92.1cm, 현대미술관, 뉴욕.

의 빛도 새어 나오지 않는다. 빛이 없다. 사랑이 없기 때문이다. 우리도 너무 늦기 전에 이 경고에 귀 기울여야 한다.

반 고흐가 생의 마지막 즈음에 생 레미 요양원에서 그린 「별이 빛나는 밤에」는 강렬한 색채의 검정 배경으로 커다란 하늘에 하얀 별과 노란 달이 소용돌이치듯이 빛나는데, 어둠이 깔린 마을 교회당 창문에서는 불빛 하나 새어나오지 않습니다. 불 꺼진 교회당은 교회에 대한 고흐의 비판적인 시각을 드러내고 있다고 보는 사람이 많습니다.

진리 위에 은혜가 있어야 합니다

다른 것이 다 있다 해도 사랑이 없다면, 처음 사랑을 버렸다면, 무슨 소용이 있겠습니까? 이 한 가지가 제일 중요합니다. 사랑 없는 인내는 의무에 불과합니다. 모든 사역은 사랑으로 감당해야 합니다. 예수님은 그분을 부인한 베드로를 복권시키실 때 동일한 질문을 세 번 반복하셨습니다. "네가 나를 사랑하느냐?"

에베소 교회의 경우, 처음부터 사랑이 없었던 것이 아니라 사랑의 감격으로 시작했지만 도중에 변한 것입니다. 외형적으로 보면 더 견고한 터를 잡아가는 것 같지만 내면에 문제가 생겼습니다. 타락은 주님을 향한 사랑이 식어갈 때 시작됩니다.

역사적으로 볼 때 첫 사랑을 잃어버리면 두 가지 현상이 나타나게 됩니다. 바로 배교와 정죄입니다. 사랑이 없는 상태에서 박해를 받게 되면 배교하게 됩니다. 사랑이 없는 상태에서 교리 논쟁을 벌이게 되면 정죄하게 됩니다. 사랑이 지식보다 귀한데 말입니다. 에베소 교회는 처음에는 사랑으로 시작했지만 교회가 성장하자 일도 많아지고

프로그램도 다양해지고, 바쁜 일정 중에 이단을 분별하느라 사랑이 메마르게 된 것입니다.

아우구스티누스는 이렇게 말했습니다. "진리를 한 번 강조하면 사랑을 두 번 강조하시오. 세상은 우리의 사랑을 통해서만 진리를 분별할 수 있기 때문입니다."

교회에는 은혜와 진리가 동시에 충만해야 합니다. 진리가 없는 것도 문제이지만 은혜가 없는 것은 더 큰 문제입니다. 옳은 것만으로는 안 됩니다. 옳은 것 위에 은혜가 있어야 합니다. 결혼할 때 순수하게 사랑하던 신랑 신부가 세월이 지나면서 불평과 불만으로 다투게 되고, 사랑의 열기가 완전히 식어 버리면 의무감만 남은 힘겨운 결혼생활이 됩니다. 사랑 없는 수고는 사역이 아니라 고역입니다. 밧단 아람에서 야곱은 사랑하는 라헬을 위해 일한 칠 년을 수일처럼 여겼습니다(창 29:20). 사랑은 고역도 기쁨으로 감당하게 합니다. 그런데 라헬로 알았던 여자가 하루 밤 사이에 레아가 됩니다. 그래도 사랑해야 합니다.

교회에 다시 부흥이 일어나야 합니다. 부흥은 되살리는 운동입니다. 처음 사랑, 처음 행위를 되살리는 것입니다. 하나님의 사랑을 되살리는 운동, 한 영혼에 대한 사랑을 되살리는 운동, 형제자매에 대한 사랑을 되살리는 운동을 해야 합니다. 에베소 교회는 해야 할 일도 많고, 싸워야 할 싸움도 있고, 지켜야 할 신조도 있었습니다. 그러나 무엇보다 처음에 품었던 사랑을 회복해야 했습니다.

회복을 위한 처방

에베소 교회는 불길이 꺼져 버린 불씨와 같았습니다. 그러나 아직 희망이 있습니다. 예수님은 "상한 갈대를 꺾지 아니하시고 꺼져 가는 심지를 끄지 아니하시는" 분이십니다. 다시 활활 타오를 수 있는 방법을 알려 주십니다. 교회가 그것을 기억하고, 회개하고, 회복하기만 한다면 불씨에서 다시 불길이 타오를 수 있습니다. 다만 자기 성찰, 방향 전환, 처음 행위의 회복이 필요합니다.

■ 기억하라

회복하기 위해서는 먼저 우리가 어디서 떨어졌는지를 알아야 합니다. 이런 떨어짐은 어느 날 갑자기 이루어진 일이 아니고 서서히 점진적으로 진행된 것입니다. 그러므로 기억을 되살려야 합니다. '떨어지다'는 헬라어 '핍토'로서 아담과 하와가 범죄로 인해서 타락한 것을 연상시킵니다. 이는 영적·도덕적 수준의 저하를 암시합니다. 이런 타락 때문에 아담과 하와는 에덴 동산에서 쫓겨나게 되었고 생명나무의 열매를 먹지 못하게 되었습니다.

　예수님이 약속하신 내용은 바로 이 과정을 되돌리시겠다는 의미입니다. 이것은 초기에 주신 은혜를 기억함으로써 가능합니다. 곧 하나님이 우리를 통해 하신 위대한 일들을 기억하는 것입니다. 광야 이스라엘은 요단 강을 건넌 뒤에 강에서 돌을 열두 개 가져다가 기념비를 세움으로써 은총을 잊지 않으려 했습니다. 불씨를 살리기 위해서는, 반드시 기억해야 할 것들이 있습니다. 레너드 스위트는 이렇게 설명했습니다. "좋은 예배는 과거에 살지 않으면서 과거와 연결되고, 현재에 타협하지 않으면서 현재와 잘 어울리고, 미래에 뒤떨어지지 않고 미래를 변화시킨다."

　이 말은 과거에 안주하라는 의미가 아닙니다. 끊임없이 변화해야 하지만 은혜의 원형을 기억하라는 의미입니다. 교회는 과거의 기억을 통해 끊임없이 움직여야 합니다. 과거로부터 배우면서 미래를 바꾸기 위해 현재를 효과적으로 살아야 합니다. 과거로부터 배우면서 과거에 발생한 악과 새로운 악으로부터 교회를 보호해 달라고 기도해야 합니다. 이것이 바로 기억의 내용입니다.

■ 회개하라

'회개한다'는 헬라어 '메타노이아'로 생각을 바꾼다는 의미입니다. 예전의 마음과 생각으로 되돌아가는 것을 말합니다. 탈선한 현재의 길을 버리고 예전 길로 돌아가는 것입니다. 지금의 무관심, 냉담함, 교만을 돌이키는 것입니다. 그리고 회개에 합당한 열매를 맺는 것입니다. 회개는 반드시 행동으로 나타나야 합니다. 일반적으로 회개의 열매는 배상, 회복, 화해로 나타납니다.

에베소 교회 유적 | 벽 중앙에 교황이 다녀갔다는 글이 새겨져 있다.

하나님의 뜻대로 하는 근심은 후회할 것이 없는 구원에 이르게 하는 회개를 이루는 것이요 세상 근심은 사망을 이루는 것이니라 보라 하나님의 뜻대로 하게 된 이 근심이 너희로 얼마나 간절하게 하며 얼마나 변증하게 하며 얼마나 분하게 하며 얼마나 두렵게 하며 얼마나 사모하게 하며 얼마나 열심 있게 하며 얼마나 벌하게 하였는가 너희가 그 일에 대하여 일체 너희 자신의 깨끗함을 나타내었느니라(고후 7:10-11)

■ 회복하라

하나님과 처음 관계를 회복하는 것입니다. "처음 사랑을 회복하라", "처음 행위로 돌아가라"는, 기본에 충실해야 한다는 말씀이기도 합니다. 기도와 말씀, 성결한 삶이 바로 기본입니다. 개혁이 아니라 기본으로 돌아가는 것, 본질을 회복하는 것, 기존의 것을 부정하는 방식이 아니라 하나님의 방식, 은혜의 복음으로 돌아가는 것입니다.

약속의 말씀

에베소 교회가 이렇게 돌이키지 않는다면 주님은 에베소 교회의 촛대를 옮기겠노라 말씀하십니다. 하지만 에베소 교회가 돌이킬 때 그를 향한 약속의 말씀도 함께 있습니다.

이기는 그에게는 내가 하나님의 낙원에 있는 생명나무의 열매를 주어 먹게 하리라(2:7)

생명나무 열매는 아담과 하와도 먹지 못했던 낙원의 열매입니다. 이는 하나님과의 회복된 관계를 상징합니다.

소아시아 일곱 교회-서머나 교회

- - - - 로마 도로

흑 해

비잔티움

안키라

고르디움

드로아

무시아

갈라디아

앗소

아드리뭇데노

마둘레네

버가모   두아디라

에 게 해

서머나   사데

아시아

빌라델비아

에베소

비시디아   안디옥

사모

히에라볼리   이고니온

라오디게아   골로새

밀레도

루스드라

밧모

더베

니도

버가

밤빌리아

고스

앗달리아

로도   무라

로도

바다라

구브로
(키프로스)

살모네

그레데
(크레타)

바보

지 중 해

31

서머나 교회
The Church of Smyrna

네가 죽도록 충성하라

요한계시록 2:8-11

서머나는 헬라어로 '몰약'이라는 뜻으로, 현재 지명은 이즈미르(Izmir)입니다. 이스탄불, 앙카라와 함께 터키의 3대 주요 도시이며, 인구 300만 명 정도의 해양도시입니다.

고대 세계에서 서머나의 아름다움과 영광을 칭송하는 사람들이 많았습니다. 루시안(Lucian)은 "서머나야말로 아시아의 영광의 도시요 화려한 한 편의 시와 같다"고 했고, 그리스 철학자 아리스티데스(Aristides)는 서머나를 "아시아의 사랑, 아시아의 꽃, 아시아의 단장, 아시아의 면류관"이라고 했습니다. 서머나는 희곡 『일리아스』와 『오딧세이아』를 쓴 호메로스(Homeros)의 고향이기도 합니다. 이 희곡은 아마도 이곳에서 상영되기 위해서 저술되었을 것입니다.

서머나는 이교 문화와 종교의 집합처였고, 특히 로마 황제 숭배의 중심지였습니다. 또한 포도주 산지로 유명했는데 그것 때문에 술의

신 디오니소스 신전이 있었고 이곳에서 디오니소스 축제가 열리기도 했습니다. 요한계시록 저술 당시 서머나에는 20만 명 정도가 살았다고 합니다.

서머나 교회는 바울이 제3차 선교 여행 시에 설립한 것으로 추정됩니다. 바울이 직접 세웠거나 아니면 인근 에베소에 있던 바울을 찾아가 복음을 들은 사람들이 세웠을 것입니다. 서머나 교회의 초대 감독은 아벨레로, 그는 로마서에 이름이 기록된 사람입니다. "그리스도 안에서 인정함을 받은 아벨레에게 문안하라"(롬 16:10). 그를 이어 로이스의 아들 스트라테아스(Strateas, 딤후 1:5), 그리고 그 후임으로는 버코루스(Boucolus)였습니다. 그는 사도 요한에 의해 하나님께 바쳐진 사람이고, 서머나 교회에 대한 서신은 버코루스가 교회를 맡고 있을 때 쓰인

폴리캅 기념교회

것이라고 합니다.

살아 있는 교회의 표지

살아 있는 교회의 첫 번째 표지가 사랑(에베소 교회에서 보듯)이라면, 두 번째는 고난(서머나 교회에서 보게 될 것)입니다. 사랑과 고난은 서로 다른 것처럼 보이지만 실상 깊이 연관이 되어 있습니다. 우리는 사랑하는 사람을 위해서라면 고난을 받을 각오가 되어 있습니다. 수고가 없는 사랑은 진정한 사랑이 아닙니다. 사랑하는 대상을 위하여 고난까지도 달게 받으려 한다는 것은 그 사랑이 진실하다는 증거입니다. 사도행전에서 베드로와 요한은 "그리스도의 이름을 위하여 능욕받는 일에 합당한 자로 여기심을 기뻐했다"(행 5:41)고 했습니다.

서머나 교회는 소아시아 일곱 교회 중에 빌라델비아 교회와 함께 칭찬만 들은 교회입니다. 그들에게는 환난과 궁핍이라는 큰 문제가 있었습니다. 하지만 교회는 이 어려움을 잘 견디고 신앙생활을 했습니다.

　서머나 교회에 예수님은 자신을 "처음이요 마지막이며 죽었다가 살아나신 이"로 소개하십니다. "처음이며 마지막"이라는 것은 예수님이 영원하시다는 의미입니다. 예수님은 처음에도 계셨고 마지막에도 계실 분이십니다. 만물을 창조하셨고 만물을 종결시키실 것입니다. 만물의 창조 전에 계셨고, 만물의 마지막에도 계실 분이십니다. 역사를 계획하셨고 진행시키셨고 또한 심판하실 분이십니다. 주님의 눈에서 벗어날 수 있는 것은 아무것도 없습니다. "이는 만물이 주에게서 나오고 주로 말미암고 주에게로 돌아감이라"(롬 11:36). 그리고 예수님은 죽었다가 다시 살아나신 분이시기도 합니다. 예수님은 생과 사의 모든 영역을 관장하시면서 또한 죽은 자 가운데서 부활의 첫 열매가 되셨습니다. 죽음에서조차도 승리하신 것입니다. 이와 같이 예수님은 알파와 오메가 되심으로 시간과 영원, 십자가와 부활로 고난과 영광 모두에 관련되는 분이심을 선언하고 있습니다.

내가 안다

예수님은 서머나 교회에 대해서도 그의 사정을 잘 안다고 하십니다. 당신은 누가 알아주기를 원하십니까? 우리는 부유한 자나 권세 있는 자에게 우리 각자의 사정을 알리려 합니다. 하지만 그들은 우리 사정을 다 알아줄 수 없습니다. 경멸하기도 하고 귀찮아하기도 하고, 그들의 능력 밖의 일일 수도 있고, 돕기를 원치 않을 수도 있습니다. 하지만 전지하시고 사랑 많으신 주님은 각 교회의 사정을 다 알고 계십니다. 그리고 능히 도우시고 "모든 것이 합력하여 선을 이룰 수 있는" 능력과 지혜를 가지셨습니다. 우리는 사람에게 알리려 하지 말고 하나님께 알리려고 해야 합니다. 그것이 바로 기도입니다. 사람을 찾는 대신 하나님을 구해야 합니다. 사람에게 인정받으려 하지 말고 하나님께 인정받으려 해야 합니다. 그것이 헌신입니다. 심지어 교역자나 다른 성도는 몰라도 주님은 아십니다.

서머나 교회의 당면 문제는 환난과 궁핍이었습니다.

내가 네 환난과 궁핍을 알거니와(2:9)

초대교회에서 유대교와 기독교가 분리된 이후, 유대인들은 기독교인들을 로마 당국에 고발하여 많은 기독교인들이 감옥에 갇히게 되었습니다. 총독은 기독교인들을 잡아 파고스 언덕에 있는 경기장에 몰아넣고 군중 앞에서 처형하였습니다. 서머나에서 기독교인으로 산다는 것은 위험한 일이었습니다.

지금 회교권에서, 인도에서, 파키스탄에서, 중국에서, 우즈베키스탄, 북한 등에서 예수님을 믿는다는 것은 곧 고난의 가시밭길을 걷는 것과 같습니다. 직업 선택의 불이익을 받고, 사회적 혜택도 받지 못하고, 가족에게 쫓겨나고, 감옥에 갇히고, 고문당하고, 처형됩니다.

가이사 황제 숭배를 거부하고 신앙의 정절을 지킴으로 산업과 재산이 몰수당해 궁핍에 처하게 되고, 직업의 제약과 신분상의 불이익과 나아가 목숨까지 위협을 받았습니다. 지금은 많이 나아졌지만 우리나라에서도 신앙 때문에 핍박을 당하기도 합니다. 음주를 거절한다고, 제사를 지내지 않는다고, 주일에 교회 나간다고 핍박합니다. 군대와 같은 위계질서가 명백한 곳에서는 더욱 심합니다.

하지만 주님을 위한 환난과 궁핍(가난, 감옥, 죽음)을 주님은 반드시 알아주십니다. 예수님을 믿는다는 이유로 경제적으로 불이익을 당해도 당신은 예수님을 믿으시겠습니까? 예수님을 믿는다는 이유로 고난을 받아도 여전히 예수님을 믿으시겠습니까?

> 전날에 너희가 빛을 받은 후에 고난의 큰 싸움을 견디어 낸 것을 생각하라 혹은 비방과 환난으로써 사람에게 구경거리가 되고 혹은 이런 형편에 있는 자들과 사귀는 자가 되었으니 너희가 갇힌 자를 동정하고 너희 소유를 빼앗기는 것도 기쁘게 당한 것은 더 낫고 영구한 소유가 있는 줄 앎이라 그러므로 너희 담대함을 버리지 말라 이것이 큰 상을 얻게 하느니라 너희에게 인내가 필요함은 너희가 하나님의 뜻을 행한 후에 약속하신 것을 받기 위함이라 (히 10:32-36)

예수님은 서머나 교회가 비방을 받고 있다는 것도 아셨습니다. "자칭 유대인이라 하는 자들의 비방도 알거니와"(2:9 하). 이방인들의 핍박도 있었지만 같은 유대인의 모함도 있었다는 말입니다. 그동안 유대인들은 하나님의 선민이라는 지위와 특권을 누려 왔습니다. 하지만 예수님의 오심으로 말미암아 하나님의 궁극적인 참 백성인 교회가 세워졌기 때문에 더 이상 특권을 누릴 수가 없었습니다. 오히려 강력한 성령의 역사로 인해서 생명과 행복이 교회에 넘치게 되었습니다. 이것을 시기한 유대인들은 갖은 모함과 비방을 함으로써 기독교인들을 악인으로 보이게 하려고 애를 썼습니다. 디아스포라 유대인들은 전 세계에 퍼져 있었고 각 지역에서 경제적으로 혹은 정치적으

이즈미르 고대 유적지

이즈미르 고대의 아고라

로 상당한 영향력과 실권을 갖고 있는 세력이었기 때문에 그들의 모함은 심리적인 타격 이상의 실질적인 위협이 되었습니다. 하지만 그들의 모든 훼방과 비방은 헛소문이요 거짓이었습니다. 때로는 조롱하고 때로는 위협하기도 했습니다. '유대인'이라는 말은 그 자체로서 경칭으로 사용된 것이라고 합니다. 하지만 그들의 행동을 보건대 결코 경칭을 받을 만한 자들이 아닙니다. 그들은 아비인 마귀를 닮았기 때문입니다. 마귀는 '참소하는 자' '중상하는 자' '거짓말쟁이'이기 때문입니다. 그들은 아비를 따라 거짓말을 하고 참소하고 중상했습니다. 그들의 회당은 결코 하나님의 회당이 아니라 사탄의 회당이었습니다.

기독교인들에 대한 유대인들의 비방은 안타깝게도 효과를 발휘했습니다. 유대인들이 사회 속에서 영향력 있는 사람들이기도 했지만 일반적으로 인간은 비방과 악한 소문에 귀를 기울이기 때문입니다. 인간의 타락한 본성 때문입니다. "남의 말하기를 좋아하는 자의 말은 별식과 같아서 뱃속 깊은 데로 내려가느니라"(잠 18:8). 사람들은 험담하는 사람들에게 마음이 끌립니다. 하지만 예수님은 비방의 표적이 되셨어도 결코 그 비방에 맞서지 않으셨습니다. "욕을 당하시되 맞대어 욕하지 아니하시고 고난을 당하시되 위협하지 아니하시고 오직 공의로 심판하시는 이에게 부탁"(벧전 2:23)하셨습니다. 자세히 나와 있지 않지만 서머나 교회도 유태인들의 비방에 대해서 경건한 대처를 했을 것입니다.

장차 다가올 고난
예수님은 지금도 어려움을 겪고 있는 이 가련한 교회에 장차 닥칠 고난을 말씀하십니다.

너는 장차 받을 고난을 두려워하지 말라 볼지어다 마귀가 장차 너희 가운데에서 몇 사람을 옥에 던져 시험을 받게 하리니 너희가 십 일 동안 환난을 받으리라(2:10)

예수님이 그러하셨던 것처럼, 베드로가 그러했던 것처럼, 바울과 실라가 그러했던 것처럼, 서머나 교회 중의 몇 사람이 고난을 받아 감옥에 던져지게 될 것이라고 말씀하십니다. 이와 같이 불운한 사태를 미리 예언해 주시는 이유는 그것을 회피하라는 뜻이 아닙니다. 예수님이 자신의 수난을 예고하시는 것, 사도 바울이 예루살렘으로 들어갈 때 환난과 결박이 기다린다고 계속해서 예언된 것은 도피하라는 뜻이 아닙니다. 오히려 그런 길을 걷는 것이 하나님의 뜻이며, 그런 일을 당한다고 해도 당황하지 말고 침착하게 오히려 순종하는 자세로 나아가라는 것입니다. 모든 것이 하나님의 수중에 있으니 그분의 섭리를 전폭적으로 믿으라는 것입니다. 서머나 교회에도 이런 취지로 미리 알려 주신 것입니다.

고난은 영원하지 않습니다. 하나님은 신자가 감당할 수 없을 정도의 시험을 허락하지 않으십니다. 또한 시험 당할 즈음에 피할 길을 내셔서 감당할 수 있게 하십니다. 최후의 재난이 영원히 지속된다면 아무도 버티지 못하겠지만 주님은 택한 자를 위하여 종말의 재난의 때를 감소시켜 주실 것입니다. 예수님은 서머나 교회가 받을 고난의 기간을 "십 일 동안"이라고 한정하십니다. 우리의 체질을 아시는 주님은 이와 같이 연단과 시련으로 오는 환난조차도 통제하시면서 택한 자들의 영적인 유익을 찾으십니다. 그 짧은 고난 이후에 영광이 찾아올 것입니다.

생각하건대 현재의 고난은 장차 우리에게 나타날 영광과 비교할 수 없도다(롬 8:18)

우리가 잠시 받는 환난의 경한 것이 지극히 크고 영원한 영광의 중한 것을 우리에게 이루게 함이니(고후 4:17)

고난은 잠깐이고 영광은 영원합니다. 고난은 유한하고 예수님은 영원하십니다. 물론 "십 일 동안"이라고 해서 문자적인 의미의 10일은 아닐 수도 있습니다. 로마 시대 10대 핍박을 이야기하는 이도 있지만 분명한 것은 그 환난의 때는 한정되어 있고 시한부입니다. 네로 황제

〈로마 시대 10대 핍박〉

황제	주요 특징
1. 네로 (64)	64년 핍박으로 사도 바울과 사도 베드로가 로마에서 순교
2. 도미티아누스(90–96)	사도 요한이 밧모 섬으로 유배
3. 트라야누스(98–117)	안디옥 감독 이그나티우스 순교
4. 하드리아누스(117–138)	텔레스포로 순교
5. 마르쿠스 아우렐리우스(161–181)	서머나 감독 폴리캅 순교
6. 셉티미우스 세베루스(202–211)	북아프리카까지 핍박 확대, 이레니우스 순교
7. 막시미누스(235–251)	폰티아누스와 히폴리투스의 추방
8. 데키우스(249–251)	파비아누스 순교, 키프리아누스 추방, 오리게네스 감금과 고문
9. 발레리아누스(257–260)	흉년에 대한 희생양 성격, 키프리아누스 순교
10. 디오클레티아누스(303–311)	대핍박

부터 디오클레티아누스 황제 때까지 기독교는 극심한 핍박을 받다가, 313년에 콘스탄티누스 대제에 의해 기독교가 공인을 받게 되었습니다. 그러니 조금만 참으라는 말입니다. 타협하지 말라는 것입니다. 도중에 변절하지 말라는 말씀입니다. 예수님은 죽었다가 다시 살아나신 분, 승리하신 분이며, 그분이 우리의 고난을 아십니다.

고난을 예고하시면서 예수님은 교회에 두 가지를 주문하십니다.

■ 두려워 말라

모든 것이 다 주님의 수중에 있기 때문입니다. 주님이 모르시는 것은 없습니다. 그 환난의 기간에도 주님은 신자들과 함께하십니다. 그리고 박해자가 신자에게 가할 수 있는 고난은 오직 육체에 대한 것뿐입니다.

> 몸은 죽여도 영혼은 능히 죽이지 못하는 자들을 두려워하지 말고 오직 몸과 영혼을 능히 지옥에 멸하실 수 있는 이를 두려워하라(마 10:28)

우리는 몸과 영혼 모두를 관장하시는 하나님만을 두려워해야 합니다. 아니 두려워하지 말고 믿어야 합니다. 하나님을 믿는 믿음이 확고하면 모든 두려움이 사라집니다.

■ 죽도록 충성하라

예수님은 하나님의 아들이시면서도 순종을 배워 심지어 십자가에 죽기까지 복종하셨습니다. 기독교인은 받을 수 없는 은혜를 받은 자입니다. 따라서 하나님께 절대적으로 순종해야 합니다. 충성해야 합니다. 충성은 존재 전체를 드리는 것입니다. 이것이 바로 '죽기까지 충성함'입니다. 순교할 각오로 충성해야 합니다. 가난이든 비방이든 감옥이든 심지어 죽음이든, 모든 것을 무릅쓰고 충성해야 합니다. 예수님께 목숨을 걸 각오를 하면 어떤 것도 무섭지 않습니다.

그리스도냐 가이사냐?

예수님의 말씀대로 서머나에서는 교회에 대한 극심한 박해가 있었고, 그 가운데 폴리캅(Polycarp)이 순교했습니다. 사도 요한의 제자인 폴리캅은 105년경 서머나 교회의 감독이 되었습니다.

폴리캅은 수리아 안디옥 교회의 3대 감독인 이그나티우스가 로마의 콜로세움에서 맹수에게 던져지기 위해 로마로 압송되는 중 서머나에 들렀을 때 서로 만났습니다. 이그나티우스는 편지를 통해 "서머나인들이야말로 예수 그리스도가 십자가에서 못 박힌 것같이 불변한 믿음을 가진 자들"이라고 칭찬했습니다.

이그나티우스 감독의 인생 목적은 그리스도의 고난을 본받는 것이었습니다. 오직 고난을 통해서 그리스도의 참 제자가 될 수 있다고 믿었습니다. 어떤 회유와 위협도 그를 변개시키지 못했습니다. "나로 하여금 맹수의 밥이 되도록 상관 말고 놓아두라. 맹수들을 통해 내가 하나님께 나아갈 수 있느니라. 나는 예수 그리스도의 몸이신 하나님의 떡을 맛보기 원한다. 또한 영원히 목마르지 않게 하는 그의 보혈을 마시기 원한다. 나는 고난당할 때 예수 그리스도 안에서 자유로울 것이며 언젠가 자유롭게 그분과 함께 부활할 것이다. 나는 그리스도의 순수한 떡으로 바쳐질 수 있도록 짐승들의 이빨에 찢겨야 할 하나님의 밀알이다. 그때에 비로소 나는 그리스도의 제자가 되는 것이다."

결국 이그나티우스는 로마로 이송되어 4만 5천여 관중이 가득한 원형 경기장에서 순교했습니다. 이런 이그나티우스를 만난 폴리캅은 감화를 받았고 나중에 자신에게 그런 상황이 오더라도 결코 회피하지 않겠다고 결단했을 것입니다.

일설에 따르면 폴리캅도 안디옥 출신이라고 합니다. 서머나의 한 과부가 안디옥에서 폴리캅을 노예로 샀다가 그의 영민함을 보고 해방시켜 주었다고 합니다. 사도 요한에 의해 서머나 교회의 감독으로 임명된 폴리캅은 사도들로부터 배운 교훈을 교인들에게 가르치며 충성스럽게 주님을 섬겼습니다. 폴리캅은 체포되기 사흘 전 기도 중에, 자기가 베고 자던 베개에 불이 붙어 타오르는 환상을 보았습니다. 이에 폴리캅은 자신이 어떤 죽음으로 하나님께 영광 돌리게 될 것인가를 깨닫고 주변에 있던 사람들에게 말했다고 합니다.

주후 156년 2월 2일 폴리캅은 군병들에게 체포되었습니다. 하지만 의연하고 담대하게 군병들을 영접했습니다. 그들에게 음식을 대접하여 두 시간 동안 방해받지 않고 기도할 수 있었습니다. 체포하러 온 사람들은 그의 기도 소리를 들으며 저렇게 훌륭하고 경건한 사람을 사형하게 된 것을 안타까워했습니다. 체포되어 시내로 압송되던 중 왕 헤롯과 니세테스를 만났는데 그들은 폴리캅을 마차에 태우고 서머나 시를 보여 주며 회유했습니다. "가이사를 신이라고 말하고 그에게 제사를 지내어 당신의 목숨을 구하는 것이 무엇이 그리 해로운 일이냐?" 이에 폴리캅은 "나는 당신들의 말대로 할 수 없다"라고 단호하게 거절했습니다.

폴리캅의 마음을 돌이킬 수 없음을 깨닫자 그들은 폴리캅을 난폭하게 대했습니다. 원형 극장에 도착해서도 회유와 협박은 계속되었습니다. 서머나의 총독이 "그리스도를 욕하라. 그러면 풀어주겠다"고 하자, "나는 지난 86년 동안 그분을 섬겼는데 그분은 내게 잘못하신 일이 하나도 없습니다. 주님이 나를 한 번도 모른다고 하신 적이 없는데, 내가 이제 와서 나를 구원하신 나의 왕을 모독할 수 있겠습니까?"라고 응수했습니다.

총독이 "신이신 가이사의 이름으로 맹세하라"고 하자 폴리캅은 "당신은 내가 어떤 사람인지 모르는 채, 내가 가이사의 이름으로 맹세하리라는 헛된 생각을 하고 있습니다. 그렇다면 내 신앙고백을 들어보십시오. 나는 기독교인입니다. 만일 당신이 기독교 교리를 알기를 원한다면 나에게 하루의 여유를 주고 내 말을 들어보십시오"라고 했습니다. 그러자 총독은 위협하기 시작했습니다. "나는 사나운 짐승들을 준비해 두었다. 만일 네가 마음을 바꾸지 않으면 너를 그 짐승들에게 던져 주겠다." 이에 폴리캅은 "그 짐승들을 부르십시오. 우리는 선을 버리고 악으로 돌이켜서는 안 됩니다. 오히려 악에서 돌이켜 덕을 택하는 것이 선한 일입니다"라고 했습니다.

결국 총독은 화형으로 위협했습니다. "만일 마음을 바꾸지 않는다면 너를 화형에 처하겠다." 그러나 폴리캅은 "당신은 잠시 타오르다가 곧 꺼져 버리는 불로 나를 위협하고 있습니다. 그러나 당신은 장차 임할 심판과 악인을 위해 예비된 영원한 형벌을 알지 못하고 있습니다. 꺼질 이 불보다 영원한 진노의 불을 두려워하십시오"라고 했습니다.

결국 총독은 포기하고 폴리캅을 화형에 처하도록 했습니다. 폴리캅을 기둥에 묶고 불을 붙였습니다. 그때 폴리캅은 이렇게 기도했습니다. "하나님, 저를 그리스도의 잔에 동참하기에 합당한 자로 여기셔서 순교자들의 반열, 그리스도의 잔에 참예하게 하시어 내 몸과 영혼이 성령의 썩지 않는 축복 속에서 영생의 부활을 얻기에 합당하다고 여겨 주심을 감사드립니다. 오늘 나는 신실하고 참되신 하나님이신 당신이 예비하시고 계시하시고 이루신, 풍성하고 가납될 만한 제물로 당신 앞에서 받아들여지기를 바랍니다. 나는 이 모든 일을 인하여 당신의 사랑하는 독생자, 영원한 대제사장을 통하여 당신을 찬양하고 감사드리며 영광을 돌리나이다. 성부와 성자와 성령께 이제부터 영원히 영광이 있을지어다. 아멘." 이렇게 해서 결국 폴리캅은 서머나 교회에 임한 예언대로 고난을 당하고 순교하였습니다.

폴리캅이 순교한 후 이레니우스가 서머나 교회의 장로로 섬겼습니다. 죽도록 충성하며 복음을 지킨 폴리갑의 순교는 서머나 교회 역사에 큰 영향력을 미쳤습니다. 서머나 교회는 항상 폴리캅의 순교를 기념하면서 후세의 그리스도인들에게 순교의 신앙을 가질 것을 촉구하고 있습니다(김주찬, 『소아시아 7대 교회』(옥합)에서 발췌 요약).

17세기의 프랑스 화가 레이몽 페레는 폴리캅 순교화를 그렸습니다. 그림에서는 폴리캅이 포승줄로 두 팔이 말뚝에 묶여 있는 상황에서 불이 지펴집니다. 하지만 놀랍게도 그 불은 바람을 가득 안은 범선의 돛과 같이 폴리캅의 몸 주위를 감쌀 뿐입니다. 불이 폴리캅을 태우지 못하자 곁에 있던 군병이 칼을 들어 폴리캅을 치려고 합니다. 결국 폴리캅은 칼에 의해 순교를 당하게 되었는데, 그의 시신을 달라고 하는 교회의 요청을 피하기 위해 시신은 불에 태워졌다고 합니다.

화면 왼쪽에 두 손이 포승줄에 묶인 채 마치 다음 차례를 기다리는 것처럼 서 있는 사람은 화가인 레이몽 페레 자신의 모습이라고 합

「폴리캅 순교(The Martyrdom of Polycarp)」, 레이몽 페레(Raymond Charles Péré).

니다. 그는 자신도 주님 앞에서 폴리캅처럼 순교자의 모습으로 살아
가고자 화폭 한 끝에 자신의 모습을 그려 넣었습니다.

예수님은 공생애 중에 주님으로 인해 핍박당하는 자에게 복이 있
다고 선포하셨습니다. 예수님을 믿는다는 것은 좁은 길을 걷는 것이
며 십자가의 길이기 때문입니다.

의를 위하여 박해를 받는 자는 복이 있나니 천국이 그들의 것임이라 나로
말미암아 너희를 욕하고 박해하고 거짓으로 너희를 거슬러 모든 악한 말을
할 때에는 너희에게 복이 있나니 기뻐하고 즐거워하라 하늘에서 너희의 상
이 큼이라 너희 전에 있던 선지자들도 이같이 박해하였느니라(마 5:10-12)

세상이 너희를 미워하면 너희보다 먼저 나를 미워한 줄을 알라 내가 너희에게 종이 주인보다 더 크지 못하다 한 말을 기억하라 사람들이 나를 박해하였은즉 너희도 박해할 것이요(요 15:18, 20)

이것을 너희에게 이르는 것은 너희로 내 안에서 평안을 누리게 하려 함이라 세상에서는 너희가 환난을 당하나 담대하라 내가 세상을 이기었노라(요 16:33)

고난을 받은 것은 서머나 교회만이 아니었습니다. 초대교회의 확장에 지대한 공헌을 한 바울은 그의 사역 자체가 고난의 길이었습니다. 터키와 그리스에서 바울의 행적을 따라 여행을 할 때, 제게는 그가 겪은 고난일지가 뇌리에서 떠나지 않았습니다.

그들이 그리스도의 일꾼이냐 정신없는 말을 하거니와 나는 더욱 그러하도다 내가 수고를 넘치도록 하고 옥에 갇히기도 더 많이 하고 매도 수없이 맞고 여러 번 죽을 뻔하였으니 유대인들에게 사십에서 하나 감한 매를 다섯 번 맞았으며 세 번 태장으로 맞고 한 번 돌로 맞고 세 번 파선하고 일주야를 깊은 바다에서 지냈으며 여러 번 여행하면서 강의 위험과 강도의 위험과 동족의 위험과 이방인의 위험과 시내의 위험과 광야의 위험과 바다의 위험과 거짓 형제 중의 위험을 당하고 또 수고하며 애쓰고 여러 번 자지 못하고 주리며 목마르고 여러 번 굶고 춥고 헐벗었노라 이 외의 일은 고사하고 아직도 날마다 내 속에 눌리는 일이 있으니 곧 모든 교회를 위하여 염려하는 것이라 누가 약하면 내가 약하지 아니하며 누가 실족하게 되면 내가 애타지 아니하더냐 내가 부득불 자랑할진대 내가 약한 것을 자

....
갑바도기아 풍경

랑하리라(고후 11:23-30)

　바울은 다른 곳에서 "그리스도의 남은 고난을 내 육체에 채우노라"라고 했습니다. 그리스도 안에서 경건하게 살고자 하는 자는 핍박을 받게 됩니다. 바울은 자신의 영적 아들 디모데에게 "나와 함께 고난을 받으라"(딤후 2:3)고 초청했습니다. 자녀에게 좋은 것을 주고 싶을 텐데, 고난을 청했습니다. 빌립보 교회에게는 "그리스도를 위하여 너희에게 은혜를 주신 것은 다만 그를 믿을 뿐 아니라 또한 그를 위하여 고난도 받게 하심이라"(빌 1:29)고 하였고, '기쁨의 서신'인 빌립보서에도 고난에 대한 언급을 빠뜨리지 않습니다. 초대 기독교인들은 신앙으로 인한 핍박 때문에 토굴과 산 속, 그리고 지하 도시에서 일생을 보내야 했습니다. 터키의 갑바도기아, 데린쿠유, 로마의 카타

콤 같은 곳에서 믿음을 지키기 위해 숨어 지냈던 초대교회 성도들의 고난의 자취를 볼 수 있습니다.

고난의 영성

본회퍼는 『제자도』에서 이렇게 말했습니다. "고난은 참된 기독교인이 달 수 있는 배지다. 루터는 고난을 참된 교회의 표지라고 보았다. 제자도란 고난받는 그리스도에 대한 충성을 뜻한다. 따라서 기독교인들이 고난으로 부름받는 것은 전혀 놀랄 일이 못 된다."

고난은 교회나 성도의 품질 보증서입니다. 복음서에는 고난의 영성이 스며들어 있습니다. 복음의 중요한 특징은 모든 참된 그리스도인은 고난을 당한다는 것입니다. 고난은 은혜, 사랑, 용서, 축복과 함께 기독교의 특징을 이룹니다. 예수님은 배신, 모함, 비방, 고문, 채찍질, 투옥, 재판, 죽음을 당하셨습니다. 그리고 제자들에게 그런 자신을 따라 오라고 하셨습니다.

우리가 은혜를 알았다면 고난도 받아야 합니다. 고난 가운데 주님을 믿는 삶은 고귀한 믿음입니다. 그것이 한국 교회를 세운 자양분입니다. 이 땅에는 순교의 피가 흐르고 있습니다. 일제와 공산당에 의해 기독교인들이 피를 많이 흘렸습니다. 제암리 교회 성도들, 손양원 목사, 주기철 목사, 문준경 전도사 등 많은 순교자들이 있습니다.

십자가의 길은 고난의 길이며 십자가는 죽음을 상징합니다. 지금 우리가 잃어버린 것은 고난의 영성입니다. 사순절은 십자가까지 고난의 과정을 기억하며 지키는 절기입니다. 고난에는 목적이 있고 사명이 있습니다. 고난의 의미를 깨닫는 것에 비례하여 부활의 축복이 커집니다. 예수님은 단순히 죽으신 것이 아니라 고난을 당하시고 죽으셨습니다. 십자가를 향하여 나가는 길이 고난입니다.

> 그가 찔림은 우리의 허물 때문이요 그가 상함은 우리의 죄악 때문이라 그
> 가 징계를 받으므로 우리는 평화를 누리고 그가 채찍에 맞으므로 우리는
> 나음을 받았도다(사 53:5)

천국 상급

십자가 뒤에 부활이 있듯이, 고난 뒤에 영광이 있습니다. 주님은 서머
나 교회에 대하여 고난만 예고하신 것이 아니라 약속도 주셨습니다.
서머나 교회는 비록 세상에 대해서는 가난하지만 영적인 복을 받은
부유한 교회였습니다.

부자이지만 가난한 자가 있고, 가난하지만 부자인 자가 있습니다.
서머나 교회는 영적으로 부요한 교회였습니다. 하나님에 대해서, 하
늘 나라에 대해서, 믿음에 대해서 부요했습니다. 부요함과 가난함의
판단은 세상의 가치관과는 다릅니다. 예수님은 "내가 생명의 관을 네
게 주리라"고 하셨습니다. 주님이 주시는 것 때문에 부요합니다. 구원
은 차별 없이 믿는 자 모두에게 주어지지만 상급은 다 다릅니다.

> 네가 죽도록 충성하라 그리하면 내가 생명의 관을 네게 주리라(계 2:10)

서머나는 운동 경기로 유명한 도시였습니다. 운동 경기 후에는 우
승자에게 승리의 월계관이 주어지는 것을 잘 알고 있었습니다. 그와
마찬가지로, 예고된 모든 고난을 극복하고 승리하게 된다면 그 승리
한 자에게는 면류관이 주어질 것입니다. 그 면류관은 '생명의 면류관'

이라고 불립니다. 그것은 육신적 생명을 내어놓고 드린 충성이기 때문입니다. 하나님은 영생의 생명의 면류관으로 화답하실 것입니다.

이기는 자는 둘째 사망의 해를 받지 아니하리라(계 2:11)

둘째 사망은 죽음 다음의 지옥을 의미하는 것입니다. 육신이 죽는다고 해서 모두 끝나는 것이 아닙니다. 육신적 죽음 이후에 최후의 심판이 있습니다. 이 심판의 결과에 따라 영생과 영벌이 결정될 것입니다. 지옥에 빠지는 영혼은 '죽음'이라고 표현되어 있습니다. 사람들은 육신적 죽음(첫 번째 죽음)은 두려워하면서 그 다음에 오는 둘째 사망인 지옥은 모릅니다.

믿지 아니하는 자들과 흉악한 자들과 살인자들과 음행하는 자들과 점술가들과 우상 숭배자들과 거짓말하는 모든 자들은 불과 유황으로 타는 못에 던져지리니 이것이 둘째 사망이라(21:8)

서머나 교회와 교인들은 영적인 부요를 추구하는 교회와 성도였습니다. 그들은 비록 환난과 고난을 받았지만 충성을 포기하지 않았습니다. 목숨을 걸고 분명하게 신앙고백을 했습니다. 비록 죽음의 위협이 닥쳐 온다고 해도 그들은 죽음 너머의 상급을 바라보았습니다. 지상에 있는 모든 교회가 서머나 교회를 닮기 원합니다.

소아시아 일곱 교회-버가모 교회

- - - - 로마 도로

흑 해

비잔티움

안키라

고르디움

드로아

무시아

갈라디아

앗소

아드리뭇데노

마둘레네

버가모

두아디라

에 게 해

서머나

사데

아시아

빌라델비아

비시디아

안디옥

에베소

히에라볼리

이고니온

사모

라오디게아

골로새

루스드라

밀레도

더베

밧모

밤빌리아

고스

니도

앗달리아

버가

로도

무라

로도

바다라

구브로
(키프로스)

살모네

그레데
(크레타)

바보

지 중 해

32

버가모 교회
The Church of Pergamum

진리를 수호하는 교회
요한계시록 2:12-17

밧모 섬에서 사도 요한에게 자신을 계시하신 예수 그리스도는 요한으로 하여금 소아시아에 있는 일곱 교회에 편지를 쓰게 하셨습니다. 이는 각 지역교회를 향해 말씀하시는 내용이지만 요한계시록이 회람용으로 작성되었음을 염두에 둔다면, 또한 모든 교회를 향한 것이기도 합니다. 한 지역교회의 문제는 곧 다른 교회의 문제도 될 것이며, 한 지역교회가 받은 칭찬은 다른 교회도 본받아야 할 신앙의 모범이며, 한 지역교회가 받은 책망은 다른 교회도 경계해야 할 점이기 때문입니다. 다시 한 번 강조하지만 여기 일곱 교회는 한 시대에 있었던 교회이면서 또한 지구상에 존재하는 모든 교회의 원형이 되기도 합니다.

시기적으로 본다면 에베소 교회처럼 첫 사랑을 잃어버리는 것은 주후 100년경 기독 교회들의 특징을 보여 줍니다. 서머나 교회처럼 핍박받는 것은 주후 100-312년에 존재했던 교회들입니다. 이제 보게 될 버가모 교회는 세상과 타협했는데, 이는 기독교 공인 혹은 국교화 이후 교회들의 특징입니다. 주후 313년 이후 600년대까지 교회들의 자화상이라고 할 수 있습니다.

버가모 교회 같은 교회들은 더 로마화되고 덜 기독교적인 성격을 지니게 됩니다. 영적으로 차갑게 식으면서 타협의 길을 걷게 됩니다. 예를 들어 ① 사자(死者)를 위한 기도(주후 300년) ② 성인 숭배(주후 375년) ③ 마리아 숭배(주후 431년) ④ 연옥설(주후 593년) ⑤ 마리아에 대한 기도(주후 600년) 같은 것들이 교회 안에 들어오는 것입니다.

에베소 교회의 문제가 사랑을 잃고 진리만 고집한 것이라면, 버가

아크로폴리스 야외 극장

아크로폴리스의 트라야누스 황제 신전

수로

모 교회는 진리를 상실한 교회로 변해 가는 것이었습니다.

　버가모(Pergamum)라는 말은 '이중 결혼' 또는 '결혼 산'이란 뜻을 가지고 있습니다. 버가모(현재 베르가마)는 서머나에서 북쪽으로 90킬로미터 지점, 에게 해에서부터 내륙으로 25킬로미터 동쪽에 있습니다. 현재의 인구는 7만 명 정도입니다. 해발 390미터의 가파른 산 위에 지어진 버가모는 천연의 요새이자 난공불락의 성읍이었습니다. 산 정상의 아크로폴리스(acropolis)에는 제우스 신전을 위시하여 그리스 신들에게 봉헌된 신전들이 있었고, 의학의 신인 아스클레피오스를 섬기는 신전과 로마 황제 트라야누스 신전도 있습니다. 또한 이곳에는 20만 권의 장서를 보유한 도서관이 있었는데, 애굽에서는 책을 만들 때 파피루스를 사용했지만, 버가모에서는 양피지를 주로 사용했다고 합니다.

　이 도시의 한 가지 어려움은 물 공급이었습니다. 지배자들은 이를 극복하기 위하여 24만 개의 토관을 이용하여 44킬로미터 떨어진 마드라 산에서 물을 끌어오도록 했는데, 전체 수로의 길이가 80킬로미터나 됩니다.

　버가모 제일의 명소는 역시 아스클레피온(Asklepion)입니다. 아스클레피온은 일종의 의료 복합센터입니다. 목욕장, 치료실, 일광욕실, 도서관, 연극장, 아스클레피오스 신전 등을 갖춘 곳으로 의과대학이자 병원입니다. 이곳에서는 고대 다른 병원들과 달리 물, 진흙, 스포츠, 연극, 도서관, 종교 행위 등으로 병을 고쳤습니다. 북쪽의 야외 극장에서는 연극과 음악을 통한 심리치료도 행했던 것으로 보입니다. 그래서 전 세계의 환자들을 끌어들였습니다. '의학의 아버지' 히포크라

로마 시대 아스클레피온 대리석길

아스클레피온 병원 치료시설 터

아스클레피온 병원 치료시설 지하 통로

테스도 이곳에서 출생하고 활동했던 것으로 알려져 있습니다. 히포크라테스는 대부분의 병이 정신적인 문제에서 발생한다고 보았기에 정신적인 문제를 해결하면서 자생력을 키워 주는 치유를 시도했는데, 구체적으로는 자연요법, 맨발로 자갈 위 걷기, 진흙으로 목욕하기, 일광욕, 즐거운 음악 듣기, 완치된 사람들의 경험담 듣기, 예술적인 취미 갖기, 신앙 독려 등의 방법이었습니다. 히포크라테스의 접근 방법이 바로 이 아스클레피온의 방침이었습니다. 현대의 자연친화적인 치유법이나 심리요법의 원조라고 할 수 있습니다. 사티루스나 갈레누스 같은 유명한 의사들도 이곳에서 활동했으며, 누가복음과 사도행전을 기록한 의사 누가도 이곳에서 수련을 받고 오다가 바울을 만났다고 전해집니다.

이곳 역시 대지진으로 파괴되었는데 발굴 과정에서 발견된 비문에는 아스클레피온에서 사용한 치유법이 자세히 묘사되어 있습니다.

① 환자들은 우선 맨발로 성스러운 길이라고 불리는 대리석 바닥을 한 걸음씩 천천히 걸어 들어옵니다. 이것이 치료의 시작입니다. 이로써 죽음의 신 하데스로부터 멀어지면서 건강의 신 아스클레피오스에게 가까이 간다고 믿습니다.

② 정원 한가운데서 흘러나오는 샘물로 목욕합니다. 이 샘물은 지금도 나오고 있는데, 물의 성분을 조사해 보니 치료에 도움이 되는 광물 성분이 많이 포함되어 있다고 합니다. 이외에 진흙으로 목욕하는 방법도 있습니다.

③ 목욕이 끝나면 지하 통로를 통해 치료실로 들어갑니다. 80미터 가량인 이 지하 통로는 매우 조용하고 어두운데, 천장의 작은 구멍을 통해 의사들은 긍정적인 생각과 용기를 가질 수 있는 말들을 나지막이 속삭여

환자들에게 치유에 대한 믿음을 심어 줍니다.

④ 통로를 지나면 둥근 돔이 있는 치료실로 들어가게 됩니다. 본래 2층으로 되어 있는데 현재는 아래층만 남아 있습니다. 여기에는 환자들이 잘수 있는 침대가 놓여 있는데 환자들은 잠들기 전 건강의 신에게 기도드릴 것을 권유받았고 잠이 깬 후에는 의사들이 꿈 해몽을 해주었다고합니다. 이 경우 해몽도 치료에 도움이 되는 쪽으로 했다고 합니다.

⑤ 치료실 남쪽에는 환자들의 일광욕실로 사용되는 테라스가 있고, 북쪽에는 가장 중요한 아스클레피오스 신전이 있습니다.

⑥ 환자들에게 삶의 의욕을 심어 주기 위해 연극과 음악회가 공연되던 원형 극장도 있습니다.

166년경 전염병이 버가모를 휩쓸었는데 그때는 인간의 의술로도 감당하지 못했습니다. 제우스 제단 근처에서 발견된 한 비문에는 "오, 위대한 제우스 신이여, 아스클레피오스를 섬기는 우리 도시를 파괴하는 이 재난을 쫓아 주옵소서"라고 써 있습니다. 수 세기 동안 번성했던 아스클레피온도 대지진으로 파괴되었습니다. 결국 인간의 학문과 기술은 제한적이라는 것을 웅변적으로 말해 줍니다.

로마 황제 트라야누스(주후 98-117년 재위) 신전과 관련해서는 다음과 같은 일화가 있습니다. 로마 시대 소아시아 각 도시에서는 황제 신전 건축을 큰 영광으로 여겼기에 이 특권을 따내기 위해 도시 간에 많은 경쟁이 있었다고 합니다. 마치 로마 제국의 제사장이 되는 것과 같다고 하겠습니다. 경쟁에서 이긴 버가모 주민들은 가파른 V자형 절벽 사이에 트라야누스 신전을 건축하기로 했습니다. 이곳은 아크로폴리

아스클레피오스 신전 기둥의 뱀 문양 · · · · · · · · 아스클레피오스의 지팡이

스에서 가장 전망이 좋은 곳이었기 때문입니다. 그리고 주위의 다른 건축물들이 회색이나 분홍의 대리석을 사용한 것과 달리 트라야누스 신전은 선명한 흰 대리석을 사용함으로써 산 밑의 평원에서도 확연하게 드러나 보이도록 했습니다. 그런데 지형을 고르게 하는 축대를 쌓기 시작했을 때 트라야누스 황제가 사망(117년)하는 바람에 난관에 봉착하게 되었습니다. 특권을 잃어버릴 위기에 처한 버가모 주민들은 매우 초조해 했는데, 이 소식을 들은 후임 하드리아누스 황제는 버가모의 특권이 계속 유효하다고 선포하여, 트라야누스 신전을 완공할 수 있었습니다. 신전을 완공된 후 버가모 주민들은 이에 보답하고자 트라야누스 황제의 석상과 나란히 하드리아누스 황제의 것도 신전 내부에 세웠습니다. 이후 세베루스 황제(주후 193-211년 재위)를 위한 신전

「신들의 회의(The Council of Gods)」, 1517-1518, 라파엘로(Raphaelo Sanzio), 프레스코화, 빌라 파르네시나, 로마.

도 지었다고 합니다.

버가모는 외적에 대한 강력한 방어벽을 갖춘 천연의 요새이면서 우상의 도시, 이교 신앙의 중심지, 세속적인 도시였습니다. 그리스 신들에게 봉헌된 신전들(제우스, 헤라, 디오니소스, 아테네, 데메테르, 아스클레피오스), 이집트의 신 세라피스에게 봉헌된 신전, 로마 황제에게 봉헌된 신전들, 거대한 도서관, 의료 복합센터가 이곳에 있었습니다.

이런 우상의 도시에서 버가모 교회는, 비록 전부는 아니었지만 많은 이가 신실함을 잃지 않고 신앙의 정절을 지켰습니다. 버가모 교회의 신자들은 입술로만 읊조리는 신앙이 아니라 순교의 신앙을 지닐 수밖에 없었을 것입니다. 버가모 교회 최초의 감독은 "사랑하는 가이오"(요삼 1:1)였고 그의 후임은 안디바였습니다. 안디바는 치과 의사 출신이라는 설도 있습니다.

좌우에 날선 검을 가지신 이

예수님은 자신을 "좌우에 날선 검을 가지신 이"(2:12)라고 소개하고 있습니다. '좌우의 날선 검'은 당시 권세 잡은 자가 사람을 죽이는 검 곧 '심판의 상징'이었습니다. 생명과 죽음에 대한 심판권을 가진 권위자를 의미했습니다.

성경에서 검은 '하나님의 말씀'입니다. 그 말씀을 통해 우리는 하나님의 전신갑주를 입고 사탄의 공격을 방어할 수 있습니다. 그 말씀은 우리 심령을 비추는 빛이기도 합니다. 말씀이 우리를 관통하여 비출 때 우리의 모든 것이 드러나게 됩니다. 말씀은 우리를 비추는 거울이 되어 자성하고 회개하게 합니다.

> 하나님의 말씀은 살아 있고 활력이 있어 좌우에 날선 어떤 검보다도 예리하여 혼과 영과 및 관절과 골수를 찔러 쪼개기까지 하며 또 마음의 생각과 뜻을 판단하나니 지으신 것이 하나도 그 앞에 나타나지 않음이 없고 우리의 결산을 받으실 이의 눈앞에 만물이 벌거벗은 것 같이 드러나느니라(히 4:12-13)

말씀은 또한 심판의 기준이 됩니다. 하나님의 말씀이라는 검을 통해 진리와 거짓, 선과 악, 의와 불의가 나뉘게 됩니다. 우리는 핍박자의 칼보다 심판자의 칼을 더 무서워해야 합니다. 주님은 "내 입의 검으로 그들과 싸우리라"(2:16) 하셨습니다.

주님은 버가모 교인들이 처한 환경을 잘 알고 계십니다. 주님은 "네가 어디에 사는지를 내가 아노니"라고 말씀하십니다. 그들의 내면은 물론이거니와 그들이 얼마나 불리하고 어려운 처지에 놓여 있는지를 잘 아십니다. 그렇기 때문에 주님은 더욱 그들과 함께하시고 힘을 주시며 눈동자와 같이 보호하십니다.

주님은 버가모를 "사탄의 권좌가 있는 데"이며 또한 "사탄이 사는 곳"이라고 하십니다. 이렇게 말씀하신 다양한 이유가 있을 것입니다.

① 로마 제국의 황제 신전이 있는 곳이고, 황제 신전 건립권을 따내기 위해서 버가모가 기울인 노력을 생각한다면 황제 숭배를 거부하는 자들에게 가해질 끔찍한 핍박 때문일 것으로 보입니다.
② 이곳에 제우스 신전이 있는데 그는 그리스 신화 체계에서 최고의 신이기 때문입니다.
③ 한편 의료의 신인 아스클레피오스의 상징은 바로 뱀인데, 이는 아담과 하와를 꾀던 뱀을 연상하게 하며, 뱀은 성경에서 사탄의 상징으로 간주되기 때문입니다.
④ 애굽의 신인 세라피스는 본래 '죽음과 부활의 신'입니다. 그는 지옥의 권세를 주장하는 플루토를 많이 닮았습니다. 그의 발밑에 뱀이 그려지기도 하는데, 이런 이유로 해서 세라피스도 사탄을 상징할 수 있습니다.

여하튼 버가모는 사탄의 처소였던 것입니다. 교회가 사탄의 처소 한가운데 있는 셈입니다. 현재 남아 있는 버가모 교회 유적은 기독교 공인 이후에 세라피스 신전으로 사용되던 건물의 바닥을 높여 사용했습니다. 이는 붉은 벽돌로 되어 있어 '붉은 교회'(the Red Basilica)라고

....
버가모 교회 유적

불리기도 합니다.

한국의 세속주의, 배금주의, 물질주의, 향락주의 가치관의 한복판
에 서 있는 교회들이 모두 그렇지만 특별히 상가에 있는 교회들의 처
지도 버가모와 크게 다를 바가 없습니다. 아래층엔 나이트클럽, 위
층엔 교회입니다. 요란한 소리로 인해 예배 시간에 기도도 제대로 할
수 없을 때가 많습니다. 허브 밀러가 쓴 『하나님과 연결됨』(Connecting
with God)에 있는 내용입니다.

한적하고 아주 평화로운 작은 마을이 있었습니다. 그 마을에 큰 나이트클
럽이 개업을 하게 되었습니다. 마을 사람들은 큰 걱정에 빠졌습니다. "이

제 이 평화로운 마을이 시끄럽게 되었다." "젊은 사람들이 이 나이트클럽에 드나들면서 타락하게 될 것이다." 이런 걱정에 휩싸인 마을 사람들은 교회에 모여서 철야기도까지 하게 되었습니다. 그런데 철야기도 중에 몇몇 열심 있는 교인들이 "하나님, 이 술집, 나이트클럽을 불태워 주십시오!" 하고 기도했습니다. 그런데 얼마 후 정말로 나이트클럽에 불이 나서 몽땅 타버렸습니다. 나이트클럽 주인이 교회에서 자기네 술집에 불이 나게 해달라고 기도했다는 소식을 듣고 교회를 고소했습니다. 그래서 판사 앞에서 재판이 벌어졌습니다. 교회는 술집에 불난 것에 대한 책임이 없다고 주장하며 이렇게 이야기를 했습니다. "우리가 기도를 한 것은 사실이지만 그 기도 때문에 나이트클럽이 불탔다고 하는 것은 말도 안 됩니다." 반면 나이트클럽 주인은 "교회가 기도를 했기 때문에 불이 났으니 책임을 지라"는 것입니다. 난처한 것은 판사였습니다. 기독교인은 기도의 능력을 부인하고, 나이트클럽 주인은 기도의 능력을 믿으니 말입니다.

여하튼 현재도 많은 교회들이 이와 같이 사탄의 권세가 있는 곳에 위치하고 있는 것은 사실입니다.

버가모 교회에 대한 칭찬
예수님은 늘 그러하셨듯 버가모 교회에 대해서도 칭찬을 잊지 않으셨습니다.

■ 예수의 이름을 굳게 잡음
예수라는 이름은 귀한 이름입니다. 베드로의 말처럼 "다른 이로써는 구원을 받을 수 없나니 천하 사람 중에 구원을 받을 만한 다른 이름을 우리에게 주신 일이 없는"(행 4:12) 이름입니다. 오직 이 이름을 통해서, 죄와 사망에 빠진 인류가 구원을 받을 수 있습니다. 다른 어떤 것으로도 구원을 얻을 수 없습니다. 모든 이름 위에 뛰어난 이름입니다.

> 이러므로 하나님이 그를 지극히 높여 모든 이름 위에 뛰어난 이름을 주사 하늘에 있는 자들과 땅에 있는 자들과 땅 아래에 있는 자들로 모든 무릎을 예수의 이름에 꿇게 하시고 모든 입으로 예수 그리스도를 주라 시인하여 하나님 아버지께 영광을 돌리게 하셨느니라(빌 2:9-11)

"예수의 이름은 세상의 소망이며 예수의 이름은 천국의 기쁨"입니다. 그 이름을 놓치는 것은 하늘의 신령한 복과 땅의 기름진 복, 이 세상과 오는 세상에서 주어질 모든 복을 놓치는 것입니다. 버가모 교회는 어려움 중에도 바로 이 이름을 굳게 붙잡았습니다.

> 그러므로 주 여호와께서 이같이 이르시되 보라 내가 한 돌을 시온에 두어 기초를 삼았노니 곧 시험한 돌이요 귀하고 견고한 기촛돌이라 그것을 믿는 이는 다급하게 되지 아니하리로다(사 28:16)

■ 순교적인 믿음

그들은 순교를 당하는 사람이 있다 해도 결코 믿음을 저버리지 않았습니다. 세상은 우리의 믿음을 흔듭니다. 혹독한 시련은 예수님의 이름과 믿음을 내려놓게 만듭니다. 베드로는 예수님과 함께 죽겠노라 맹세까지 했지만 죽음의 위협과 공포가 밀려오자 작은 여종의 의심 어린 눈초리와 사람들이 던진 단순한 질문에도 화들짝 놀라 주님을 부인했습니다. 심지어 맹세하며 저주까지 하면서 부인했습니다. 이것이 바로 인간입니다.

안디바는 의사 출신이었고 2대 감독이었습니다. 황제 숭배는 어려운 일이 아니었습니다. 정치 지도자이자 황제 숭배의 대제사장인 총독 앞에서 황제의 흉상 제단에 향 몇 조각을 불에 넣고, "시저는 주님이시다"라고 말하면 그만이었습니다. 그러나 예수님의 이름과 그분을 향한 믿음을 부인할 수 없었던 안디바는 "예수님만이 주님이시다"라고 선포했습니다. 재판을 받을 때에도 순교의 현장에서도 안디바는 결코 믿음의 고백을 바꾸지 않았습니다. 결국 안디바는 본보기로 처형되고 말았습니다. 박해자들은 공포를 극대화시키기 위해, 안디바를 놋쇠로 만든 황소 모양의 풀무에 가두고 불태웠다고 합니다. 하지만 그들의 공포 전략은 통하지 않았습니다. 순교를 당한 안디바도 다른 교인들도 믿음을 저버리지 않았기 때문입니다.

버가모 교회를 향한 책망의 말씀

하지만 버가모 교회도 책망의 말씀을 들어야 했습니다. 그들 가운데 진리를 타협하는 자들이 있었기 때문입니다. 그들은 다른 교훈을 따라 거룩함을 저버리고 진리에서 이탈하고 말았습니다.

■ 발람의 교훈을 따른 것

먼저 그들은 발람의 교훈을 따랐다고 책망받고 있습니다. 발람은 민수기 22-24장에 나오는 인물입니다. 모압 왕 발락은 발람을 불러 요단 강을 건너 약속의 땅으로 들어가는 이스라엘 백성을 저주하라고 했습니다. 아브라함처럼 하나님의 부르심과 인도하심을 따라 가는 자들에게, 하나님은 "너를 축복하는 자에게는 내가 복을 내리고 너를 저주하는 자에게는 내가 저주하리니"(창 12:3)라고 하셨습니다. 출애굽한 백성은 하나님이 부르시고 인도하시는 사람들입니다. 어찌 저주가 가당하겠습니까! 하지만 발람은 복채를 받고 이스라엘을 저주하려 했습니다. 고대 세계에서 저주는 오늘날 악담의 수준을 넘어 실체적인 힘으로 인식되었습니다. 저주의 말은 그 대상자 주위를 떠돌다가 마침내 효과를 낸다고 생각했습니다.

하지만 이스라엘을 지키시는 이는 졸지도 아니하시고 주무시지도 않으십니다. 하나님은 이스라엘 백성 위에 떨어진 그 저주를 무효화시키셨습니다. 오히려 하나님은 발람의 입술을 통제하셔서 저주의 말 대신 축복의 말이 튀어나오게 하셨습니다. 하나님이 간섭하시고 억제하시니 발람이라도 어찌 해볼 도리가 없었던 것입니다. 상황이 이 정도가 되면 발람은 즉각 지존자 하나님의 뜻을 알고 물러가야 했습니다. 하지만 그는 다른 꾀를 내었습니다. 다른 책략을 쓰라고 발락에게 조언하였습니다. 인간의 타락한 본성을 활용해서 이스라엘이 우상숭배와 음란에 빠지게 한 것입니다. 그렇게 함으로써 거룩하신 하나님으로부터 이스라엘을 이간질시켜 소기의 목적을 달성한 것입니다.

지략으로 보자면 발람은 제갈량에 진배없습니다. 이 계략은 안타깝게도 효과가 있었습니다. 이스라엘이 정욕과 육욕에 넘어지게 된 것입니다. 그들이 싯딤에 머물고 있을 때 모압 여인들이 이스라엘을 유혹하여 우상 바알브올에게 절하게 하고 그 제의를 따라 음행하게 한 것입니다. 그 결과 이스라엘 회중에 염병이 들게 되고 이스라엘은 하나님의 진노를 사서 2만 4,000명이나 죽게 되었습니다.

그들이 바른 길을 떠나 미혹되어 브올의 아들 발람의 길을 따르는도다 그는 불의의 삯을 사랑하다가 자기의 불법으로 말미암아 책망을 받되 말하지 못하는 나귀가 사람의 소리로 말하여 이 선지자의 미친 행동을 저지하였느니라(벧후 2:15-16)

화 있을진저 이 사람들이여, 가인의 길에 행하였으며 삯을 위하여 발람의 어그러진 길로 몰려갔으며 고라의 패역을 따라 멸망을 받았도다(유 1:11)

강력한 핍박이 올 때에도 예수님의 이름을 붙잡고 믿음을 저버리지 않았던 그들이지만 우상 제물과 정욕의 교묘한 공격에는 쉽게 타협하고 말았습니다. 겉으로 보기에 무해한 듯하고 좋아 보인다고 해도 결국은 영혼과 경건을 좀먹고 파멸과 멸절의 길을 가게 할 수 있습니다. 이것이 정말 무서운 것입니다. 사람이 바위에는 걸려 넘어지지 않지만 작은 돌부리에 걸려 넘어지는 것과 같은 이치입니다.

발람의 교훈이란, 정욕과 욕심을 자극하는 방법으로 서서히 병들게 하는 것을 말합니다. 현대에는 이런 발람의 교훈들이 얼마나 많은지 모릅니다. 성경에서 명백하게 금지하고 있는 행위들에 대해서 '보편적 인권의 문제', '소수자의 권리 옹호', '해방과 자유를 주시는 예수님', '가난한 자와 연대하신 예수님'을 제시하면서 교묘하게 옹호하려는 경향을 보이고 있습니다. 하나님은 그분을 잘 섬기는 자에게 복을 주신다고 말하면서 결국은 배금주의와 맘몬주의로 흐르기도 합니다. 이 모든 것이 결국 발람의 교훈에 굴복하는 것입니다. 그러기 때문에 우리는 진리에 대해서 한 치의 틈도 보여서는 안 됩니다. 잘 분별하여 굳게 진리의 길을 가야 합니다.

> 그를 아노라 하고 그의 계명을 지키지 아니하는 자는 거짓말하는 자요 진
> 리가 그 속에 있지 아니하되(요일 2:4)

> 만일 어떤 형제라 일컫는 자가 음행하거나 탐욕을 부리거나 우상 숭배를
> 하거나 모욕하거나 술 취하거나 속여 빼앗거든 사귀지도 말고 그런 자와
> 는 함께 먹지도 말라 함이라(고전 5:11)

순교의 영성은 박해 시에만 적용할 것이 아니라, 일상적인 삶 속에
서도 발휘되어야 합니다.

■ 니골라 당을 따른 것

두 번째 책망은 니골라 당과 관련이 있습니다. 그런데 니골라 당의 정
체는 분명하지 않습니다. 초대교회 교부 가운데 한 사람이었던 이레
니우스에 의하면, 예루살렘 교회의 일곱 집사 가운데 하나였던 니골
라가 후일에 배교를 했다고 합니다. 그리고 그를 추종하는 자들과 함
께 이단인 니골라 당을 만들었다는 것입니다.

아마도 그들은 영지주의적 경향을 보여 은혜만을 지나치게 강조하
고 그리스도인의 마땅한 행위는 무시했을 것입니다. 다시 말해서 그
들은 그리스도인의 자유만을 지나치게 강조하다 보니, 그만 무율법
주의자가 되어 도덕폐기론에 빠져버리고 말았습니다. "그리스도인의
은혜로 구원을 받기 때문에 무슨 일을 해도 죄가 되지 않는다", "그리
스도가 우리를 율법에서 구속하셨으니 우리는 더 이상 율법 아래 있

지 않고 은혜 아래 있다"고 주장하면서 "우리는 계속 죄를 지어도 된다. 그래야 하나님의 용서하시는 은혜가 우리에게 계속 더할 수 있지 않겠느냐?"라고 말했을 수도 있습니다. 때로는 그리스 철학과 사상을 기독교에 덧입히려 하였고, 황제 숭배는 애국 의식의 일환이라고 변호했을지도 모릅니다. 이러한 변질은 "우리 하나님의 은혜를 도리어 방탕한 것으로 바꾸고 홀로 하나이신 주재 곧 우리 주 예수 그리스도를 부인하는 자"(유 1:4)가 되는 것입니다.

마음으로 믿는 것은 쉬운데 그렇게 살기는 어렵습니다. 유대인들이 율법의 정신대로 살지 않고 오히려 율법을 우회하거나 회피할 방법을 찾기 위해서 각종 장로의 유전들을 만들어 낸 것과 동일합니다. 교묘히 피할 방편을 찾기에 골몰하다 보니 믿음과 삶이 분리된 것입니다. 에베소 교회는 니골라 당의 행위를 미워했는데, 버가모 교회는 니골라 당의 행위를 용납했습니다. 진리를 타협하게 된 것입니다. 세상을 변화시키지 못하고 오히려 세상에 의해 변질되었습니다. 결과적으로 말씀의 기준이 모호해졌습니다.

권면의 말씀

주님은 버가모 교회에게 회개를 명령하십니다. "회개하라!" 돌이켜야 합니다. 잘못된 것들, 알든지 모르든지 비진리에 오염된 것들에 대해서 통회 자복함으로써 주님께 돌아가야 합니다.

기준은 오직 하나님의 말씀입니다. 말씀에 비추어 합당하지 못한 언행심사와 관행을 모두 제거하고 돌아가야 합니다. "내 입의 검"은 곧 말씀인데, 이것이 바로 기준입니다. 말씀이야말로 회개의 기준이며 또한 심판의 기준입니다. 양날의 검은 아마도 신약과 구약 말씀을 암시하는 듯합니다.

버가모 교회에 대해서 주님은 초기부터 아주 엄중한 모습으로 자신을 소개하셨습니다. "좌우에 날선 검을 가지신 이"가 "내 입의 검으로 그들과 싸우리라" 하십니다. 돌이키지 않는다면 심판과 파멸의 대상이 될 것입니다. 버가모 교회가 진정 두려워해야 할 것은 로마 총독의 칼이 아니라 심판하실 주님의 칼입니다. 하나님은 전사이십니다. 하나님의 백성을 위협하는 적들과 싸우는 용사이시지만, 회개하지 않는다면 바로 그분이 전투의 대상이 되십니다.

약속의 말씀

이기는 그에게는 내가 감추었던 만나를 주고 또 흰 돌을 줄 터인데 그 돌 위에 새 이름을 기록한 것이 있나니 받는 자 밖에는 그 이름을 알 사람이 없느니라(계 2:17)

"감추었던 만나", "흰 돌", "새 이름"이라는 세 가지 약속이 나옵니다. 만나는 이스라엘이 광야 길을 걷는 동안 하나님의 은혜로 주어진 음식입니다. 이를 통해 이스라엘은 소멸되지 않을 수 있었습니다. 하나님은 그 만나를 언약궤에 넣어 두라고 명령하심으로써, 그분의 말씀에 순종하는 자에게 하나님이 풍성하게 공급하신다는 교훈을 주셨습니다.

우상의 제물을 거부하고, 세상의 쾌락을 거부하는 사람에게는 하나님의 신령한 양식이 주어지게 될 것입니다. 황제 숭배를 거절하여 핍박을 받고 경제적으로 사회적으로 물질적으로 곤핍하다 할지라도, 하나님은 신실한 백성을 돌보시고 풍성하게 먹이실 것입니다. 제 2의 출애굽을 인도하실 것입니다. 세상이 줄 수 없는 귀한 음식, 신령한 양식, 궁극적으로 천국의 성찬인 예수님을 주실 것입니다.

또한 흰 돌을 주십니다. 흰 돌은 석방 투표의 도구 혹은 승인의 표시로 사용되던 관습이 있습니다. 세상은 성도들에게 우상 숭배를 거부한다고 검은 돌을 던져 유죄를 선언했지만 예수님은 무죄를 선언하는 흰 돌을 주심으로 자유를 선포하십니다. 흰 돌은 예수님의 잔치에 참여할 수 있는 초대장이 되기도 합니다.

황제 숭배를 할 때 "가이사는 주님이시다" 하고 향을 피우면 그때 로마 제국으로부터 황제 숭배 증명서를 발급받았습니다. 이 증명서가 있어야 비로소 매매할 수 있고 권리를 얻을 수 있었습니다. 하지만 신실한 기독교인은 황제 숭배를 거부했기 때문에 핍박을 받았고, 증명서를 받을 수도 없었습니다. 하지만 주님은 그 증명서보다 더 귀한 것을 주십니다. 그것이 바로 흰 돌입니다. 주님의 백성이라는 증거입니다. 영원한 생명의 증서, 천국의 증서, 구원의 증서입니다.

그 위에는 새로운 이름이 기록되어 있는데, 그것은 오직 받은 자 외에는 알 수 없는 신비로운 이름입니다. 예수님을 통하여 새 사람이 되었으므로 하나님 자녀의 이름, 새 이름을 얻게 되는 것입니다. 이것은 결국 우리의 시민권이 바로 천국에 있고 우리 이름이 생명책에 기록된다는 의미입니다. 예수님을 통해 새로운 존재가 되었고 하나님의 자녀가 되었기 때문입니다. 우리는 육신으로는 이 땅에 있지만 영으로는 이미 예수님과 함께 천상에 앉아 있는 존재입니다.

우리는 이 세상을 살아갈 때, 크든 작든, 보이든 보이지 않든, 종교적이든 사회적이든, 명시적이든 암시적이든, 유혹과 핍박을 받습니다. 그럴 때 진리로 물리쳐야 합니다. 말씀의 검을 가지고 전신갑주를 입고 승리해야 합니다. 마귀는 우는 사자 같이 삼킬 자를 찾는다는 것을 알고 항상 깨어 기도해야 합니다. 순전한 믿음과 성결한 생활을 이어 가야 합니다. 세상과 타협하거나 바르지 않은 교훈에 빠져서는 안 됩니다. 예수님의 이름을 붙잡고 믿음을 끝까지 지켜야 합니다. 진리를 타협한 버가모 교회는 진리를 수호하는 교회가 되라는 반면교사가 되는 교회입니다.

소아시아 일곱 교회-두아디라 교회

----- 로마 도로

흑 해

비잔티움

안키라

고르디움

드로아

무시아

갈라디아

앗소

아드리못데노

마둘레네

버가모

두아디라

에 게 해

서머나

사데

아시아

빌라델비아

비시디아

안디옥

에베소

히에라볼리

이고니온

사모

라오디게아

골로새

밀레도

루스드라

더베

밧모

밤빌리아

고스

니도

버가

앗달리아

로도

무라

로도

바다라

구브로
(키프로스)

살모네

그레데
(크레타)

바보

지 중 해

33

두아디라 교회
The Church of Thyatira

나날이 좋아지는 교회
요한계시록 2:18-29

두아디라 교회의 모습은 교회사에서 주후 600-1517년 즉 중세의 영적 암흑 시대 교회의 일면과 신자의 단면을 보여 주는 것 같습니다. 교회와 신자의 수는 증가했지만 신앙의 순수성을 상실한 채 세상적인 것들과 타협하는 면들이 많아졌습니다. 라틴어로 번역된 불가타 역본이 표준성경이 된 이후, 교육을 받은 성직자만 성경을 읽고 설교할 수 있었습니다. 그러다 보니 교회 안에 성경적 근거가 없는 관행들이 생겨났고 특히 우상 숭배적인 요소가 많이 생겨났습니다. 교권이 강화되었고, 그들은 신앙을 지킨다는 명목으로 '이단이다', '마녀다' 하여 재판을 열고 처형을 일삼곤 했습니다.

우리에게 비교적 생소한 두아디라 교회에 주는 편지는 가장 길고 어렵습니다. 지금 두아디라에서 볼 수 있는 유적은 주후 600년경 지

두아디라 | 오늘날의 악히사르(Akhisar)로서 인구 6만 명의 소읍이다.

어졌다는 두아디라 기념교회의 무너진 터밖에 없습니다. 두아디라는
버가모에서 남동쪽으로 80킬로미터, 사데에서 65킬로미터 정도 떨어
진 도시입니다. 버가모 같은 천연 요새가 아니었기에, 수도인 버가모
로 적군이 침입하는 것을 막기 위하여 항시 수비대가 주둔하고 있었
다고 합니다. 평지이고 교통의 요충지인 두아디라는 번창한 상업도시
를 이루었습니다.

호메로스는 『일리아스』에서 "두아디라 시에서는 세계적으로 유명
한 자주천이 생산되었다"라고 기록했습니다. 바울이 마게도냐의 빌립
보에서 만난 자주장사 루디아는 두아디라 출신으로(행 16:14) 유럽 지
역의 첫 회심자가 되었습니다. 아마도 그녀는 두아디라의 자색 옷감
이 유명했기에 빌립보까지 진출해서 사업을 했던 것으로 보입니다.
바울, 실라, 디모데, 누가 등이 루디아의 집에 머물기도 했습니다.

두아디라 교회 유적

고대 세계에서 염료(染料)로서 자주색을 내는 원료는 두 가지였습니다. 연안 지역에서는 소라나 조개에서, 내륙 지방에서는 꼭두서니(Madder)의 뿌리에서 자주색을 얻었습니다. 두아디라는 내륙 지방이기 때문에 꼭두서니에서 자색 염료를 확보하여 천에 물을 들였을 것입니다. 이 자색 염료는 쉽게 구할 수 없는 대신 잘 빠지지 않았다고 합니다. 그래서 자색 옷감은 값비싼 천으로서 부와 권력을 상징하게 되었습니다.

예수님의 모습

예수님의 모습은 '불꽃 같은 눈', '빛난 주석(합금)과 같은 발'을 가지신 분으로 묘사되어 있습니다. 불꽃 같은 눈이란 예수님의 통찰력과 전지성을 의미합니다. 예수님은 모든 것을 훤히 꿰뚫어 보는 분이십니다.

> 주에게서는 흑암이 숨기지 못하며 밤이 낮과 같이 비추이나니 주에게는 흑암과 빛이 같음이니이다(시 139:12)

또한 예수님은 '빛난 주석과 같은 발'을 가지고 계십니다. 아마도 제련하여 연단하는 금속인 구리를 사용하는 기술이 발달한 지역이기 때문에 이렇게 표현했나 봅니다. 이는 강력하고 확고한 발로 원수들을 밟는 심판자 예수님의 모습을 보여 줍니다. 결국 심판과 성결을 요구하시는 예수님을 우리에게 알려 줍니다. 모든 것을 살피시는 예수님, 불로 연단하여 거룩한 신자를 만드시는 예수님을 보여 줍니다. 23절에 다시 한 번 "나는 사람의 뜻과 마음을 살피는 자인 줄 알지라"라고 나와 있습니다. 사람들은 외모를 보지만 주님은 다른 것을 보십니다. "나 여호와는 심장을 살피며 폐부를 시험하고 각각 그의 행위와 그의 행실대로 보응하나니"(렘 17:10).

두아디라 교회는 칭찬할 것도 많고, 책망할 것도 많은 교회입니다.

두아디라 교회를 향한 칭찬의 말씀

주님은 먼저 두아디라 교회를 칭찬하십니다.

> 내가 네 사업과 사랑과 믿음과 섬김과 인내를 아노니 네 나중 행위가 처음 것보다 많도다(계 2:19)

두아디라 교회 안에 있는 사랑, 믿음, 섬김, 인내의 아름다운 덕목과 행위를 아신다는 것입니다. 두아디라 교회는 내적으로는 사랑과 믿음, 외적으로는 섬김과 인내를 보였습니다. 에베소 교회에도 행위와 수고와 인내가 있었지만, 두아디라 교회는 에베소 교회에 언급되지 않은 사랑까지 가지고 있었고 처음보다 나중 행위가 점점 더 나아진다고 칭찬받았습니다. 우리의 믿음이나 삶 역시 두아디라 교회처럼 변화되고, 성장하고, 진보하고, 발전하고, 성숙되어야 합니다. 나날이 더 좋아져야 합니다. 정체되거나 퇴보해서는 안 됩니다. "이 모든 일에 전심전력하여 너의 성숙함을 모든 사람에게 나타나게 하라"(딤전 4:15).

두아디라 교회는 다른 교회에 없는 좋은 점들을 많이 가지고 있었습니다. 처음 사랑을 저버린 에베소 교회와 다릅니다. 섬김의 행위에서도 사데 교회나 라오디게아 교회와는 질적으로 다릅니다. 버가모 교회처럼 충성스러운 믿음을 가지고 있습니다. 서머나 교회나 빌라델비아 교회처럼 고난 가운데 인내할 줄 알았습니다. 바울이 데살로니가 교회를 칭찬할 때, '믿음의 역사', '소망의 인내', '사랑의 수고'(살전 1:3)가 있다고 했는데, 두아디라 교회가 바로 그러했습니다.

"형제들아 우리가 너희를 위하여 항상 하나님께 감사할지니 이것이 당연함은 너희의 믿음이 더욱 자라고 너희가 다 각기 서로 사랑함이 풍성함이니"(살후 1:3)라는 칭찬이 두아디라 교회에도 적용됩니다. 주님이 "내가 네 사업을 안다"라고 칭찬하신 것으로 보아, 여기서 말하는 '사업'은 주님을 위한 사역으로 보입니다. 우리가 하는 사업(works)은 사역(ministry)이 되어야 하기 때문입니다. '사업'을 하반절에서는 '행위'로 번역하고 있습니다. "네 나중 행위가 처음 것보다 많도다"(19절).

두아디라 교회를 향한 책망의 말씀

그런데 교회가 부흥하면서 세상적인 것들이 교회로 들어오기 시작했습니다. 서서히 본질에서 이탈하여 타협하기 시작했습니다. 성도와 교회의 본질은 무엇입니까? 거룩입니다. 성결한 삶입니다.

> 그러나 네게 책망할 일이 있노라 자칭 선지자라 하는 여자 이세벨을 네가 용납함이니 그가 내 종들을 가르쳐 꾀어 행음하게 하고 우상의 제물을 먹게 하는도다(2:20)

주님은 두아디라 교회가 이세벨을 용납한 것을 책망하십니다. 이세벨이 누구입니까? 두아디라의 루디아와는 정반대의 인물입니다. 이세벨은 구약에서 인용된 이름으로 악의 화신입니다. 발람이나 니골라 당처럼 이세벨은 특정인 혹은 그러한 경향의 일들을 지적합니다.

이세벨에 대한 기사는 열왕기상 16-22장에 기록되어 있고, 그녀의 최후는 열왕기하 9장에 나옵니다. 이세벨은 시돈 왕 엣바알의 딸로서, 이스라엘 7대 왕 아합의 부인이 되었습니다. 아합이 이세벨과 결혼한 것은 정략적이었습니다. 그런데 이세벨은 이스라엘에 바알 신을 들여와 바알의 신전과 바알을 위한 제단을 쌓고 아세라 상을 만들고 우상을 숭배함으로써 하나님의 진노를 샀습니다. 이스라엘에 최초로 종교적 혼란을 가져온 여자입니다. 사마리아에 바알 신전과 제단을 쌓았습니다. 바알과 아세라 선지자 850명을 보살피며 여호와의 선지자를 색출하여 죽였습니다. 그녀는 음행과 술수로 하나님의 선지자들을 모두 죽이고 엘리야마저 죽이려고 했습니다. 포도원을 빼앗기 위해서 나봇에게 신성모독죄를 뒤집어씌워 재산을 강탈하기도 했습니다. 결국 이세벨은 하나님의 심판을 받아 왕궁 창 밖으로 내던져져, 피가 사방으로 튀고 개들이 그 시체를 먹었습니다.

　　이세벨이 얼마나 악독했으면 하나님의 선지자들은 죽임을 당하고, 하나님의 사람 7,000명은 숨어 지내야 했을까요? 강력한 하나님의 역사로 갈멜 산에서 불을 내려 바알과 아세라 선지자 850명을 처단하고 가뭄에 비를 내렸던 능력의 종 엘리야조차 이세벨의 위협 앞에 도망가서 죽기를 청했을까요? 이 여자가 얼마나 완악하면 불과 비를 내리는 이적을 보고도 믿지 않았을까요? 전사한 남편 아합의 뒤를 이어 즉위한 아들 아하시야가 예후의 반역으로 죽고, 반란군이 자신을 죽이러 접근하고 있을 때, 자식이 죽었는데도 그 여인은 눈을 그리고 머리를 꾸미고 있었습니다. 예후가 다가오자 창틀에서 그를 바라보면서 "주인을 죽인 너 시므리여, 평안하냐"라고 유혹인지 모욕인지를 행하려다 내시들에 의해 창밖으로 내던져져서 처참하게 죽은 여자입니

다. 참으로 사악한 여자의 대명사입니다.

바알 종교란 무엇입니까? 바알은 가나안 원주민들이 '풍요의 신'으로 섬기던 우상입니다. 바알과 아세라는 남성과 여성 신입니다. 바알 신전을 만들고 신전 창기들이 종교 예식으로 성관계를 행하면 신이 인간의 행위에 감응(感應)하여 비를 내리고 생산이 많아진다는 음란한 종교입니다. 하나님이 구원과 내세의 주님이시라면, 바알은 물질과 현세의 주라고 생각을 했습니다. 그래서 가나안에 정착한 이스라엘은 심지어 성막 한 모서리에 바알의 제단을 만들고 하나님과 바알을 겸하여 섬기는 일도 있었습니다. 종교 혼합주의입니다.

저는 어렸을 때 예수님을 믿지 않는 가정에서 자랐는데, 제삿날이 되면 문 앞이나 장독대에 짚을 깔고 제사 음식을 올려놓는 것을 보았습니다. 아버지께 왜 그런 일을 하느냐고 여쭈었더니, 이런 날은 지나

가는 귀신도 좀 먹으라고 놓는 것이라고 하셨습니다. 그래서 정말 귀신이 먹나 하고 지켜보았는데, 지나가던 개들이 다 먹고 가던 것이 생각납니다. 일본 사람들은 몇 개의 종교 혹은 신을 섬긴다고 합니다. 태어났을 때는 신도에 가서 이름을 짓고, 결혼은 호텔 웨딩 채플에서 기독교식으로 하고, 죽어서는 불교 사찰에 납골한다고 합니다. 이것이 일본판 종교 혼합주의입니다.

이러한 종교 혼합주의에 대해 엘리야는 갈멜 산에서 강력하게 도전합니다.

> 너희가 어느 때까지 둘 사이에서 머뭇머뭇 하려느냐 여호와가 만일 하나님이면 그를 따르고 바알이 만일 하나님이면 그를 따를지니라 (왕상 18:21)

■ 이세벨의 유혹

"그(이세벨)가 내 종들을 가르쳐 꾀어 행음하게 하고 우상의 제물을 먹게 하는도다." 이세벨은 믿는 자들을 미혹하고, 우상을 숭배하게 하고, 선지자들을 죽이려 하고, 징계를 받으면서도 회개하지 않은 완악함을 보였습니다.

당시 두아디라는 장인과 상인의 도시로 주석(구리)으로 로마 군인들의 철모를 만드는 산업이 번성했고, 제빵업자, 피복상, 구두 수선공, 직조공, 가죽 만드는 사람, 면직, 모직, 염색업, 도예공 등 수공업이 활발하고 직업별 조합이 발달했습니다. 상인들의 동업조합인 길드(guild, 계)가 많았습니다. 동업조합은 상업 활동을 같이 할 뿐만 아니라 그들만의 수호신을 만들어 섬기는 종교적 특성도 가지고 있었습니다. 조합의 일원이 된다는 것은 우상 숭배에 동참하는 것을 의미했습니다.

두아디라에서 성행하던 조합들은 트림나스(Trimnas) 신전과 밀접한 관련을 맺었다고 합니다. 그들은 곗돈을 모아 신전에 바쳤습니다. 그러면 신전에서는 그 돈으로 조합원들에게 술과 우상에게 바쳐진 고기를 마음껏 먹고 마시게 했을 뿐 아니라, 주흥이 오르면 신전에 고용된 여사제들(정확히 말하자면 창녀들)과 행음하게 했다고 합니다. 조합원들은 자신이 선택한 여인들과 더불어 음행을 했는데 이것이 두아디라의 관행으로 자리잡고 있었습니다. 돈으로 사랑을 사고, 성을 매수하고 있었던 것입니다. 오늘날 돈으로 성을 사는 매춘업이 발달한 것과 다를 바 없는 풍속이었습니다.

만약 어떤 사람이 이 자리를 회피한다면 그는 조롱과 비웃음, 심지어 따돌림을 받아 사업에 심각한 타격을 입었다고 합니다. 이는 빈곤과 배고픔, 핍박으로 이어졌을 것입니다. 먹고살기 위해서는 세상의 방식을 따라야 했습니다. 특별히 이런 관행은 섬유조합에서 가장 강력했습니다.

언젠가 저는 신앙인으로서 사업을 하는 어려움을 토로하는 한 기업인의 이야기를 들었습니다. 기독 실업인 가운데에도 사업상의 접대, 향응, 리베이트 문제로 어렵다고 호소하는 분이 많습니다.

이제 내가 너희에게 쓴 것은 만일 어떤 형제라 일컫는 자가 음행하거나 탐욕을 부리거나 우상 숭배를 하거나 모욕하거나 술 취하거나 속여 빼앗거든 사귀지도 말고 그런 자와는 함께 먹지도 말라 함이라(고전 5:11)

■ 교회 안의 바알

현대판 이세벨은 자기 만족만을 구하는 생활 태도, 배금주의, 물질주의입니다. 경제적 이유 때문에 신앙을 타협하는 것입니다. 교회 안에도 바알의 제단이 있습니다. 신자들이 생계 유지를 위하여 각종 우상 숭배와 음란에 빠집니다.

하나님보다 더 소중하게 여기는 무엇이 바로 우상입니다. 우상은 향락, 오락, 취미, 성공, 명예, 권력, 돈, 섹스, 음식, 직장, 가족, 심지어 자신이 될 수도 있습니다. 우상 숭배는 한 차례의 죄가 아니라 죄악된 선택에서 자라난 생활방식입니다. 믿음생활을 한다면서도 점술, 심령술, 신비주의, 환생, 주술, 타로, 잘못된 열심, 영적 교만, 완악함 등 오염된 영성, 사이비 영성에 빠져들기도 합니다. 그래서 교회생활과 사회생활에 거룩함이 없습니다. 성결한 삶이 없습니다.

하나님의 뜻은 이것이니 너희의 거룩함이라 곧 음란을 버리고(살전 4:3)

하나님의 뜻은 거룩입니다. 거룩은 영성과 도덕성의 균형 아래 이루어집니다. 성도들은 행복보다 거룩을 갈망해야 합니다.

■ 이세벨의 교훈을 받아들임

두아디라 교회는 자칭 선지자라 하는 악한 자들을 용납했습니다. 사탄의 전술은, 핍박하거나 죽이는 것도 있지만, 그보다 잘못된 가르침을 주입시켜 교회를 멸하거나 타락시켜 스스로 망하게 하는 것입니다. 그런 점에서 에베소 교회는 칭찬을 받을 만합니다. "또 악한 자들을 용납하지 아니한 것과 자칭 사도라 하되 아닌 자들을 시험하여 그의 거짓된 것을 네가 드러낸 것"(2:1). 두아디라 교회는 에베소 교회의 이런 점을 배워야 합니다. 신자들을 미혹하는 사탄의 계략은 교묘하기 때문에 영적 분별력을 가져야 합니다.

이세벨은 어려운 영적 환경 가운데 살아가던 두아디라 교인들에게 타협의 처방전을 준 것으로 보입니다.

이 어려운 상황 속에서 여선지 이세벨은 이 문제의 실제 해결, 즉 난국을 모면할 방책을 그럴 듯하게 제시하였다. 그녀는 명백히 이렇게 주장했을 것이다. 즉 사단을 이기기 위해서는 사단을 잘 알아야 한다. 죄란 어떤 것인가 실제로 경험해 보지 않고는 죄를 극복할 수가 없다. 간단히 말하자면 성도들은 '사단의 은밀한 일들을 배워서 알지 않으면 안 된다'는 것이다. 즉 우상 숭배나 음행에 참석하고 행음도 해라. … 그러면서도 그리스도인으로 머물면서 보다 나은 성도가 되라! 라고(윌리엄 핸드릭슨).

이러한 이세벨의 가르침은 하와를 유혹한 뱀의 말처럼 달콤했을 것입니다. 결국 두아디라 교회의 많은 사람들이 이세벨의 교훈을 받아들였습니다. 그들은 신전에 올라가서 우상을 숭배하고, 신전 창기와 행음했습니다. 결국 "사탄의 깊은 것"이란 이런 죄악을 말하는 것입니다. 하지만 죄는 수렁과 같습니다. 점점 더 깊은 수렁 속으로 빠뜨려 죽음에 이르게 할 뿐이지 결코 생명을 주지 않습니다. "사탄의 깊은 것"뿐만 아니라 악은 모양이라도 버려야 합니다. 적은 누룩이 온 덩이에 퍼지기 때문입니다.

자전거 바퀴에는 많은 바퀴살이 있습니다. 그래서 혹시 한 개 정도 살이 빠지더라도 크게 문제가 되지 않을 것 같습니다. 하지만 착각입니다. 바퀴살 하나가 풀어지면 몇 분 내에 나머지 바퀴살도 풀어지기 시작합니다. 그래서 1킬로미터도 가지 못해서 자전거 전체가 덜커덩

거리고 급기야 넘어지게 됩니다. 이 모두가 풀어진 바퀴살 하나에서 시작됩니다. 하나가 중요합니다. 빨리 조치를 취해야 합니다. 바퀴살 하나에 이상이 생기면 바퀴 전체의 균형이 깨지고, 급기야 자전거가 제 기능을 잃습니다.

신앙인이 타락하는 것도 바퀴살 하나가 풀리는 데서 시작됩니다. 믿음이 좋았던 사람이 어느 날 기도를 멈춥니다. 성경 읽기도 귀찮게 여깁니다. '가끔 출석 교인'이 됩니다. 그리고 어느 날 아내 아닌 여자를 만납니다. 거짓말을 합니다. 스캔들이 납니다. 분노와 다툼과 싸움이 일어납니다. 결국 모든 것이 와르르 무너집니다. 결국 한 신앙인의 몰락은 작은 바퀴살 하나에서 시작되어 점차 커지는 것입니다. 누룩이나 겨자씨의 비유는 선(善)에 대해서도 적용되지만 악(惡)에 대해서도 동일하게 적용됩니다.

두아디라 교회를 향한 권면의 말씀

하나님이 회개할 기회를 주셨으나 그들은 음행에서 돌이키지 않았습니다. 하나님은 다시 한 번 권면하십니다.

> 자기의 죄를 숨기는 자는 형통하지 못하나 죄를 자복하고 버리는 자는 불쌍히 여김을 받으리라(잠 28:13)

이 회개의 권면은 이세벨뿐만이 아니라 미혹을 받아 잘못된 행위를 함께했던 자들 모두를 향한 것입니다. 이단의 주창자만 처벌받는 것이 아닙니다. 그를 추종하는 자도 결코 책임을 모면할 수 없습니다. 이단 괴수만이 아니라, 이단에 빠져 추종하는 사람도 심판을 면하지 못할 것입니다.

이러므로 우리 각 사람이 자기 일을 하나님께 직고하리라 (롬 14:12)

볼지어다 내가 그를 침상에 던질 터이요 또 그와 더불어 간음하는 자들도 만일 그의 행위를 회개하지 아니하면 큰 환난 가운데에 던지고 또 내가 사망으로 그의 자녀를 죽이리니 (2:22-23)

어떤 노인이 말을 타고 시골 지역을 누비는데, 한 원주민이 다가와 말을 태워줄 수 있는지 물었습니다. 허락을 하고 원주민과 이야기를 나누는데, 원주민이 노인에게 지금 무엇을 찾아다니는지를 물었습니다. 노인이 말했습니다. "저는 어느 분의 유언을 집행하는 사람인데, 엄청나게 값지고 아름다운 보화가 가득한 상속물을 받을 상속자를 찾아다니고 있습니다." 성이 'S'로 시작되는 대가족이라고 하니, 원주민은 즉각적으로 말했습니다. "제가 아는 사람인 것 같은데, 혹시 스미스 씨 가족 아닌가요?" 그러자 노인은 이렇게 말했습니다. "아닙니다. 그들의 이름은 '죄인'(Sinner)이고, 저는 당신도 그들 중 한 명이라고 생각합니다. 저는 당신에게 상속물을 나누어 주려고 왔습니다."

자신이 죄인임을 자각하고 주님으로부터 오는 은혜를 받는 이는 복이 있습니다. 죄인(Sinner)이 성도(Saint)가 되며, 천국을 유업으로 받게 된다는 의미입니다.

유혹에 넘어지는 것은 순간의 실수라기보다 오랫동안 그런 생각에 머물러 있었기 때문입니다. 행동을 바꾸는 것뿐 아니라 생각이 바뀌어야 합니다.

어떤 사람이 자기에게는 하나님과의 교제를 방해하는 나쁜 버릇이 있다고 생각했습니다. 그는 그 버릇을 없애 달라고 간절히 기도했습니다. 예배가 끝날 때마다 앞으로 나아가 "하나님, 제 삶에서 거미줄을 치워 주세요" 하면서 무릎을 꿇고 기도했다고 합니다. 하지만 정작 삶에서는 그 버릇을 지속하였습니다. 항상 똑같은 기도를 듣는데 지친 목사님이 어느 주일 아침 그의 옆에 와서 무릎을 꿇고는 큰 소리로 기도했습니다. "주여, 그 거미를 죽여 주시옵소서!"

죄를 뿌리 뽑기 위해서는 과감하고 단호한 결단과 행동이 필요합니다. 하나님께 용서와 회복을 구하는 기도만 하지 말고 스스로 그런 죄악의 싹을 잘라 버려야 합니다. 생각을 끊고 죄를 짓게 만드는 환경에 들어서지 않아야 합니다. 유혹적인 분위기에 다가서지 않아야 합니다. 기도할 때만 "주님, 제 죄를 회개합니다. 용서하여 주시옵소서" 하면서 삶에 전혀 변화가 없다면 이는 잘못된 것입니다. 먼저 자신이 좋은 나무가 되어야 합니다. 그럴 때에 열매도 좋은 것이 맺히게 되기 때문입니다. 못된 나무는 좋은 열매를 맺을 수 없습니다.

그러므로 땅에 있는 지체를 죽이라 곧 음란과 부정과 사욕과 악한 정욕과 탐심이니 탐심은 우상 숭배니라 이것들로 말미암아 하나님의 진노가 임하느니라 너희도 전에 그 가운데 살 때에는 그 가운데서 행하였으나 이제는 너희가 이 모든 것을 벗어 버리라 곧 분함과 노여움과 악의와 비방과 너희 입의 부끄러운 말이라 너희가 서로 거짓말을 하지 말라 옛 사람과 그 행위를 벗어 버리고 새 사람을 입었으니 이는 자기를 창조하신 이의 형상을 따라 지식에까지 새롭게 하심을 받는 자니라(골 3:5-10)

주님은 만약 회개하지 않는다면 심판을 내리겠노라 하십니다. 회개하지 아니하면 침상에 던지고, 간음하는 자들은 큰 환난에 던지고, 자녀가 사망하리라고 하십니다. "침상에 던진다"는 말은 와병하게 된다는 의미입니다. 음행의 죄를 짓던 곳이 고통의 병상이 됩니다. 주님은 각 사람의 행위대로 갚으십니다. 그 행위란 외적인 행위뿐만 아니라 내적인 행위까지도 말합니다. 그래서 예수님을 불꽃 같은 눈을 지니고 계신 분, 통찰력과 전지하심을 갖고 계신 분이라고 한 것입니다.

"사탄의 깊은 것을 알지 못하는" 즉 죄악에 물들지 않은 자들에게는 예수님이 요구하시는 것이 없습니다. 다른 짐을 지울 필요가 없다는 의미입니다. 세상에 물들지 않고, 죄악과 쾌락에 걸려 넘어지지 않은 것으로 족하다는 말씀입니다. 다만 그들은 가지고 있는 것을 굳게 잡으라고 하십니다. 주님만으로 만족하고 이미 소유한 믿음을 굳게 지키라고 하십니다. 더 많은 지식이 아니라 더 많은 헌신과 실천이 요구됩니다.

두아디라 교회를 향한 약속의 말씀

이제 어렵게 살아가는 두아디라 교회의 남은 자들에게 약속의 말씀이 제시됩니다. "이기는 자"와 "끝까지 내 일을 지키는 그"에게 두 가지를 주겠다고 말씀하십니다. 믿음으로 승리하고 경건하게 하나님의 사역을 감당하는 자들에게 주시는 것은, 첫째로 철장 권세입니다. 이는 만국을 다스리는 권세인데, 리더십을 말하는 것일 뿐만 아니라 '심판과 승리'를 의미합니다.

그가 철장을 가지고 그들을 다스려 질그릇 깨뜨리는 것과 같이 하리라 (2:27)

시편 2편에 보면 유대 왕의 즉위 시편 혹은 메시아 시편이 나오는데 거기서도 새로 등극하는 왕에게 하나님은 철장 권세 곧 그 누구도 대항할 수 없는 절대적인 권능을 수여하십니다.

네가 철장으로 그들을 깨뜨림이여 질그릇같이 부수리라 하시도다(시 2:9)

두아디라에 있는 토기장이들은 이 상징의 의미를 잘 깨달았을 것입니다.

두 번째로 '새벽 별'을 주겠다고 하십니다. 새벽 별은 그리스도를 나타내는 것입니다(계 22:16). 새벽 별이 새벽 하늘을 다스리는 것처럼 성도들은 장차 그리스도와 더불어 온 세상을 다스리게 될 것입니다. 그리고 그분의 빛나는 왕권과 통치를 함께할 것입니다. 별은 항상 홀과 연결된 왕권과 주권의 상징입니다.

두아디라 교회는 아주 어려운 환경 가운데 있었습니다. 세상과 신앙은 대립적인 위치에 있었습니다. 이것이냐 저것이냐 하는 양자택일의 상황에 처해 있었습니다. 이세벨과 같은 거짓 선지자가 나타나 교묘하게 타협할 방책을 제시하여 많은 교인을 유혹했습니다. 하지만 교회는 진리를 고수하고 믿음을 지켜야 합니다. 신앙의 순결을 지키고 거룩한 삶을 살아야 합니다. 세상에서 넓은 길이 아니라 좁은 길로 가야 합니다.

소아시아 일곱 교회-사데 교회

---- 로마 도로

흑해

비잔티움•

•안키라

고르디움•

드로아•

무시아

갈라디아

앗소•

•아드리뭇데노

마둘레네•

버가모• 두아디라•

에게해

서머나• 사데•

아시아

빌라델비아•

사모

에베소• 히에라볼리•

라오디게아• 골로새•

비시디아

•안디옥

•이고니온

밀레도•

루스드라•

더베•

밧모

밤빌리아

고스

니도•

•버가

앗달리아•

로도•

무라•

살모네•

바다라•

구브로
(키프로스)

그레데
(크레타)

바보•

지중해

34

사데 교회
The Church of Sardis

살아 있는 교회

요한계시록 3:1-6

창세기 1장은 모세오경으로부터 시작하여 구약 성경, 그리고 신약 성경을 포함한 전체 성경의 서론 역할을 합니다. 이후에 펼쳐질 모든 것이 창세기 1장에 암시되고 내포되어 있다는 의미입니다. 창세기 1장은 하나님이 천지와 만물을 어떻게 창조하셨는지를 기술하고 있습니다. 창세기 1장은 자연과학적 지식을 우리에게 제시하려는 목적으로 쓰인 것이 아닙니다. 하나님이 어떤 분이신지, 인간은 어떤 지위와 위상을 지녔는지, 인간은 어떻게 살아가야 하는지를 알려 주려는 것입니다. 창세기 1장에는 신학적인 지식뿐만 아니라 윤리적인 지침이 내포되어 있습니다.

하나님은 7일을 한 단위로 천지를 창조하셨는데, 모든 것을 질서 있게, 권능 있게, 선하게 창조하셨습니다. 종류대로 피조물을 만드시고, "생육하고 번성하고 충만하라"는 복의 말씀과 약속도 주셨습니다. 창세기 1장이 보여 주는 엘로힘(Elohim) 하나님은 생명의 주님이십니다. 산 자와 죽은 자 모두가 하나님의 관할 아래 있지만, 하나님은 죽은 자의 하나님이 아니요 산 자의 하나님이십니다. 하나님은 생명을 창조하시고 돌보시고 증진하시는 분이십니다.

교회는 죽었던 영혼들을 예수 그리스도의 보혈로 다시 살려서 모은 '하나님의 종말론적 백성', 다시 말해 하나님의 '궁극적인 백성'입니다. 죄와 사망 권세를 깨뜨리고 구원받은 우리에게 영생의 나라를 약속하시고, 우리를 "음부의 권세가 이기지 못할" 교회로 세우신 것입니다. 교회에게는 음부의 문이 열리지 못합니다. 그런데 이렇게 생명이 충만해야 할 교회가 생명력을 잃고 빛을 잃고 죽어가고 있다면 하나님의 마음이 어떠하시겠습니까?

2세기의 위대한 신학자 이레니우스는 "하나님의 영광은 인간이 온전히 살아 있는 것이다"라고 했습니다. 우리가 믿음 안에서 생동감 있게 살아가는 것 자체가 하나님께 큰 기쁨이 된다는 것입니다. 우리는 죽음이 아니라 생명을 위해 지음받은 존재입니다. 그러면 온전히 살아 있는 생명은 무엇입니까? 하나님을 향해 나아가는 것입니다. 하나님이 보내신 목적을 위해 사는 것입니다. 포도나무 가지가 포도나무에 접붙임을 받아 항상 영양분과 수분을 공급받고 마르지 않으며, 시냇가에 심긴 나무가 사시사철 상록성(常綠性)을 잃지 않고 계절을 따라 결실하듯 말입니다.

사데(현 지명: 사르디스)는 두아디라에서 남동쪽으로 65킬로미터 정도 떨어져 있습니다. '사데'는 헬라어로 '남은 자', '남은 물건'이라는 뜻으

....
사데에서 발견된 금화

로, 트몰루스 산기슭에 자리잡은 난공불락의 도시였습니다. 삼면이 절벽이고 남쪽만 경사진 비탈로 되어 있었기 때문입니다. 사데는 루디아 왕국의 수도였습니다. 그리고 트몰루스 산에서 발원하여 도시 인근을 흐르는 팍토르 강에는 사금이 많아 금화와 은화를 생산했는데 이를 통해 부와 명성을 얻게 되었습니다. 사데는 인류 역사상 최초로 금화와 은화를 발행하여 사용한 곳입니다. 또한 '황금의 손, 미다스(Midas)' 전설의 근원지이기도 합니다.

그리스 신화에 따르면, 매우 탐욕스러웠던 미다스 왕은 엄청난 재산을 가지고 있었음에도 더 많은 부귀를 원했다. 그래서 그는 술(酒)의 신 디오니소스에게 손에 닿는 모든 것이 황금으로 변하게 해달라고 간청했다. 술에 취한 상태에서 디오니소스는 소원을 들어주었고, 미다스는 정원수, 조각

루디아 왕국

물, 가구 할 것 없이 닥치는 대로 황금으로 만들었다. 그러나 예기치 않은 문제가 발생했다. 만지기만 하면 황금이 되니 도대체 음식을 먹을 수가 없었던 것이다. 상심한 그는 무심코 딸을 안았다가 기겁을 했다. 사랑하는 딸이 금 조각상이 되었기 때문이다. 미다스는 디오니소스에게 원래대로 되돌려달라고 간청했으며, 디오니소스의 말에 따라 팍톨로스 강물에 목욕함으로써 원래의 모습으로 회귀할 수 있었다. 금 조각상으로 변한 딸도 강물에 담그니 딸이 다시 인간으로 돌아왔다. (위키백과에서 인용)

한편 사데는 난공불락의 견고함 때문에 방심하다가, 바사(페르시아)

....
사데의 아데미 신전 그리고 그 옆에 있는 교회 유적

왕의 고레스의 침략으로 도시가 약탈당하고 루디아 왕국은 멸망하게 되었습니다. 그리고 주후 17년에 지진으로 초토화되었는데 티베리우스(Tiberius) 황제의 후원으로 재건할 수 있었습니다. 사데 유적은 1910년 프린스턴 대학 버틀러 교수팀에 의해 발굴되었습니다. 몇 년 전 저는 사데의 아데미 신전을 답사하였는데, 거대한 신전 옆에 세워진 작은 교회 건물이 극적인 대조를 이루고 있었습니다.

사데의 특징은 과거의 영광을 먹고 산다는 것입니다. 과거보다 현재가 못하다는 것입니다. 캄보디아의 앙코르와트, 이탈리아의 로마, 체코의 프라하, 러시아의 모스크바, 그리스의 많은 도시들과 같습니다.

사데 교회의 초대 감독은 바울의 제자이며 일곱 집사 중에 하나인

클레멘트(Clement)였고, 2세기경에는 유명한 변증론자 멜리톤(Meliton)이 감독이었습니다. 사데 교회가 배출한 순교자 중에는 테라폰과 아폴로니우스가 유명합니다. 주후 325년 니케아 종교회의가 열릴 때, 사데 교회는 아르테미도루스 감독을 파송했습니다. 그 후 고트(Goths)족이 침입하여 사데 교회를 파괴했습니다.

사데 교회는 사데 도시와 마찬가지로 크게 부흥했다가 쇠퇴한 교회입니다. 에베소 교회처럼 뜨겁게 시작했다가 나중에는 흐지부지 죽어가는 교회입니다. R. H. 찰스는 "도시 자체처럼 교회도 초기의 기대에 부합하지 못했다. 일반 역사처럼 그곳의 종교 역사도 과거의 유물이었다"라고 논평했습니다. 사데 교회가 초창기에 갖게 한 대단한 기대를 충족시키지 못했다는 것입니다.

왜 사데 교회는 그 좋았던 믿음을 잃게 되었을까요? 헤로도토스가 증언한 대로 사데의 부유한 환경 때문입니다. 사데는 금화가 풍부한 무역 도시였고, 요정, 연회와 축제와 오락이 만연한 도시였습니다. 돈, 쾌락, 권력을 특징으로 하는 도시였습니다.

> 돈을 사랑함이 일만 악의 뿌리가 되나니 이것을 탐내는 자들은 미혹을 받아 믿음에서 떠나 많은 근심으로써 자기를 찔렀도다(딤전 6:10)

요한은 제자들에게 세상을 사랑하지 말라고 했습니다. "이 세상이나 세상에 있는 것들을 사랑하지 말라 누구든지 세상을 사랑하면 아버지의 사랑이 그 안에 있지 아니하니"(요일 2:15).

영국의 비평가요 사회사상가인 존 러스킨은 다음과 같은 이야기를 했습니다.

어떤 사람이 전 재산을 황금으로 바꾸어 가방에 넣고 배를 타게 되었습니다. 그런데 순항하던 배가 거대한 폭풍을 만났습니다. 백방의 노력이 무위로 돌아가자 선장은 선원과 승객들에게 바다로 뛰어들라고 말했습니다. 그 남자는 전 재산이 든 가방을 허리춤에 줄로 묶었습니다. 그리고 침몰하기 시작하는 배에서 뛰어내렸습니다. 그 결과 무거운 금화가 든 가방이 그를 깊은 바닷속으로 끌고들어가 다시는 물 밖으로 나오지 못하게 되었습니다.

러스킨은 질문합니다. "그 남자가 황금을 소유한 것일까요? 황금이 그 남자를 소유한 것일까요?"

처음에는 인간이 황금을 소유합니다. 하지만 곧 주객이 전도되어 황금이 사람을 소유하기 시작합니다. 그리고 그를 죽음으로 끌고 갑니다.

교회사에 견주어 살펴보면, 사데 교회는 1517-1790년의 국가교회와 명목상의 기독교인을 보여 줍니다. 사데 교회에 주신 주님의 말씀은 거의가 책망입니다. 칭찬의 말씀이 없습니다. 그나마 소수의 신자들에 대해 "옷을 더럽히지 아니한 자 몇 명이 네게 있어 흰 옷을 입고 나와 함께 다니리니 그들은 합당한 자인 연고라"(3:4)는 말씀이 있어서 위로가 됩니다. 호화롭기는 하지만 정작 생명력은 잃어버린 교회입니다. 세상과 재물에 취해 진정한 생명의 근원 되신 부활의 주님을 잃어버린 것입니다. "은과 금은 내게 없거니와 내게 있는 이것을 네게 주노니 나사렛 예수 그리스도의 이름으로 일어나 걸으라"(행 3:6)라고 말할 수 없게 된 것입니다. 은과 금은 있으나 예수님의 이름이 없습니다.

살아 있는 자들의 하나님
인간이 살아 있다는 것은 무엇입니까? 하나님이 보내신 목적에 맞게 사는 것입니다. 그것은 하나님께 영광을 돌리는 삶입니다. 예수님은 누가복음 9장 60절에서 "죽은 자들로 자기의 죽은 자들을 장사하게 하고 너는 가서 하나님의 나라를 전파하라"고 하셨습니다. 왜 예수님은 세상 사람들을 "죽은 자들"이라고 하셨을까요? 목숨이 붙어 있다고 해서 살아 있는 것이 아니기 때문입니다.

　세상에는 살아 있다는 이름은 있으나 실상 죽은 자들이 많습니다. 우리 가운데에도 살았으나 죽은 자가 있고, 죽었으나 여전히 살아 있는 자가 있습니다. 예수님은 지금도 살아 계십니까, 아니면 죽으셨습니까? 앞서간 성도들은 살아 있습니까, 아니면 죽었습니까? 히브리서 11장은 믿음으로 살아간 사람들에 대해 이렇게 말합니다.

　그가 죽었으나 그 믿음으로써 지금도 말하느니라(히 11:4)

　예수님뿐만 아니라, 아브라함, 이삭, 야곱, 요셉, 이 모두가 지금도 살아 있습니다. 하나님은 살아 있는 자들의 하나님이십니다.

　죽었으나 여전히 하나님 앞에 살아 있는 자들은, 선물이 되는 죽음을 맞이한 사람들입니다. 예수님이 그러셨습니다. 예수님의 죽음은 온 인류에게 구원을 주었습니다. 예수님께 비할 수는 없으나 세상에도 고귀한 죽음을 맞이한 사람들이 있습니다. 한준호 준위의 순직도 선물이 되는 죽음이었습니다. 한준호 준위는 2010년 3월 29일 천안함 침몰 사건이 발생하자 실종자를 구조하기 위해 바다로 뛰어들었다가 잠수병 증세로 치료 중 순국하였습니다. 천안함 전사자들도 국가가 준 사명을 감당하다가 죽었기 때문에 죽었으나 살아 있습니다. 우리 모두의 가슴속에 언제나 살아 있을 것입니다.

교회의 양면성

교회의 양면성에 대하여 롤 하이저는 다음과 같이 말했습니다.

교회는 언제나 두 강도 사이에 매달린 하나님이셨다. 따라서 교회가 복음을 얼마나 처절하게 배신해 왔는지, 그리고 오늘날에도 얼마나 똑같은 짓을 하고 있는지에 대해서는 놀랄 필요가 없다. 교회는 한 번도 잘해 온 적이 없었다. 그러나 그 반대로 어느 누구도 교회가 지금까지 한 선행을 부인해서도 안 된다. 교회는 은혜를 전달해 왔고, 성자들을 배출해 왔으며, 세상에 도덕적인 도전을 해왔고, 비록 불완전하긴 했지만 이 땅 위에서 하나님이 거하시는 집이 되어 왔다.

현재의 교회가 이런 양면성을 지니고 있지만 가급적이면 후자의 교회가 많아지면 좋겠습니다. 그러나 안타깝게도 사데 교회와 지금의 한국 교회는 부정적인 면을 너무 많이 보여 주고 있습니다.

얼마 전 한국을 방문한 레너드 스위트는 "립싱크하는 요즘 기독교인들, 가슴서 올라오는 노래 불러야"(중앙일보 2010. 4. 15. 인터뷰 기사) 한다고 말했습니다. 지금 교회는 예수 결핍 장애(JDD: Jesus Deficit Disorder)를 보이고 있다고도 했습니다. 예수님의 교회에 더 이상 예수님이 보이지 않는다는 말입니다. 믿는다는 영어 단어 'believe'에서 철자 'e'를 빼면 'be live'가 됩니다. 예수님을 믿는다는 것은 '생명이 되라'는 의미입니다. 예수님을 믿는 이는 생명이 되어야 합니다. 그 생명에 내가 잠겨야 합니다. 기독교에서 예수님을 빼면 죽는 것입니다.

30년 목회 경력으로 신앙잡지 "설교단"(Pulpit)을 발행한 스피노스

조디아티 목사는 살아 있는 교회와 죽어가는 교회를 이렇게 설명하였습니다. 우리 교회는 살아 있는 교회인지 죽어가는 교회인지 아래 질문으로 한번 진단해 볼 필요가 있습니다.

살아 있는 교회는 교회, 주차장 등 공간의 문제가 늘 있다.

죽어가는 교회는 공간을 염려하지 않는다.

살아 있는 교회는 항상 변화한다. 죽어가는 교회는 늘 똑같다.

살아 있는 교회는 아이들과 소년소녀들의 재잘거리는 소리로 늘 시끄럽다.

죽어가는 교회는 죽은 듯이 조용하다.

살아 있는 교회는 언제나 일꾼이 부족하다.

죽어가는 교회는 일꾼을 찾을 필요가 없다.

살아 있는 교회는 언제나 예산을 초과해서 쓴다.

죽어가는 교회는 은행에 잔고가 많다.

살아 있는 교회는 새 얼굴의 이름을 알기 어려워 애먹는다.

죽어가는 교회는 해를 거듭해도 그 사람이 그 사람이다.

살아 있는 교회는 선교 사업이 활발하다.

죽어가는 교회는 교회 안에서만 움직인다.

살아 있는 교회는 주는 자(giver)로 차 있고,

죽어가는 교회는 티 내는 자(tipper)로 차 있다.

살아 있는 교회는 믿음(faith) 위에 운행되고,

죽어가는 교회는 인간적 판단(sight) 위에 운행된다.

살아 있는 교회는 배우고 봉사하기에 바쁘고,

죽어가는 교회는 쉬고 편하다.

살아 있는 교회는 활발히 전도하고,

죽어가는 교회는 점점 굳어 석회화된다.

일곱 영과 일곱 별을 가지신 이

주님에 대한 소개는 "하나님의 일곱 영과 일곱 별을 가지신 이"로 성령과 말씀 사역자의 긴밀한 연관성을 드러냅니다. 사데 교회에 필요한 것은 사역자들이 성령의 인도를 받아 사역함으로써 교회를 살리는 것입니다. 성령은 생명을 주시는 분이십니다. 형식적인 예배와 신앙생활에 생기를 불어넣으십니다. 교회는 '생명의 영', 살리는 영으로 다시금 활성화되어야 합니다.

사데 교회를 향한 책망의 말씀

> 내가 네 행위를 아노니 네가 살았다 하는 이름은 가졌으나 죽은 자로다
>
> (계 3:1)

예수님은 사데 교회에 영적 죽음, 영적 파산을 선고하십니다. 사데 교회에는 다른 교회들처럼 질서를 어지럽히는 발람, 니골라 당, 이세벨 같은 자들은 없었습니다. 사데 교회는 전통이 있고, 돈이 있고, 사람이 있고, 건물이 있고, 명성이 있었습니다. 그런데 유명무실했습니다. 겉으로는 살아 있는 듯 보였지만 실상은 죽어 있었습니다.

죽었다는 것은 내적 본질인 생명이 없다는 것입니다. 유럽의 교회들은 웅장하고 오랜 전통도 있지만 죽은 교회들입니다. 예수님에 대한 뜨거운 사랑과 예배와 찬양과 전도는 없고, 관광하러 온 구경꾼들만 넘쳐납니다. 유럽 교회당 안에서 많이 보이는 묘지들은 죽은 교회

임을 웅변적으로 보여 줍니다.

사명을 감당하지 못할 때, 그 신자는 죽은 신자입니다. 말씀을 실천하지 않는 신앙생활은 죽은 신앙생활입니다. 시체는 사랑하는 사람이라도 멀리하게 됩니다. 그런데 더욱이 심각한 문제는 죽은 자가 자기 자신이 죽었다는 사실조차 모른다는 것입니다. 실제로 우리가 경험하는 죽음은 자신의 죽음이 아닌 타인의 죽음뿐입니다. 삼손도 이미 하나님이 자신을 떠나셨음에도 그것을 깨닫지 못하다가 비극을 당했습니다.

■ 하나님 아닌 사람들 앞의 명성

사데는 부요한 도시로 유명했습니다. 사데 교회도 틀림없이 재정도 튼튼하고 부족함이 없었을 것입니다. 건물도 웅장하고 아름답게 지어 놓았을 것입니다. 하지만 그것뿐이었습니다. 세속주의와 물질주의가 서서히 영성을 갉아먹고 부패시켰습니다. 사람 앞에서는 이름이 있으나 하나님께는 이미 없었습니다. 사데가 얻은 이름은 하나님이 아닌 사람들 앞의 명성이었습니다.

사데 교회는 꽃병에 꽂힌 꽃과 같았습니다. 겉으로 보기에는 화려하고 아름답지만 실상은 뿌리가 잘려 서서히 죽어가고 있습니다. 생명의 근원 되신 주님과 연결되지 못하여 교제가 끝이 나고 신앙생활에 열매도 없고 재생산도 없었습니다. 식물인간이 사회적 사망이고, 뇌사가 생물학적 사망이라면, 이것은 신앙적 사망입니다. 교회만 그런 것이 아닙니다. 신자 중에도 무늬만 신자가 수두룩합니다.

그들에게는 물질적 풍요와 여유가 화근이었습니다. 처음에는 그것들을 하나님이 주신 복으로 알았지만 그것에 심취하면서부터 지옥으로 내려가게 된 것입니다. C. S. 루이스(C. S. Lewis)는 "지옥으로 가는 길은 평평하고 밋밋하여 전혀 장애물이 없다"고 했습니다. 이런 교회에는 핍박이 없었습니다. 비전도 없고, 헌신도 없고, 변화도 없고, 열정도 없는 안일한 신앙생활입니다.

예수님이 산상수훈에서 팔복을 말씀하셨는데, 이는 구약에서 본 복과는 거리가 있는 모습이었습니다. 하지만 그 이유를 이제는 알 수 있을 것 같습니다. 심령이 가난한 자, 온유한 자, 애통하는 자, 의에 주리고 목마른 자, 긍휼히 여기는 자, 마음이 청결한 자, 화평하게 하는 자, 의를 위하여 박해를 받은 자가 받을 복은 소유의 복이 아니라 존재의 복이고, 넉넉함이 아니라 부족한 가운데 있는 복입니다.

아름다운 미인의 죽음이나 찬란한 문명의 몰락을 그린 화가들의 그림은 세상의 가치에 도전적인 메시지를 담고 있습니다. 19세기 미국의 제2차 대각성 운동(신앙부흥 운동) 때 영국의 신문들은 미국에 만연한 부패를 15세기 이탈리아 화가 보쉬의 「쾌락의 정원」에 비유하여 보도하였습니다(쑤잉, 『이성의 눈으로 명화와 마주하다』, 240페이지 참조).

이 작품은 세 폭의 제단화(Triptych)로 구성되어 있으며, 두 날개를 열면 중앙에는 인간 세상을, 좌측 패널에는 에덴동산을, 우측 패널에는 지옥을 그려 인류의 타락 과정을 묘사했습니다. 세상은 낙원과 지옥의 중간에 위치하고 있으며, 세상에서는 두 가지를 다 부분적으로 경험합니다. 때로는 지옥을 경험하면서 영원한 형벌에 빠져서는 안 되겠다는 경각심을 얻고, 때로는 천국을 경험하면서 영원한 생명을 얻어야겠다고 다짐하게 됩니다. 세상에서 어떻게 사느냐에 따라 잃어버린 낙원을 되찾느냐 지옥으로 떨어지느냐가 결정됩니다.

....
「쾌락의 정원(The Garden of Earthly Delights)」, 오른쪽 패널 3폭, 1500-1505, 히에로니무스 보쉬 (Hieronymus Bosch), 목판에 유채화, 프라도 미술관, 마드리드.

보쉬는 중앙 패널에 섬세하고 화려한 색채로 풍요로움 가운데 쾌락을 추구하는 세상의 혼란과 타락과 음란을 그리고 있으며, 우측 패널에서는 다가올 지옥의 끔찍함을 어두운 배경에 잘리고 찔리고 떨어지는 기괴한 피조물들의 모습으로 보여 주고 있습니다. 지옥에서는 세상에서 행했던 모든 악행이 거꾸로 자신에게 주어지는 것으로 묘사했습니다.

성경에는 죽었다가 살아나는 기사가 많이 나옵니다. 에스겔 37장에는 에스겔 골짜기에 생명의 바람이 불어 해골이 군대가 되어 살아나는 환상이 나옵니다. 예수님이 나인 성 과부의 외아들의 장례 행렬을 멈추시고 "청년아 내가 네게 말하노니 일어나라"(눅 7:14) 하심으로 살리신 기사가 나옵니다. 그뿐이 아닙니다. 마가복음 5장에는 회당장

야이로의 딸을 살리시는 기사가 나옵니다. "달리다굼", "소녀야 일어
나라"(막 5:41). 요한복음 11장에는 나사로를 살리시는 기사도 나옵니
다. "나사로야 나오라"(요 11:43). 예수님은 부활의 주님이십니다. 성삼
위 하나님은 생명을 주시는 분이십니다. 우리의 믿음도, 우리 교회도,
한국 교회도 다시금 살아나야 합니다.

■ 행위가 온전하지 못함

내 하나님 앞에 네 행위의 온전한 것을 찾지 못하였노니(계 3:2)

예수님은 사데 교회의 행위가 온전하지 못하다고 책망하십니다. 행
위가 있었지만 온전하지 못했습니다. 신앙생활이란 하나님 앞에서 사
는 것입니다. 코람데오(coram Deo)의 삶입니다. 세상의 관점이 아니라
하나님의 관점을 최고로 여기는 삶입니다. 그런데 사데 교회는 하나
님 보시기에 결함투성이였습니다. 명성과 실체에 커다란 차이가 있었
습니다. 인간이 보는 것과 하나님이 보시는 것은 다릅니다. "내가 보
는 것은 사람과 같지 아니하니 사람은 외모를 보거니와 나 여호와는
중심을 보느니라"(삼상 16:7). 하나님이 보시는 것과 다른 것은 위선입
니다.

사데 교회에도 경건한 활동과 행위가 있었지만 그것은 외식과 위선
일 뿐이었습니다. 위선자라는 말은 헬라어 '휘포크리테스'(hypocrites)
로서, ① 해석자라는 의미 곧 말의 이면에 감추어진 뜻을 드러내는
자, ② 연극배우 곧 등장인물의 모습을 형상화한 가면을 쓰고 연기하
는 자, ③ 위선자 즉 표리부동(表裏不同)한 사람이라는 의미입니다. 이

는 사데 교회가 그들의 진면목은 숨기고 종교놀이를 하고 있다는 의미입니다.

그 온유하신 예수님이 공생애 중에 의분을 분출하신 대상들이 있습니다. 바로 위선자들인 서기관과 바리새인들입니다. 예수님이 지적하신 것은 그들의 관행이라기보다 그들의 표리부동함이었습니다. 신앙생활을 한다고 하면서 하나님을 상대로 하지 않고 사람과 세상을 상대로 한 것이 문제였습니다.

> 화 있을진저 외식하는 서기관들과 바리새인들이여 회칠한 무덤 같으니 겉으로는 아름답게 보이나 그 안에는 죽은 사람의 뼈와 모든 더러운 것이 가득하도다 이와 같이 너희도 겉으로는 사람에게 옳게 보이되 안으로는 외식과 불법이 가득하도다(마 23:27-28)

이런 외식적 경향은 이미 이사야 선지자에 의해서 언급된 바 있습니다. "이 백성이 입으로는 나를 가까이 하며 입술로는 나를 공경하나 그들의 마음은 내게서 멀리 떠났나니 그들이 나를 경외함은 사람의 계명으로 가르침을 받았을 뿐이라"(사 29:13).

영적으로 교만하여 방심하는 사이에 더러움에 빠지게 된 것입니다. "경건의 모양은 있으나 경건의 능력은 부인하니"(딤후 3:5), 빛 좋은 개살구가 됩니다. 기도 없는 형식, 실체 없는 이름, 내적 품위 없는 경건, 생명 없는 과시입니다.

사데 교회를 향한 권면의 말씀

주님은 사데 교회에게 다섯 개의 짧은 명령의 말씀을 주십니다.

■ 깨어라

사데 교회는 영적인 잠에 빠져 있었습니다. 영적으로 각성하고 경성해야 합니다. 최후의 만찬에서 예수님은 제자들이 그분을 버리고 모두 도망칠 것을 예고하셨습니다. 하지만 베드로는 다른 제자는 몰라도 자신은 끝까지 예수님 곁에 남아 있을 것이며 죽음이 찾아온다고 해도 결코 예수님을 버리지 않겠노라 호언장담했습니다. 그러나 겟세마네 동산에서 그들은 한 시도 예수님과 함께 기도하지 못하고 잠에 취해 버렸습니다. 그 결과는 우리가 너무나 잘 아는 내용입니다. 베드로를 위시한 제자들은 로마 군병들의 위협에 예수님을 버리고 목숨을 부지하기 위해 도망쳤습니다. 한 시간도 예수님과 함께 깨어 있지 못하면서, 어떻게 예수님을 위해 목숨을 바치겠습니까?

우리는 항상 "기도에 감사함으로 깨어"(골 4:2) 있어야 합니다. 바울은 로마 교인들에게 편지하면서 지금이야말로 자다가 깰 때라고 경각심을 불러일으킵니다.

> 너희가 이 시기를 알거니와 자다가 깰 때가 벌써 되었으니(롬 13:11)

사탄도 영적으로 나태한 틈을 타서 우리를 넘어뜨립니다. 우리는 주인을 맞이하기 위해 기름을 준비하고 기다리는 종처럼(눅 12:35-37) 항상 깨어 있어야 합니다. 시험의 날뿐만 아니라 심판의 날도 도둑같이 임해서 피할 길이 없을 것이기 때문입니다.

그들이 평안하다, 안전하다 할 그때에 임신한 여자에게 해산의 고통이 이름과 같이 멸망이 갑자기 그들에게 이르리니 결코 피하지 못하리라(살전 5:3)

■ 굳건하게 하라

그 남은 바 죽게 된 것을 굳건하게 하라(계 3:2)

예수님이 말씀하신 바 "그 남은 바 죽게 된 것"은 무엇을 의미하는 것일까요? 사데 교회에 하나님 보시기에 바람직한 어떤 특성이 남아 있었던 것일까요? 하지만 예수님은 사데 교회에 대해서 전반적으로 "죽었다"라는 평가를 이미 내리셨습니다. 여기서 관심의 대상이 되는 것은 "남아 있지만 곧 죽게 될 사람들(성도들)"입니다. 완전히 죽어 버렸다면 살려낼 수 없겠지만 아직 생명의 불꽃이 완전히 소멸되지 않은 자라면 보살피고 돌보아 주라는 말씀입니다. 말씀과 가르침으로 양육하고 보호해야 합니다.

교회란 서로 끌어 주고 밀어 주는 공동체입니다. 홀로 있는 장작은 쉽게 불이 붙지 않고 타오른다 해도 쉽게 꺼지지만 장작더미라면 불붙이기도 쉽고 연소도 오래갑니다. 이와 같이 교회 공동체는 구성원 상호간의 돌봄이 필요합니다. 주님이 거하실 성전으로 함께 지어져 갈 영적인 성전입니다. 교회 지도자들, 죽어가는 형제자매를 못 본 체 하지 말고 사랑과 관심을 기울이라는 뜻입니다. 굳건히 해서 실족하지 않게 하라는 말씀입니다.

너희가 그 연약한 자를 강하게 아니하며 병든 자를 고치지 아니하며 상한 자를 싸매 주지 아니하며 쫓기는 자를 돌아오게 하지 아니하며 잃어버린 자를 찾지 아니하고 다만 포악으로 그것들을 다스렸도다(겔 34:4)

아직 영적으로 오염되지 않고 죽지 않은 자를 살려내고 굳건히 해야 합니다. 이는 오직 영적으로 살아 있는 자만이 할 수 있는 일입니다. '창조적 소수'가 새로운 문화와 역사를 일구듯, '구속적 소수'야말로 죽은 자, 죽어가는 자를 다시 살려낼 수 있는 그루터기 같은 존재입니다.

■ 생각하라

네가 어떻게 받았으며 어떻게 들었는지 생각하고(계 3:3)

'생각하라'는 기억하라(remember)는 의미입니다. 기억함으로써 원래 공동체의 일원이 되는 것입니다. 이것은 사데 교회가 설립되고 상당한 시간이 경과되었음을 암시합니다. 1세대 신앙 선배들이 죽은 후 사데 교회는 복음의 기본적인 노선에서 이탈되어 있었습니다. 그래서 주님은 그들에게 원래 들었던 복음을 기억하라고 말씀하십니다.

교회는 예수 그리스도를 모퉁잇돌로 하고 "사도들과 선지자들의 터"(엡 2:20) 위에 지음을 받습니다. 사도성(apostolicity)은 교회와 교리에서 정통성을 판별하는 기준이 됩니다. 하지만 시간이 지나면서 많은 이들이 교리적인 교훈과 윤리적인 교훈 모두에서 해이해지고 탈선하였습니다. 그러므로 주님은 원래 받았던 그 내용을 기억하라고 말씀하시는 것입니다.

사도신경은 본래 열두 제자가 만든 것이 아닙니다. 많은 종교회의를 통해 교리적 일치를 이룬 뒤에 만든 신조입니다. 하지만 그 신조의 뿌리는 예수님의 열두 사도가 전해준 내용이라 해서 '사도신경'(the Apostle's Creed)이라 부르는 것입니다. 그리고 구절마다 책임 사도의 이름을 새겼습니다. 교회에서 사도신경을 공유하고 중요하게 여겨 반복하는 이유는, 시간이 지나면서 원래 주어진 신앙의 내용을 변개하려는 세력들이 나타나기 때문입니다. 각종 이단은 자신이 보고자 하는 대로 성경을 봅니다. 공중 권세 잡은 악한 사탄은 기독교인이 가진 영적인 자유와 보배를 빼앗고 하나님의 역사를 무너뜨리기 위해 진리를 변조합니다. 그렇기 때문에 우리에게 본래 전달된 신조와 윤리적 표준을 고수할 필요가 있습니다.

사데 교회는 초대교인들이 지니고 있던 좋은 전통을 유지하고 계승해야 했습니다. 과거에 좋았던 것을 이어 가야 합니다. 온고지신(溫故知新)의 정신 즉 '옛 것을 익힘으로써 새로운 것을 안다'입니다. 법고창신(法古創新) 즉 옛 것을 본받아 새 것을 창조해야 한다는 뜻입니다. '법고창신'이라는 사자성어는 연암 박지원이 만든 말이라고 합니다. 연암 박지원 당시에는 두 가지 글 쓰는 방식이 있었습니다. '법고'(法古) 즉 옛 글을 흉내 내고 모방해야 한다는 사람들 중에는 타인의 글을 도용하면서도 전혀 부끄러워하지 않는 자도 생겼습니다. 반면 '창신'(創新)을 주장하는 사람들 중에는 이상하고 허황되게 문장을 지으면서도 두려워할 줄 모르는 사람들이 생긴 것입니다. 그래서 연암 박지원은 이 두 가지 작문철학을 결합하여, 옛 것을 본받되 그대로 쓰지 않고 새롭게 창조하라고 말합니다.

교회는 과거의 좋은 점을 기억하고 유지해야 합니다. 물론 과거에 매여 전통주의에 빠져서는 안 됩니다. 이는 그네 타는 원리와 동일합니다. 멀리 높이 나아가기 위해서는 그만큼 뒤로 물러나야 합니다. 그러면 힘을 얻어 더 멀리 더 높이 나아갈 수 있습니다. 교회는 과거로 돌아가는 동시에 미래를 행해 내달려야 합니다. 과거의 좋은 전통은 미래를 향한 운동력과 추진력을 제공할 것입니다. 과거에 대한 기억이 미래를 향한 상상력을 제공할 것입니다. 교회는 본래 모습을 회복하기 위해 과감히 등을 뒤로 기대야 합니다. 또한 미래를 향한 변화에 마음의 문을 활짝 열어야 합니다.

■ 지키라

교리와 윤리적 기준, 그리고 좋은 관행을 회상하고 기억하는 것으로만 끝나서는 안 됩니다. 그것들은 철저히 지켜져야 합니다. 정상에 오르는 것도 힘들지만, 정상을 지키는 것은 더 힘든 법입니다. 주님은 사데 교회가 그런 초기의 전통을 지켜야 한다고 요청하십니다.

인생의 황혼에 도달한 바울은 로마 감옥에서 시시각각 다가오는 죽음의 그림자를 느끼고 있었습니다. 그는 자신의 제자요 영적인 아들인 디모데에게 마지막 서신을 쓰면서 자신의 인생을 회고하고 평가합니다.

전제와 같이 내가 벌써 부어지고 나의 떠날 시각이 가까웠도다 나는 선한 싸움을 싸우고 나의 달려갈 길을 마치고 믿음을 지켰으니 이제 후로는 나를 위하여 의의 면류관이 예비되었으므로 주 곧 의로우신 재판장이 그 날에 내게 주실 것이며 내게만 아니라 주의 나타나심을 사모하는 모

든 자에게도니라(딤후 4:6-8)

바울은 자신의 일생을 '선한 싸움', '달려갈 길을 경주함', '믿음을 지킴'으로 요약했습니다. 이는 같은 의미를 다양하게 표현한 것입니다. 특별히 마지막에 보이는 '믿음'은 소명, 사명, 헌신, 신뢰를 포함하는 광범위한 개념입니다. 바울은 그 믿음을 지켰다고 했습니다. 이러한 바울의 말은 이런 것들을 지키면서 살아가는 삶이 얼마나 어려운가를 우리에게 보여 줍니다. 많은 사람들이 세상을 사랑하여 주님 곁을 떠날 때조차도 바울은 믿음을 굳게 지켰습니다. 그것은 고난을 의미합니다. 바울은 일생의 마지막 즈음에서 가장 아름다운 '백조의 노래'를 부르고 있는 것입니다. 주님의 은혜와 믿음을 지킨다는 것은 중요한 일입니다.

■ 회개하라

회개의 요청은 그들을 살리기 위해서입니다. "주여, 주여" 하는 자마다 모두 천국에 들어가는 것이 아닙니다. 불법을 행하는 자들은 결코 주님이 알지 못합니다. 주님의 재림과 심판의 날은 도둑같이 올 것입니다. 여기 도둑의 은유를 든 것은, 도둑이 모두 잠든 시간에 예고도 없이 찾아와 가장 귀하고 값진 것들을 가지고 가기 때문입니다. 깨어 있지 않으면 방비할 수 없습니다. 주님의 재림도 이와 같이 임할 것입니다. 그런데 우리의 관심사는 주님이 언제 오시느냐가 아닙니다. 어떻게 주님을 맞이할 것인가입니다. 성결하게 사는 성도는 주님을 영광 가운데 맞이하게 될 것입니다. 그러기 위해서는 회개만이 살 길입니다. 지금 어느 때보다 신자들의 회개가 필요합니다.

사데 교회를 향한 약속의 말씀

사데 교회는 전반적으로 혹독한 책망을 받았지만 일부 칭찬 받을 만한 사항도 있었습니다.

> 그러나 사데에 그 옷을 더럽히지 아니한 자 몇 명이 네게 있어 흰 옷을 입고 나와 함께 다니리니 그들은 합당한 자인 연고라(계 3:4)

대부분이 타락하고 영적으로 죽은 상황에서도 몇 명은 옷을 더럽히지 않았습니다. 옷을 더럽히지 않았다는 것은 이교적 우상 숭배와 타협하지 않았다는 의미입니다. 그들은 이사야의 표현대로 '남은 자'들도입니다. 새로운 부흥을 일으키는 원동력이 될 그루터기 같은 자들입니다. 주님은 이기는 자에게도 동일하게 흰 옷을 주어, 주님과 함께 다니게 하겠다고 약속하십니다. 흰 옷은 제의적인 정결, 도덕적인 정결, 나아가 거룩함에 적합한 옷입니다. 그래서 흰 옷은 하나님, 예수님, 제사장, 의인이 천국에서 입는 옷으로 간주됩니다. 구원론과 관련해서 흰 옷은 구원과 상급을 의미합니다. 흰 옷을 입히고 주님과 동행하게 하십니다. 동행은 결국 주님과의 친밀한 사귐을 의미합니다.

'이기는 자'의 이름은 생명책에서 흐려지지 않을 것입니다. '깨어 있는 자', '흰 옷을 입은 자'의 이름이 생명책에 그대로 남아 있을 것이란 말은, 그렇지 않은 자들의 이름이 생명책에서 지워질 수 있다는 경고의 말씀이기도 합니다. 하나님은 피조물인 모든 사람을 아시지만 특별히 그분의 은총을 받고 영생을 얻을 자녀들을 아십니다. 그들의 이름은 생명책에 기록되어 있습니다. 그들의 이름은 결코 지워지지 않을 것입니다. 이는 최후의 심판날에 "내가 너를 모른다"고 하지 않으시겠다는 약속입니다. 아버지와 천사들 앞에서 시인하실 것입니다. 박해에도 불구하고 예수님의 이름을 시인했던 성도를 예수님 역시 직접 나서서 시인해 주십니다.

출처를 알 수 없는 이야기 하나로 이 장을 마무리하고자 합니다.

미국에 한 중소도시의 한 교회에 목사님이 부임했습니다. 역사와 전통이 있었고 꽤 많은 교인들이 출석하는 중형 교회였습니다. 하지만 부임 후에 예배를 드려 보니 교회에 정기적으로 출석하는 교인은 적었습니다. 그리고 그 사람들마저 습관적인 예배를 드리고 있었습니다. 영적으로 죽어가고 있었던 것입니다. 열정은 바닥나고 차갑게 식었습니다. 주님을 사랑하기보다는 세상을 더욱 사랑하는 자들이었습니다. 몇 마디 말로 훈계한다고 해서 될 문제가 아니었습니다. 그래서 목사님은 기도하던 중 중대 결심을 하게 되었습니다. 목사님은 즉시 그 지역의 일간지에 큰 광고를 냈습니다.

"제가 섬기는 교회가 죽어 장례를 치르려 합니다. 많이 오셔서 애도하고 조문해 주시기 바랍니다."

이 광고가 나가자 주변 지역에 파란이 일었습니다. 충격을 받게 되었습니다. '어떻게 교회가 죽을 수가 있다는 말인가? 음부의 권세가 교회를 이기지 못할 것이라고 하지 않았나!' 장례식이 예정된 날에 많은 사람들이 참석하게 되었습니다. 평소에는 교회에 잘 나가지 않던 교인들도 그날만큼은 예배에 참여하게 되었습니다. 그날 교회 창립 이래 가장 많은 교인이 운집했다고 합니다.

목사님이 조복을 입고 예배를 주관하기 시작했습니다. 송별 말씀이 끝

374

나자 목사님은 "여러분, 마지막으로 고인에게 작별인사를 하십시오"라고
하면서 한 사람씩 나와 작별인사를 하라고 했습니다. '교회가 죽었다고 하
는데 어떻게 교회가 관에 들어갈 수가 있지?'라고 의아해 하면서 한 사람
씩 앞으로 나왔습니다. 그리고 관 안을 들여다 본 사람은 얼굴을 찡그리
고 낯빛이 어두워졌습니다. 그리고 무척이나 부끄러워했습니다. 목사님은
그 관 안에 거울을 비치했던 것입니다. 모든 사람은 관 안에서 영적으로
죽은 자신을 발견하게 된 것입니다. 관 안에 누운 자는 다름 아니라 자기
자신이었던 것입니다.

이름만 있고 죽은 것과 다름없는 사데 교회는 우리에게 살아 있는
교회가 되라고 반면교사가 되는 교회입니다.

흑 해

------ 로마 도로

비잔티움 •

• 안키라

고르디움 •

드로아 •

무시아

갈라디아

앗소 •

• 아드리뭇데노

마둘레네 •

버가모

두아디라

에 게 해

서머나

사데

아시아

빌라델비아

비시디아

안디옥

에베소

사모

히에라볼리

• 이고니온

라오디게아

골로새

밧모

밀레도

루스드라

• 더베

고스

니도

버가

밤빌리아

앗달리아

로도

무라

로도

바다라

구브로
(키프로스)

살모네

그레데
(크레타)

바보

지 중 해

35

빌라델비아 교회
The Church of Philadelphia

열린 교회
요한계시록 3:7-13

빌라델비아는 '사랑'(philos)과 '형제'(adelphos)의 합성어로 '형제를 사랑하는 자'라는 말에서 왔습니다. 빌라델비아는 버가모 왕국 두 왕자의 우정에서 비롯된 도시입니다. 유메네스 2세와 앗달리아 2세는 우애 깊은 형제였습니다. 형인 유메네스 2세가 왕이 되자 동생 앗달리아 2세는 물심양면으로 형을 도왔습니다. 형인 유메네스 왕이 원정을 가게 되면 동생은 내치에 힘써 질서를 유지하고 백성의 삶을 평안하게 했습니다. 그리하여 동생에 대한 국민의 신임과 인기가 높았습니다.

　로마 제국은 견고한 버가모 왕국을 분열시키기 위해서 앗달리아 2세를 회유했습니다. 형을 암살하고 왕이 된다면 로마는 그를 지지하겠다고 한 것입니다. 하지만 동생은 자신이 형에게 충성을 다할 것이며, 형을 도와 부국강병하는 것이 자신의 본분이라고 일언지하에 거절했습니다. 후에 형이 죽자 자연스럽게 왕위에 오른 앗달리아 2세는 형과의 우애를 생각하여 도읍을 새로 건설하고, 그 성읍에 형제 우애라는 의미의 빌라델비아라는 이름을 붙인 것입니다. 이렇게 이 도시는 시작부터 아름답게 건설되었습니다(주전 138년).

빌라델비아는 버가모 왕국에서 동방으로 세력을 확장하는 교두보이자 헬레니즘을 전파하는 전초 기지였습니다. 또한 교통의 요지이기도 했습니다. 무시아, 루디아, 브루기아가 만나는 지역으로서 중앙고원으로 나가는 관문이었습니다. 동쪽으로는 라오디게아, 히에라볼리를 거쳐 메소포타미아로 연결되며 서쪽으로는 사데, 버가모, 드로아를 거쳐 로마에 이릅니다.

또한 빌라델비아는 인근 도시들에서 하룻길이었기 때문에 여행객들이 강도떼의 습격을 피하기 위해 꼭 이 도시로 들어와 숙박을 했다고 합니다. 따라서 물자와 사람들의 왕래가 잦아 활기가 넘쳤고, 극장과 이방신들이 많아서 '작은 아테네'라고 불리기도 했습니다. 빌라델비아 성문은 정시에 닫히고 정시에 열렸으며, 한번 닫히면 어떤 일이 있어도 다음 날 정해진 시각까지는 열리지 않았다고 합니다.

소아시아 다른 지역과 마찬가지로 이곳도 지진 피해를 많이 받았습니다. 얼마나 지진 때문에 불안했는지 고대 문헌에 나와 있을 정도입니다. 트렌치는 "빌라델비아만큼 지진이 많은 곳도 없다"라고 했습니다. 대략 20년에 한 번꼴로 큰 지진이 발생했다고 합니다. 사데를 초토화시킨 주후 17년의 대지진, 그리고 주후 23년의 대지진으로 빌라델비아도 완전히 파괴되었다가 90년에 황제의 보조금으로 재건되었습니다. 그런 이유로 '네오 가이사랴'로 불리기도 했다가 다시 빌라델비아로 환원했습니다.

빌라델비아의 고대 성벽 유적

　지진이 잦았기 때문에 사람들은 성내에 몰려 살기보다 농지에 산재되어 살았습니다. 그래서 성읍 안에는 1,000명 내외의 소수만 살았다고 합니다. 또 굴뚝에 병을 올려놓는 풍습이 있었는데, 이는 그 집에 결혼 적령기의 처녀가 있다는 뜻이라고 합니다. 총각이 돌을 던져 그 병을 깨뜨리면 그 집에 들어가 결혼을 했다고 합니다. 아마도 인구가 적었기에 생긴 관습 같아 보입니다. 사정이 이렇다 보니, 빌라델비아 교회의 교인 숫자도 적었을 것입니다. 아마도 소아시아 일곱 교회 중에서 가장 작은 규모였을 것입니다.

　빌라델비아에서는 대개 목양을 하고 포도를 생산했습니다. 이곳에서 생산되는 포도와 포도주는 극상품이었기 때문에, 빌라델비아 교회는 이곳에서 생산된 포도주를 성찬용으로 만들어 인근 300여 교

....
빌라델비아 현재 모습(알라세히르)

회에 무상으로 공급하여 '형제 사랑'을 실천했다고 합니다. 한편 포도와 포도주의 생산지답게 이곳에서는 술의 신 디오니소스를 경배하는 등의 이교가 성행했습니다. 빌라델비아에서 출토된 주전 1세기경의 대리석에는 밀의종교의 교리가 기록되어 있었다고 합니다. 이런 음란한 세상 풍조 속에서 신앙을 유지하기도 힘들었을 텐데, 빌라델비아 교회는 신앙을 지키고 이름을 배반하지 않았다고 칭찬을 받았습니다.

사데에서 40킬로미터밖에 떨어져 있지 않았지만, 사데 교회와 빌라델비아 교회는 확연히 다른 영적 기풍을 지니고 있었습니다. 빌라델비아 교회는 서머나 교회와 함께 칭찬만 받았습니다.

역사의 풍파 속에서 현재는 6세기에 건축된 빌라델비아 기념교회

......
사도 요한 교회 유적 | 세 개의 기둥

인 요한 교회의 세 기둥만 유적으로 남아 있습니다. 성서현장 연수를 갔을 때 빌라델비아 교회 앞에서 터키 빵을 사먹었는데, 가격도 싼 것이 얼마나 크고 맛있었던지 잊을 수가 없습니다.

교회사에 견주어 살펴보면, 빌파델피아 교회는 주후 18-20세기 초의 교회 모습과 유사합니다. 영국에 부흥 운동이 일어나 윌리암 캐리 같은 이를 통해 세계 선교가 활발하게 진행되고, 이어서 미국이 세계 선교의 주역이 되고, 한국이 선교대국이 되는 선교의 대부흥 시대를 보여 줍니다. 인도, 아프리카, 중국 선교가 시작되고, 한국은 작은 국가임에도 불구하고 선교강국이 되었습니다.

다윗의 열쇠를 지니신 분

예수님은 자신을 "진실하고 거룩하사 다윗의 열쇠를 가지신 이 곧 열면 닫을 사람이 없고 닫으면 열 사람이 없는 그"라고 말씀하십니다. 빌라델비아는 사통팔달인 데다 도로망도 잘 건설되어 있어서 왕래하는 사람들이 많았습니다. 그렇다 보니 도적떼가 자주 출몰하는 위험 지역이기도 했습니다. 누구나 빌라델비아에 들어가 있으면 안전했습니다. 만약 여행객이 성 밖에서 밤을 지새우게 된다면 십중팔구는 물건을 강탈당하고 목숨마저 위태롭게 되었습니다. 성문이 닫힌 뒤에는 아무리 성문지기에게 울고불고 호소한다고 해도 결코 성문을 열지 않았습니다. 성문을 열고 닫는 것은 성주의 권한에 속한 것이기 때문입니다.

예수님은 자신을 "다윗의 열쇠"를 지닌 이로 소개하십니다. 이는 원래 이사야 22장에서 나온 표현으로, 다윗 왕국과 그 왕권을 상징합니다.

그날에 내가 힐기야의 아들 내 종 엘리아김을 불러 네 옷을 그에게 입히며 네 띠를 그에게 띠워 힘 있게 하고 네 정권을 그의 손에 맡기리니 그가 예루살렘 주민과 유다의 집의 아버지가 될 것이며 내가 또 다윗의 집의 열쇠를 그의 어깨에 두리니 그가 열면 닫을 자가 없겠고 닫으면 열 자가 없으리라(사 22:20-22)

예수님이 가지신 다윗의 열쇠란 거룩한 성, 새 예루살렘을 열고닫는 권위의 상징입니다. 또한 왕국 자체에 대한 권위를 의미합니다. 주님은 또한 자신이 천국의 열쇠(마 16:19), 사망과 음부의 열쇠(계 1:18)를

「베드로에게 열쇠를 수여하는 예수(Christ Handing the Keys to St. Peter)」, 1515, 라파엘로(Raphaelo Sanzio), 종이에 템페라화, 345×535cm, 빅토리아 앤 앨버트 박물관, 런던.

가지고 있다고 말씀하셨습니다. 구원의 문을 열 열쇠는 오직 주님의 손 안에 있습니다. 천국의 열쇠는 베드로의 손이 아니라 궁극적으로는 예수님의 손에 들려 있습니다. "내가 천국 열쇠를 네게 주리니"(마 16:19). 로마 가톨릭의 본산인 바티칸 성당은 베드로가 받았다는 열쇠 형상으로 지어졌습니다. 성당의 평면도를 보면 이를 잘 알 수 있습니다. 하지만 문을 열고 닫는 것은 성삼위 하나님이신 예수님의 소관임을 요한계시록이 보여 주고 있습니다.

라파엘로가 그린 「베드로에게 열쇠를 수여하는 예수」를 보면, 예수님이 베드로에게 열쇠를 주시는 장면이 나옵니다. 그러면서 한 손으로는 양을 가리키십니다. 이는 마태복음 16장과 요한복음 21장의 내용을 더한 것으로, 베드로가 받은 열쇠는 천국과 지옥을 결정할 열쇠라기보다 목회의 권위를 부여하는 것으로 해석해야 합니다. 목양을 위해 열쇠를 맡기신 것입니다. 정확하게 말하면, 예수님에 대한 올바른 신앙고백이야말로 천국에 들어갈 열쇠입니다.

열린 문

> 볼지어다 내가 네 앞에 열린 문을 두었으되 능히 닫을 사람이 없으리라
>
> (계 3:8)

빌라델비아 교인들에게 열려져 있는 문은 우선 예수님입니다. 「민중을 이끄는 자유의 여신」으로 유명한 19세기 프랑스 낭만주의 화가 외젠 들라크루아의 「계단 위의 열린 문」을 보면, 문을 열자 하늘로 통하는 비밀 계단이 나오는 것 같습니다.

요한복음에서 예수님은 자신을 양의 문으로 소개하셨습니다. "나는 양의 문이라"(요 10:7). "내가 문이니 누구든지 나로 말미암아 들어가면 구원을 받고 또는 들어가며 나오며 꼴을 얻으리라"(요 10:9). 예수님이 세례 받으실 때, 변화산에서, 그리고 십자가를 지실 때에 하늘 문이 열렸습니다. 예수님만이 하늘의 문이요 천국으로 들어가는 길입니다.

> 예수께서 이르시되 내가 곧 길이요 진리요 생명이니 나로 말미암지 않고는 아버지께로 올 자가 없느니라(요 14:6)

....
「계단 위의 열린 문」, 19세기 경, 외젠 들라크루아(Eugène Delacroix), 흑연 데생, 14.4×23.1cm, 루브르 박물관, 파리

그러므로 형제들아 우리가 예수의 피를 힘입어 성소에 들어갈 담력을 얻었나니 그 길은 우리를 위하여 휘장 가운데로 열어 놓으신 새로운 살 길이요 휘장은 곧 그의 육체니라(히 10:19-20)

찬송가 521장 "구원으로 인도하는"은 문 되시는 예수님에 대한 찬양입니다.

구원으로 인도하는 그 문은 참 좁으며
생명으로 인도하는 그 길은 참 험하니(1절).
구원의 문 열렸으니 주의 공로 힘입어
주저 말고 들어가서 생명 길로 갑시다(3절).
구원의 문 닫힌 후엔 들어가고 싶으나
한번 닫힌 구원의 문 또 열려지지 않으리(후렴).

신약 성경에서 열린 문은 복음을 선포할 수 있는 광대한 기회이기도 합니다. 주님이 여신 문은 닫을 자가 없습니다. 예수님은 십자가로 성소의 휘장을 여심으로써 구원의 문을 여시고, 신실한 자들이 하늘의 예루살렘 문으로 들어갈 때까지 인도하십니다.

예수님은 빌라델비아 교회에 대해서도 모든 것을 안다고 선언하십니다. "내가 네 행위를 아노니." 전지하신 주님은 교회가 어디에 있든 그 일거수일투족을 다 알고 계십니다. 좋은 행위든 나쁜 행위든, 그분의 눈에서 벗어날 수 없습니다.

이탈리아 피렌체의 산 조반니 세례당 동쪽에 설치된 청동문은 '천

「천국의 문(Porta del Paradiso)」, 로렌초 기베르티(Lorenzo Ghiberti), 청동, 산 조반니 세례당,
피렌체.

국의 문'으로 알려져 있습니다. 이 청동문은 1426년부터 1456년에 조각가 로렌초 기베르티가 만든 것으로, 미켈란젤로가 "천국의 문으로 써도 손색이 없다"고 한 뒤에 이와 같은 별칭을 얻게 되었다고 합니다. 이 문에는 구약 성경의 열 장면을 묘사한 청동판과 각각의 청동판 주위에 48개의 작은 조각이 장식되어 있다고 합니다.

빌라델비아 교회를 향한 칭찬의 말씀

■ 적은 능력을 가지고도 예수님의 말씀을 지킴

빌라델비아 교회는 신분이 낮은 사람들로 구성된 교회였습니다. 일곱 교회 중에 제일 나중에 시작된 작은 교회였습니다. 믿음 때문에 핍박을 받았고 영향력도 미미했습니다. 밖으로 내세울 것이 별로 없었습니다. 그렇지만 하나님이 알아주시는 교회였습니다. 주님은 그들의 수효나 능력보다 신실함을 보십니다. 빌라델비아 교회는 크지(big) 않았지만 위대했습니다(great). 믿음은 양이 아니라 질입니다. 하나님은 큰 것을 요구하지 않으십니다. 작은 일에 신실한 것을 보십니다. 적다고 포기하거나 열등감을 가지지 않고 충실한 것을 귀하게 보십니다.

예수님은 공생애 중에 두로와 시돈 지방으로 지나가시다가 한 가나안 여인의 간절한 요청을 받으셨습니다. 딸이 귀신 들려 고통받고 있다는 것입니다. 예수님은 그녀의 호소에 귀기울이지 않으시는 듯했습니다. 심지어 그 여인에게 "자녀의 떡을 취하여 개들에게 던짐이 마땅하지 아니하니라"라고 도발적인 언사를 하셨습니다. 하지만 그 여인은 화를 내지 않고 "주여, 옳소이다마는 개들도 제 주인의 상에서 떨어지는 부스러기를 먹나이다"(마 15:27)라고 대답했습니다. 예수님으로부터 나오는 작은 부스러기 같은 능력이라도 의지하겠다는 믿음을 보인 것입니다. 그때 예수님은 그 여인을 칭찬하셨습니다. "여자여, 네 믿음이 크도다 네 소원대로 되리라."

예수님은 과부의 두 렙돈에 대해서도 칭찬하셨습니다. 비록 세상 사람들의 눈에는 지극히 적은 헌금이지만 주님이 보시기에는 큰 예물이었던 것입니다. 그녀는 일부가 아니라 전부를 넣었습니다. 그녀는 가장 많이 헌금한 자로 인정받았습니다. "이 과부는 가난한 중에서 자기의 모든 소유 곧 생활비 전부를 넣었느니라"(막 12:44).

적더라도 전체를 거는 것이 능력입니다. 주님은 겨자씨 한 알의 믿음이라도 큰 역사를 일으키기에 충분하다고 하십니다. "만일 너희에게 믿음이 겨자씨 한 알 만큼만 있어도 이 산을 명하여 여기서 저기로 옮겨지라 하면 옮겨질 것이요 또 너희가 못할 것이 없으리라"(마 17:20).

예수님은 달란트 비유에서도 그가 얼마만큼을 가졌는지에 상관없이 충성되게 일하는 자세가 중요하다고 말씀하십니다. "잘하였도다 착하고 충성된 종아 네가 적은 일에 충성하였으매 내가 많은 것을 네게 맡기리니 네 주인의 즐거움에 참여할지어다"(마 25:23).

제가 공부했던 미국 밴더빌트 대학교의 상징은 도토리입니다. 세상의 모든 단체가 크고 위대한 상징물에 혈안이 되어 있는데, 이 대학교의 설립자는 다소 다른 관점으로 세상을 보았던 것 같습니다. 설립자인 코넬리우스 밴더빌트는 '평등 국가인 미국의 모든 계층 사이의 유대를 강화하는 데 공헌할 수 있는 대학'을 표방했습니다. 그에 걸맞는 상징이 도토리였다고 합니다. 도토리의 시작은 미약하지만 나중은 심히 창대합니다. 현재 대학 캠퍼스에는 거목이 된 도토리나무가 즐비합니다. 그래서 다람쥐도 많이 살지만 한국 유학생 부모들이 그곳에 방문하면 도토리를 주워다가 묵을 만들어 먹곤 합니다. "울창한 삼림도 도토리 한 알에서 시작되었다"는 랄프 왈도 에머슨의 말을 생각나게 합니다.

『디테일의 힘』을 지은 저자 왕중추는 21세기를 디테일의 시대라고 말합니다. 그는 21세기의 새로운 성공 방식을 '100−1＝0, 100＋1＝200'이라고 합니다. 백 가지를 잘 해도 단 하나를 실수하면 전체가 실패할 수 있습니다. 1% 정성으로 200이 될 수도 있습니다. 왕중추는 "사랑받는 사람이나 상품은 다른 사람이나 경쟁상품이 갖지 못한 1%의 차이를 갖고 있는데, 이 1%의 차이가 곧 디테일의 힘"이라고 말합니다. "작은 일에 최선을 다하고 섬세해야 큰 일도 대담하게 이룰 수 있다"고 역설합니다. 천 리 둑도 작은 개미구멍 때문에 무너집니다. 빌라델비아 교회는 적은 능력을 지니고 있었지만 최선을 다했고 사명을 온전히 감당했습니다. 특별히 그들은 주님의 말씀을 끝까지 지켜냈습니다.

■ 예수님의 이름을 배반하지 않음

종교적인 핍박과 유혹이 있을 때 주님을 부인하거나 배반하게 됩니다. 빌라델비아는 환경적으로 볼 때 포도주의 생산지로서 디오니소스 숭배가 활발했고 이웃에는 유대인 회당이 있어서 끊임없이 교회를 공격했습니다. "보라 사탄의 회당 곧 자칭 유대인이라 하나 그렇지

....
포도를 재배하고 있는 빌라델비아 농경지

아니하고 거짓말 하는 자들"(9절). 그들의 공격은 정치적, 경제적, 사회적, 종교적 영역을 망라했습니다.

하지만 빌라델비아 교인들은 예수님의 이름을 부인하지 않았습니다. 신의를 저버리는 것, 기대를 저버리는 것, 망령되이 이름을 부르는 것, 이름에 걸맞지 않은 행동을 하는 것은 배반하는 것입니다. 빌라델비아 교인들은 그렇지 않았습니다. 주님은 우리를 사랑하시고 우리를 믿어 주십니다. 그러므로 우리 역시 빌라델비아 교인들처럼 주님의 믿음에 부응해야 합니다. 우리에게 주신 하나님의 이름에 합당하게 행해야 합니다. "인내의 말씀"(10절)을 지켜야 합니다.

빌라델비아 교회를 향한 약속의 말씀

현재의 환난과 미래의 상급은 긴밀하게 연관되어 있습니다. 최후의 상을 받기 위해서는 인내하며 믿음을 지켜야 합니다. 교회가 세상의 유혹과 핍박에도 불구하고 하나님 나라를 소망하며 마지막 상급을 바라보고 나간다면 승리를 얻을 것입니다.

■ 대적하는 자들을 얻게 됨

어려운 여건에서도 굳건하게 믿음을 지킨다면 주님은 결국 원수들까지도 굴복하게 만드실 것입니다. 자신들이 참 이스라엘이라고 주장하는 유대인 공동체(사탄의 회당)가 빌라델비아 교회를 핍박하고 있지만, 그 모든 유혹과 핍박을 견디어 낸다면, 괴롭히던 대적들이 찾아와 발 앞에 절하며, "이제 나는 하나님이 당신을 사랑하는 줄을 알겠습니다"(9절 참고)라고 말하게 된다는 것입니다.

창세기에서 이삭은 한동안 블레셋 왕 아비멜렉 때문에 고난을 당했습니다. 이삭이 판 우물을 자신의 것이라고 우기는 블레셋 왕으로 인해 그 땅에서 쫓겨나야 했습니다. 하지만 이삭은 온유하게 행동했고 오직 믿음으로 아버지 아브라함이 팠던 우물을 팠습니다. 인고의 시간이 지난 뒤에 아비멜렉이 제 발로 찾아와서 화친을 제의했습니다. "여호와께서 너와 함께 계심을 우리가 분명히 보았으므로 우리의 사이 곧 우리와 너 사이에 맹세하여 너와 계약을 맺으리라"(창 26:28). 원수가 감동하여 찾아온 것입니다. 이것이 바로 진정한 승리입니다.

■ 시험의 때를 면하게 됨

빌라델비아 교회는 큰 환난을 거쳤고, 그 과정에서 자신의 신실함을 입증했습니다. 그들이 "인내의 말씀"을 지켰기 때문에 이제 주님도 그들을 지켜 시험의 때를 면하게 하실 것입니다(10절). 장차 온 세상이 최후의 심판을 받을 때 그들은 건짐을 받습니다.

누구든지 이 세상에서 시험을 당합니다. 그때 그 시련과 환난을 통해 자기를 성찰하고 정화하고 회개하면 마지막 날에는 환난을 받지 않게 된다는 뜻입니다. 예방접종과 같은 원리입니다. 미약한 바이러스나 죽은 바이러스를 주입해서 몸의 면역력을 높이면 본격적인 병원균이 들어왔을 때에도 능히 물리칠 수 있는 것입니다.

그러나 세상에서 시험이 없으면 마지막 날에 심판이 있습니다. "너희 가난한 자는 복이 있나니 하나님의 나라가 너희 것임이요 지금 주린 자는 복이 있나니 너희가 배부름을 얻을 것임이요 지금 우는 자는 복이 있나니 너희가 웃을 것임이요"(눅 6:20-21). 마지막에 커다란 역전이 있을 것입니다. 누가복음에서 예수님이 '지금' 고난받는 자가 복되다 하신 것이 바로 그 이유 때문입니다.

■ 성전의 기둥이 됨

빌라델비아는 지진이 많은 지역이었습니다. 그래서 건축할 때는 굵고 튼튼한 기둥을 세웠습니다. 기둥이 튼튼하지 않으면 지진을 견디지 못하기 때문입니다. 건물에서 핵심은 기둥입니다. 따라서 기둥은 안전함, 견고함, 요긴함이라는 의미를 지닙니다. 빌라델비아 교인들은 모두 연약한 처지에서도 신실함을 지켰기에 이제 그들로 하여금 성전의 기둥이 되게 하시겠다는 것입니다. 빌라델비아 교인들 그리고 그들의

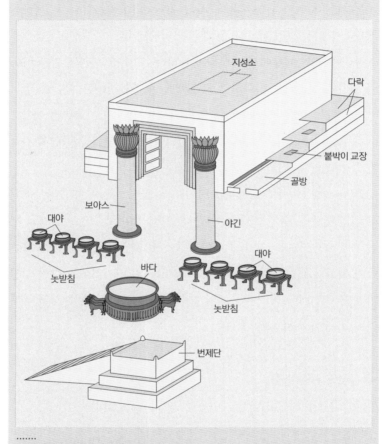

지성소

다락

붙박이 교장

골방

보아스

야긴

대야

대야

놋받침

놋받침

바다

번제단

솔로몬 성전의 두 기둥, 야긴과 보아스

영적 발자취를 따라가는 이들은 하나님의 성전에서 기둥과 같은 역할을 하게 될 것입니다. 하나님의 성전에서 안전하게 될 것이고, 견고함을 입을 것이며, 요긴한 존재가 될 것입니다.

솔로몬은 성전을 지을 때 '야긴'과 '보아스'라는 두 기둥을 세웠습니다.

> 그 두 기둥을 성전 앞에 세웠으니 왼쪽에 하나요 오른쪽에 하나라 오른쪽 것은 야긴이라 부르고 왼쪽 것은 보아스라 불렀더라(대하 3:17)

야긴은 '그가 세우리라', 보아스는 '그에게 능력이 있다'라는 의미입니다. 사실상 야긴과 보아스는 건축물을 떠받치는 기둥이 아니라 상징적인 구조물이었습니다. 그렇다면 18미터나 되는 기둥을 왜 성전 전면에 세웠을까요? 그것은 오직 하나님만 세우실 수 있다는 것을 알려 주기 위함입니다. 예배하는 자들에게 하나님의 전능하심과 위엄을 나타내는 것이었습니다. 우리의 인생, 가정, 교회 모두 하나님이 세우셔야만 능력이 있습니다.

■ 새 이름을 기록함

견고함을 나타내는 기둥에는 세 가지 이름을 새기겠다고 하십니다.

① 하나님의 이름
② 새 예루살렘의 이름
③ 나(예수)의 새 이름

세 가지 거룩한 이름을 기둥에 새기시는 것은 삼중적인 소유 곧 완전히 하나님의 보호 아래 두시겠다는 뜻입니다. 이사야에 보면, 하나님이 잊으셨다고 원망하는 이스라엘을 향해서 절대 그렇지 않다고 말씀하십니다. "내가 너를 내 손바닥에 새겼고 너의 성벽이 항상 내 앞에 있나니"(사 49:16).

예수님은 공생애 중에 귀신을 축출하는 능력보다 하나님 나라에 이름이 기록된 것을 더 기뻐하라고 하신 적이 있습니다. "그러나 귀신들이 너희에게 항복하는 것으로 기뻐하지 말고 너희 이름이 하늘에 기록된 것으로 기뻐하라 하시니라"(눅 10:20). 나의 이름이 천국의 생명책에 기록되든지, 주님의 이름이 우리 위에 기록되게 해달라고 간구해야 합니다.

빌라델비아 교회를 향한 권면의 말씀

주님은 빌라델비아 교회에 한 가지를 권면하고 계십니다.

네가 가진 것을 굳게 잡아(계 3:11)

내가 가진 것은 믿음입니다. 없는 것을 요구하시는 것이 아니라 있는 것을 말씀하십니다. 이미 힘겹게 인내하고 있는 교회에 새로운 짐을 더하는 것이 아니라 오직 잘 하고 있는 상태를 그대로 유지하기를 원하십니다. 그렇게만 된다면 그들은 면류관을 얻게 될 것입니다.

빌라델비아 교회를 본받아

서마나 교회와 함께 빌라델비아 교회는 주님으로부터 칭찬을 받았습니다. 다른 교회들은 우리에게 타산지석의 교훈을 주지만, 이 두 교회는 우리에게 정례를 제시해 줍니다. 따라서 빌라델비아 교회에 주신 약속과 말씀들을 우리의 기도 제목으로 삼았으면 합니다. 빌라델비아 교회에게 '열린 문', '다윗의 열쇠', '성전의 기둥', '면류관'을 허락하셨습니다. 이 모두는 연관되어 있습니다. 한 가지 약속의 네 국면입니다. 두 기둥 사이에 문이 있고, 문에는 열쇠가 딸려 있습니다. 영광을 받은 자들이 면류관을 쓰고 열린 문을 통해 들어갑니다. 기둥이 안전과 견고함을 의미한다면, 문은 기회, 열쇠는 권세, 면류관은 상급을 의미합니다.

우리는 주님께 '열린 문'을 달라고 기도해야 합니다. 문은 소통, 교제, 기회, 새로운 세계, 개방적이고 관용적인 성향을 의미합니다.

네 성문이 항상 열려 주야로 닫히지 아니하리니 이는 사람들이 네게로 이방 나라들의 재물을 가져오며 그들의 왕들을 포로로 이끌어 옴이라(사 60:11)

나라들은 네 빛으로, 왕들은 비치는 네 광명으로 나아오리라 네 눈을 들어 사방을 보라 무리가 다 모여 네게로 오느니라 네 아들들은 먼 곳에서 오겠고 네 딸들은 안기어 올 것이라 그때에 네게 보고 기쁜 빛을 내며 네 마음이 놀라고 또 화창하리니 이는 바다의 부가 네게로 돌아오며 이방 나라들의 재물이 네게로 옴이라(사 60:3-5)

우리는 축복의 문, 기회의 문, 광야의 문, 하늘의 문, 전도의 문, 관계의 문, 기도의 문, 소망의 문, 믿음의 문, 소명의 문, 마음의 문, 영혼의 문, 은혜의 문, 구원의 문, 교제의 문, 능력의 문, 상급의 문, 형통의 문, 건강의 문이 열리기를 소망하고 기도해야 합니다.

'기둥' 같은 사람들이 되게 해달라고 기도해야 합니다. 기둥은 모나지 않고 둥글어야 합니다. 나무가 기둥으로 쓰이려면 뿌리가 잘려야 합니다. 나의 아집과 죄와 본성이 변화되도록 기도해야 합니다. 기둥은 혼자 설 수 없습니다. 더불어 동역해야 합니다. 하나님의 능력으로 가정을 세우고, 교회를 세우고, 나라를 세우는 사람이 되게 해 달라고 간구해야 합니다. 하나님의 교회에 기둥 같은 사람, 나라에 간성 같은 사람이 되게 해달라고 기도해야 합니다.

우리는 또한 세상의 문제를 푸는 열쇠 같은 사람이 되도록 기도해야 합니다. 세상의 문제에 대한 하나님의 답변은 사람입니다. 엘리 제사장이 제역할을 못하자 하나님은 사무엘을 주셨습니다. 사울 왕이 하나님의 뜻을 제대로 수행하지 못하자 다윗에게 기름을 부으셨습니다. 죄와 사망의 권세로 모든 인류가 파멸당할 때 하나님은 독생자 예수를 보내심으로 이 문제를 해결하셨습니다. 문제를 푸는 열쇠는 바로 사람입니다. 우리 각자가 바로 그런 열쇠 같은 사람이 되게 해달라고 기도해야 합니다.

마지막으로, 우리는 면류관을 쓰게 되기를 기도해야 합니다. 주 안에서 우리가 쏟아붓는 모든 노력은 헛된 것이 아닙니다. 이 모든 일에는 상급이 있습니다.

그러므로 내 사랑하는 형제들아 견실하며 흔들리지 말고 항상 주의 일에 더욱 힘쓰는 자들이 되라 이는 너희 수고가 주 안에서 헛되지 않은 줄 앎이라(고전 15:58)

성경에는 다양한 종류의 면류관이 소개되어 있습니다. 기쁨의 면류관, 소망의 면류관, 영광의 면류관, 승리의 면류관, 의의 면류관, 생명의 면류관, 이런 모든 면류관을 받을 수 있어야 하고, 또한 이미 받았다면 놓치지 않게 해달라고 기도해야 합니다.

소아시아 일곱 교회-라오디게아 교회

----- 로마 도로

흑 해

비잔티움 •

안키라 •

고르디움 •

드로아 •

무시아

갈라디아

앗소 •

아드리뭇데노 •

마둘레네 •

버가모 ♱

두아디라 ▲

에 게 해

서머나 ▲

사데 ▲

빌라델비아 ▲

아시아

비시디아

안디옥

사모

에베소 ▲

히에라볼리 •

라오디게아 ▲

골로새 •

밀레도 •

이고니온 •

루스드라 •

더베 •

밧모

밤빌리아

고스

니도 •

버가 •

앗달리아 •

로도 •

무라

로도

바다라 •

구브로
(키프로스)

살모네 •

지중해

그레데
(크레타)

바보 •

지 중 해

36

라오디게아 교회
The Church of Laodicea

열심을 내는 교회
요한계시록 3:14-22

'백성의 통치'라는 의미를 지니고 있는 라오디게아는 주전 2000년경 이오니아인들에 의해서 디오스폴리스로 건설되었는데, 브루기아인이 점령한 뒤에는 로아스로, 헬라의 안디오쿠스 2세 이후에는 라오디게아로 불린 유서 깊은 성읍입니다. 내륙에 위치한 라오디게아는 북동쪽으로는 버가모, 서쪽으로는 에베소, 동쪽으로는 수리아로 연결되는 도상에 존재합니다. 그래서 물자와 인력의 이동이 빈번한 최고의 상업도시였습니다. 라오디게아는 인근에 있는 골로새와 히에라볼리와 더불어 서로 경쟁하고 협력하면서 함께 발전했습니다.

라오디게아에서는 모직업과 면직업이 발달했습니다. 목양과 목화 재배가 활발하여 면직물 공업이 발달하였고, 양모와 카페트의 주요 생산지였습니다. 라오디게아의 검은색 양모는 좋은 품질로 정평이 나 있었습니다. 이 양털은 염색할 필요가 없을 정도로 진하고 윤기가 흘

렀다고 합니다.

또 라오디게아는 교통의 요충지였기 때문에 상업, 금융, 무역업, 은행업이 발달했습니다. 폐단으로는 고리대금업이 성행했습니다. 라오디게아 하면 약학도 빼놓을 수 없습니다. 의과대학과 제약회사들이 있었고, 유명한 의료인을 배출하기도 했습니다. "혼합된 병은 혼합된 약을 원한다"는 제약 원칙을 세운 헤로필로스도 이곳 출신입니다. 브루기아의 안약과 고약을 생산하기도 했는데 이것들은 고대에 아주 유명한 제품이었습니다. 이런저런 이유로 라오디게아는 부유하고 유명한 성읍이었습니다. 주후 60년 대지진에 성읍이 크게 파괴되었지만 라오디게아 사람들은 로마 황제의 보조금을 거절하고 스스로의 힘으로 도시를 재건할 정도의 재력을 갖추고 있었습니다. 아무래도 중앙 정부의 지원금을 받게 되면 일종의 제약이 뒤따르기 때문이었을 것입니다.

....
파묵칼레

라오디게아 성읍의 한 가지 약점은 자체 수원(水源)이 없어 다른 곳으로부터 수로를 통해 물을 공급받아야 한다는 것입니다. 라오디게아는 파묵칼레로 유명한 히에라볼리에서 온천물을, 골로새에서 샘물을 공급받았습니다. 라오디게아에서 골로새까지는 16킬로미터, 히에라볼리까지는 9킬로미터 거리입니다. 현재 발굴이 진행 중이라 하루가 다르게 도시의 모습이 드러나고 있습니다.

라오디게아 교회는 에베소에서 바울이 사역할 당시 골로새 출신의 에바브라가 개척하였으며 눔바의 도움을 많이 받았습니다. 바울은 골로새 교회에 이렇게 인사를 하고 있습니다.

그리스도 예수의 종인 너희에게서 온 에바브라가 너희에게 문안하느니라

히에라볼리의 복원된 수로

그가 항상 너희를 위하여 애써 기도하여 너희로 하나님의 모든 뜻 가운데서 완전하고 확신 있게 서기를 구하나니 그가 너희와 라오디게아에 있는 자들과 히에라볼리에 있는 자들을 위하여 많이 수고하는 것을 내가 증언하노라 사랑을 받는 의사 누가와 또 데마가 너희에게 문안하느니라 라오디게아에 있는 형제들과 눔바와 그 여자의 집에 있는 교회에 문안하고 이 편지를 너희에게서 읽은 후에 라오디게아인의 교회에서도 읽게 하고 또 라오디게아로부터 오는 편지를 너희도 읽으라(골 4:12-16)

여기에 라오디게아와 골로새 그리고 히에라볼리의 관계가 잘 드러나 있습니다. 서신을 회람하라는 것으로 보아, 골로새서뿐 아니라 라오디게아서가 있었다고 추측할 수 있기도 합니다. 라오디게아 교회의 초대감독은 바울이 추천한 아르키푸스였습니다. 기독교 박해에 의해 순교한 사람들로는 감독 사가리스와 감독 겸 장로인 아르테몬이 있습니다.

나는 부자라

라오디게아 교회에 대해서는 어떤 특별한 죄나 이단자나 행악자나 핍박자에 대한 언급이 없습니다. 자칭 사도라 하는 자도 없었고, 니골라당도 없었고, 핍박도 심하지 않았고, 발람이나 이세벨의 교훈을 따르는 무리도 없었고, 거짓말하는 자도 없었습니다. 그런데도 사데 교회처럼 책망만 받았습니다.

라오디게아에는 은행가, 무역업자, 부자들이 많이 살았습니다. "나는 부자라 부족함이 없다"고 말하는 자들이 많았습니다. 그런데 육신의 삶은 풍요로웠으나 영적인 삶은 곤고하고, 가련하고, 눈멀고, 벌

거벗었습니다. 하나님의 평안과 기쁨, 영혼의 안식과 만족은 전혀 느끼지 못하고 하나님의 세계를 보지 못하는 영적인 맹인들이었습니다. 그들이 찾은 것은 육신의 정욕과 안목의 정욕과 이생의 자랑이었기에 영적으로는 궁핍할 수밖에 없었습니다. 하나님의 세계를 볼 수 없고, 하나님의 음성도 들을 수 없었습니다. 육적으로는 풍요로웠으나 영적으로는 가난했습니다. 그러면서도 자신의 영적인 가련함을 깨닫지 못하고 있었습니다.

라오디게아 교회는 물질적 풍요와 번영에 둘러싸인 현대 교회의 전형입니다. 20세기, 21세기의 교회의 모습입니다. 형식적 신앙과 열심 없는 교양만 갖춘 교인들입니다. 서머나 교회에는 "네 환난과 궁핍을 알거니와 실상은 네가 부요한 자니라"라고 말씀하셨는데, 라오디게아 교회는 정반대입니다. 서머나 교회는 가난한 것 같으나 부요한 교회였

406

지만, 라오디게아 교회는 부요한 것 같으나 가난한 교회였습니다.

아멘의 하나님

예수님은 자신을 "아멘이시요 충성되고 참된 증인이시요 하나님의 창조의 근본이신 이"라고 소개하십니다. 우선 예수님은 자신을 '아멘의 하나님'으로 소개하시는데, 아멘의 하나님이라는 표현은 이사야 65장 16절에 나옵니다. "이러므로 땅에서 자기를 위하여 복을 구하는 자는 진리의 하나님을 향하여 복을 구할 것이요 땅에서 맹세하는 자는 진리의 하나님으로 맹세하리니 이는 이전 환난이 잊어졌고 내 눈앞에 숨겨졌음이라."

'진리의 하나님'을 원어로 살펴보면 바로 '아멘의 하나님'입니다. 바벨론 포로 생활에서 귀환한 유대인들 중 많은 사람들이 우상 숭배에 빠졌습니다. 하나님은 그들에게 경고하시면서, 자신만이 유일한 하나님이며 선악 간에 갚는 분이심을 명시하십니다. 복을 구할 때에도 '아멘의 하나님'께, 맹세를 할 때도 '아멘의 하나님'께 하라는 것입니다. 이사야서에서는 여호와를 완전히 배반한 자들에게 경고할 때 사용된 표현(아멘의 하나님)이, 라오디게아 교회를 향해서는 미적지근한 자들에게 경고하는 뜻으로 주어집니다. 예수님은 진정으로 '아멘의 하나님'이십니다.

또한 예수님은 자신을 충성되고 진실된 증인으로 선포하십니다. 예수님은 죽기까지 성부 하나님께 복종하심으로써 자신의 충성됨을 보이셨습니다. 그런데 라오디게아 교회에는 그런 면이 전혀 없었습니다. 라오디게아 교회는 그야말로 새로운 창조가 필요한 상태입니다. "하나님의 창조의 근본이신 이"인 예수님께 헌신하여 새로워질 필요가 있

라오디게아 교회 유적

다는 말씀입니다.

라오디게아 교회를 향한 책망의 말씀

라오디게아 교회를 향해서는 칭찬 없이 곧바로 책망의 말씀이 이어집니다. 주님은 그들의 행위를 안다고 하십니다.

> 내가 네 행위를 아노니 네가 차지도 아니하고 뜨겁지도 아니하도다 네가 차든지 뜨겁든지 하기를 원하노라 네가 이같이 미지근하여 뜨겁지도 아니하고 차지도 아니하니 내 입에서 너를 토하여 버리리라(계 3:15-16)

■ 열정을 상실함

그들의 제일 큰 문제는 열정을 잃어버린 것입니다. "네가 차지도 아니하고 뜨겁지도 아니하도다"(15절). "네가 차든지 뜨겁든지 하기를 원하노라"(15절). "네가 이같이 미지근하여 뜨겁지도 아니하고 차지도 아니하니 내 입에서 너를 토하여 버리리라"(16절).

라오디게아는 히에라볼리(현재의 파묵칼레)와 골로새에서 이어진 급수관을 통해 물을 받았습니다. 히에라볼리에서는 섭씨 35-50도의 탄산 온천수를 공급받았는데, 이 물은 심장병, 소화기 장애, 신경통에 효과가 있습니다. 반면 골로새에서는 차갑고 시원한 물을 공급받았습니다. 문제는 거리가 멀다 보니 송수 과정에서 수온이 변하는 것입니다. 히에라볼리에서 출발한 온천수는 라오디게아에 도착할 무렵 미지근한 물이 되어 버리고 말았습니다. "히에라볼리의 온천수는 고원을 넘는 동안 미지근해진 온천물 상태로 라오디게아 맞은편 절벽으로 흘러내렸다"(스위트). 골로새의 찬물 역시 관 속에서 가열되어 미지근한 물이 되고 말았습니다. 온천욕을 하기에는 미지근하고 냉수로 마시기에는 역겨운 물입니다.

더구나 라오디게아에 있는 면사 공장의 폐수, 짐승 제물의 피와 오물이 물을 오염시켜 라오디게아에는 귀앓이와 눈병환자가 많았다고 합니다. 블라익록(Blaiklock)은 "이 물은 사람을 치료해 줄 만큼 뜨겁지도 않고 그렇다고 기갈을 해소시켜 줄 만큼 차갑지도 않다. 게다가 물에는 이물질이 많아서 이 물을 마시면 구역질이 나고 이따금 구토까지 일으킬 정도"라고 논평했습니다.

박쥐는 주로 동굴 속에 살며 밤에만 움직이는 야행성 동물인데, 비록 눈은 멀었지만 초음파를 사용하여 공간을 지각하고 먹이를 잡습니다. OX 퀴즈 같은 데에서 박쥐가 포유류인지 조류인지 묻는 문제

....
남쪽에서 생수를 공급받았던 라오디게아의 수로 단면

가 흔히 출제됩니다. 정답은 포유류입니다. 박쥐는 분명 새끼를 낳고 젖을 먹여 키우는 포유류이지만, 날개로 날아다니는 조류의 속성도 지니고 있습니다. 이솝 우화에 박쥐에 대한 이야기가 있습니다. 새와 짐승 사이에 전쟁이 일어났는데 박쥐는 눈치를 보기 시작했습니다. 새가 이기는 것처럼 보이니까 박쥐는 날개를 활짝 펴 보이며 "나는 새입니다" 했다가 짐승들이 이기는 것 같으면 날개를 감추고 "나는 쥐입니다" 했습니다. 나중에 이 사실이 들통나자 박쥐는 새들에게도 미움을 받고 짐승들에게도 따돌림을 받아, 동굴에 숨어 지내게 되었다고 합니다. 이 편이든 저 편이든 확실하게 정해야 합니다. 미적지근해서는 안 됩니다.

모든 것이 본질에 충실할 때 가장 아름답습니다. 차가워야 할 것은 차갑고, 뜨거워야 할 것은 뜨거워야 합니다. 사람은 마땅히 "머리는 차갑게, 가슴은 뜨겁게!" 살아야 합니다. 그런데 라오디게아의 물 사정은 그렇지 않습니다. 이것도 저것도 아닙니다. 그런 그들을 향해서 주님은 "내 입에서 너를 토하여 버리리라"고 하십니다. 많은 사람들이 이 곳에서 물을 토한 경험이 있었을 것입니다.

'미지근하다'는 '쓸모없음'과 동의어일 것입니다. 미지근한 커피, 김 빠진 콜라의 맛이 어떻습니까? 이와 같이 기쁨, 뜨거움, 감격, 감사, 감동, 아픔, 열심, 사랑, 역사가 없는 미지근한 교회는 쓸모없는 교회입니다. 교회에서는 성령의 뜨거운 역사가 일어나야 합니다. 신자의 미지근한 태도에 대한 치유는 '가슴이 뜨거워지는 것'입니다. 엠마오로 내려가던 제자가 예수님의 말씀을 듣고 체험한 뜨거움을 우리도 경험해야 합니다. 이른바 영적 비등점(沸騰點)에 도달해야 합니다.

부지런하여 게으르지 말고 열심을 품고 주를 섬기라(롬 12:11)

내가 나의 안수함으로 네 속에 있는 하나님의 은사를 다시 불 일 듯하게 하기 위하여 너로 생각하게 하노니(딤후 1:6)

■ 자기성찰의 능력을 상실함

라오디게아 교회의 두 번째 문제는 자기성찰 능력을 잃어버린 것입니다. 그들은 거짓된 자기만족에 빠져 있습니다.

나는 부자라 부요하여 부족한 것이 없다(17절)

이것은 자기무지요, 자기기만입니다. 왜 부족한 것이 없습니까? 자신을 잘 돌아보면 주님 앞에서 부족한 것뿐입니다. 기도가 부족하고, 사랑이 부족하고, 말씀이 부족하고, 은혜가 부족하고, 섬김이 부족하고, 헌신이 부족하고, 영력이 부족하고, 감사가 부족합니다. 그래서 항상 가난한 마음으로 주님 앞에 나올 수밖에 없습니다. 그러나 물질적으로 부요하게 되면 사람들은 모든 것이 다 채워졌다는 착각을 하나 봅니다.

스스로 지혜롭다고 생각한 (어리석은) 부자가 했던 말이 떠오릅니다. "내가 내 영혼에게 이르되 영혼아 여러 해 쓸 물건을 많이 쌓아 두었으니 평안히 쉬고 먹고 마시고 즐거워하자"(눅 12:19). 그는 물질을 쌓아 놓고 '영혼'을 부르고 있습니다. 물질이 영혼을 채워 줄 것처럼 착각을 하고 있습니다. 영혼의 허기를 느끼고 있었기 때문에 영혼을 달래려고 그렇게 말했는지도 모릅니다. 그러나 물질적으로 풍부하다는 것이 영적인 부요를 의미하지는 않습니다. 예수님은 어리석은 부자에게 무엇이라 말씀하셨습니까?

어리석은 자여 오늘 밤에 네 영혼을 도로 찾으리니 그러면 네 준비한 것이 누구의 것이 되겠느냐? 자기를 위하여 재물을 쌓아 두고 하나님께 대하여 부요하지 못한 자가 이와 같으니라(눅 12:20, 21)

세상에서는 부자라도 하나님 앞에 가련한 자가 많습니다. 라오디게아에는 많은 은행과 고리대금업자들이 있었습니다. 교인 중에도 고리대금업자가 있었을 것입니다. 여러 가지 사업을 하면서 많은 돈을 벌어들인 사업가도 있었을 것입니다. 그러나 아무리 그렇다 하더라도

물질적인 풍요에 빠져서 자신의 진면목을 보지 못하는 우를 범해서
는 안 됩니다.

거짓된 자기만족

거짓된 자기만족을 거절하십시오. 거짓된 자기만족은 올바르지 못한
자기 인식에 뿌리를 두고 있습니다.

> 네 곤고한 것과 가련한 것과 가난한 것과 눈 먼 것과 벌거벗은 것을 알지
> 못하는도다(17절)

외적으로 라오디게아 교회는 극심한 핍박이 없는 평온한 교회였습
니다. 질 좋은 양모로 큰 수입을 올림으로써 경제적으로 윤택한 삶을
영위했습니다. 그러나 외적인 상황이 좋다고 해서 영적으로 더 성숙
하거나 온전해지는 것은 아닙니다. 하나님 안, 진리 안에서 나를 찾아
야지 세상에서 나를 찾으려고 해서는 안 됩니다. 그들은 성령 안에서
사는 대신 사치스러운 세상적인 것으로 살았습니다. 현대 교회도 성
령의 역사가 사라진 공간을 건물과 많은 프로그램과 시스템으로 대
체하려고 합니다.

그들을 향한 하나님의 평가는 그들 자신의 평가와 너무도 다릅니
다. 하나님을 바라보는 핍절함이나 심령의 가난함이 없습니다. 영적인
갈급함이 없습니다. 구약의 시인은 "하나님이여, 사슴이 시냇물을 찾
기에 갈급함같이 내 영혼이 주를 찾기에 갈급하니이다"라고 노래했
는데 이런 갈급함이 전혀 없습니다. 예수님도 팔복을 통해 "심령이 가
난한 자는 복이 있나니"라고 말씀하심으로써 참된 복의 기준을 제시

하셨습니다.

그들은 영적으로 곤고했고 가련했고 가난했고 눈이 멀었고 벌거벗은 상태였습니다. 그것을 주님도 아시고 남도 아는데 자신만 모르고 있습니다. 영적으로 무감각했고, 영적 분별력을 잃어버렸습니다. 영적으로 헐벗고, 굶주리고, 보지 못하고, 듣지 못하는 장애를 가지고 있었습니다. 이런 때 "네 자신을 알라"라는 소크라테스의 금언이 적용되어야 합니다.

라오디게아 교회를 향한 권면의 말씀
주님은 라오디게아 교회에 세 가지 처방을 내리십니다.

■ 불로 연단한 금을 사라
영적 가난을 극복하려면 순도 높은 금이 필요합니다. 여기서 금이란 말씀에 순종하는 참된 믿음, 불순물이 섞이지 않은 연단한 정금 같은 믿음입니다. 그리스도가 영적 부요의 근원입니다. 그래서 "내(예수님)게" 사라고 하신 것입니다. 금보다 귀한 믿음을 가지십시오. 믿음의 부자가 진짜 부자입니다.

■ 흰 옷을 사서 입으라
자신의 의로는 죄를 가릴 수가 없습니다. 하나님이 찾으시는 절대적인 의라는 측면에서 보자면, 인류 모두가 벌거벗고 있는 상황입니다. 그 수치를 가리기 위해서는 예수님의 의가 필요합니다. 예수님을 믿음으로 말미암아 주어지는 의의 흰 옷을 입어야 합니다. 그래야 우리의 죄가 가리워지게 됩니다. 그리스도의 보혈로 구속을 받은 세마포를 입어 수치를 가리십시오.

■ 안약을 사서 눈에 발라 보게 하라

라오디게아는 의학이 발달한 곳이었습니다. 의과대학과 제약회사가 있었을 뿐만 아니라 라오디게아의 고약과 안약은 귀앓이와 눈병에 특효약으로 널리 알려졌습니다. 그런데 육신의 눈병도 치료해야 하지만, 영적인 눈병도 치유해야 합니다. 영안이 열려야 합니다. 자신을 바로 보고, 주님을 바로 보는 눈이 열려야 합니다. 영적인 맹인이 정말 맹인입니다.

요한복음 9장에는 날 때부터 맹인된 자가 나오는데 예수님이 그를 고쳐 주시니 예수님을 알고 믿었습니다. '세상의 빛'으로 예수님을 받아들인 것입니다. 하지만 바리새인들은 예수님의 치유 행위가 안식일에 행해졌다고 해서 예수님과 그분의 능력을 거부하고, 의심의 눈초리를 보낼 뿐이었습니다. 자신이 가지고 있는 종교적 형식에 합치되지 않는다고 해서 구원과 생명의 길을 거부한 것입니다. 참된 빛을 거부한 것입니다. 이들이야말로 진정 맹인이었습니다.

금과 의복과 안약을 사라고 하셨는데, 어떻게 구해야 할까요? 세상에서 가지고 있는 것으로 하늘 나라의 것을 사라는 것입니다. 하나님이 주신 시간, 물질, 재능을 영원한 하나님 나라에서 필요한 것으로 바꾸어야 합니다. 세상의 것을 하나님 나라를 위해 쓰고 하나님의 뜻을 위하여 사용함으로써 하늘 나라의 것을 살 수 있습니다. 없어질 유한한 것으로 영원한 것을 사야 합니다. 이보다 값진 투자는 없습니다.

오호라 너희 모든 목마른 자들아 물로 나아오라 돈 없는 자도 오라 너희
는 와서 사 먹되 돈 없이, 값없이 와서 포도주와 젖을 사라 너희가 어찌하
여 양식이 아닌 것을 위하여 은을 달아 주며 배부르게 하지 못할 것을 위
하여 수고하느냐 내게 듣고 들을지어다 그리하면 너희가 좋은 것을 먹을
것이며 너희 자신들이 기름진 것으로 즐거움을 얻으리라(사 55:1-2)

주님은 라오디게아 교회를 사랑하시기 때문에 책망하시고 징계하
십니다. 그래서 위의 세 가지를 획득할 수 있는 방법을 구체적으로 권
면하십니다.

■ 열심을 내라

하나님을 향한 열심을 내라는 것입니다. 하나님을 향한 열정의 온도
를 높이라는 말씀입니다. 하나님을 향해 뜨거워져야 합니다. 돈, 향
락, 명예, 학벌, 권력 같은 것들을 향한 사람들의 열심이 얼마나 대단
합니까? 강원랜드 게임장에서는 20시간 이상 서서 베팅하는 사람들
도 있다고 합니다. 정말 대단한 열심입니다. 하지만 대개의 경우 하나
님에 대한 열심은 부족합니다.

영어 단어 '질투'(zealous)는 헬라어 '열심'에서 비롯되었습니다. 하나
님은 질투하시는 하나님이라고 했는데, 이는 우리를 향하신 열심 때
문입니다. 열광주의(enthusiasm)라는 단어도 '하나님 안에' 있다는 뜻입
니다. 우리도 시기하기까지 하나님을 사모해야 합니다. 열심, 열정, 열
기, 정열, 열의, 전심이 필요합니다.

바울도 "열심을 품고 주를 섬기라"(롬 12:11)고 권면했습니다. 예수님
의 십자가 고난(passion)은 우리를 죽을 만큼 사랑하신 열정입니다. 열

정의 크기가 사람의 크기입니다. 한 달란트 받았던 사람의 문제는 열정의 부재였습니다. 우리는 하나님을 향해 열정(passion)을 품고, 사람들을 향해 긍휼(compassion)을 품어야 합니다. 우리의 열정이 하나님을 향해 타올라야 합니다.

> 너는 나를 도장같이 마음에 품고 도장같이 팔에 두라 사랑은 죽음같이 강하고 질투는 스올같이 잔인하며 불길같이 일어나니 그 기세가 여호와의 불과 같으니라(아 8:6)

■ 회개하라

회개(metanoia)란 인생의 방향을 전환하는 것, 인생 항해의 키를 돌리는 것입니다. 그 핵심은 '생각과 인식과 태도(헬, noia)를 일변하는 것(헬, meta-)'입니다. 자신이 가고 있는 길이 죽음의 길임을 깨닫는 순간 주님이 기뻐하시는 길로 돌이키는 것입니다. 사울 왕이 변질되자, 하나님은 사무엘 선지자를 보내셨습니다. 하지만 사울 왕은 회개하지 않고 오히려 사무엘 선지자에게 백성 앞에 체면을 세우게 해달라고 부탁했습니다. 다윗도 변질이 되어 밧세바와 간음하고 그 남편을 죽이는 천인공노할 만한 범죄를 저질렀습니다. 그러나 나단 선지자가 비유를 통해 그를 통렬하게 책망했을 때 돌이켰습니다. 시편 51편은 다윗이 얼마나 통렬하게 회개하고 돌이켰는지를 보여 줍니다. "하나님께서 구하시는 제사는 상한 심령이라 하나님이여 상하고 통회하는 마음을 주께서 멸시하지 아니하시리이다"(시 51:17). 회개에서 사울과 다윗이 달랐습니다. 우리는 지금까지의 삶의 방식을 내려놓아야 합니다. 과감히 떨쳐내야 합니다.

■ 문을 열라

윌리엄 홀맨 헌트(William Holman Hunt, 1827-1910)가 그린「세상의 빛」에서는, 면류관을 쓰신 부활의 주님이 등불을 들고 문을 두드리십니다. 그런데 그 문에는 손잡이가 없습니다. 안에서만 열 수 있는 문입니다. 오랫동안 사용하지 않았는지 문 밖에는 가시덤불이 무성하고 정원은 방치되어 있습니다.

예수님은 새로운 관계, 새로운 세계로 초청하십니다. 지금도 예수님은 계속해서 오른손으로 문을 두드리십니다. 예수님은 등불을 들고 오십니다. 집 안에서는 빛이 한 줄기도 새어 나오지 않습니다. 빛이 없습니다. 문을 열 때 집 안은 환해지고 모든 사물이 제 모습을 드러낼 것입니다.

> 볼지어다 내가 문 밖에 서서 두드리노니 누구든지 내 음성을 듣고 문을 열면 내가 그에게로 들어가 그와 더불어 먹고 그는 나와 더불어 먹으리라 (계 3:20)

이 유명한 구절은 주님과의 교제를 상실한 교회를 향해 다시 주님과의 친밀한 관계 속으로 들어오라는 초청장입니다. 불신자를 초청할 때 많이 인용하는 말씀이지만 사실은 자기만족에 빠진 신자와 교회를 다시 초청하는 말씀입니다. 예수님을 문 밖에 세워두고 신앙생활하는 사람에게 주신 말씀입니다. 꼭 불신자만 그런 것이 아닙니다. 이 말씀이 주는 충격은, 그들이 거짓된 자기만족에 빠져 자기들끼리 노닥거리는 동안 주님은 그들의 교회 문 밖으로 밀려나 계시다는 것입니다. 그런데도 알지 못하고, 주님이 문을 두드리시는데도 듣지 못

「세상의 빛(The Light of the World)」, 1904, 윌리엄 홀맨 헌트(Willam Holman Hunt), 캔버스에 유화, 233×128cm, 성바울 성공회 대성당, 런던.

하고 있습니다. 이제라도 문을 활짝 열어야 합니다. 마음의 문을 열고 집과 교회의 주인으로 주님을 모셔야 합니다. 그리스도와 함께 먹고 마시는 것이 중요합니다. 그래야 교회이고 천국입니다. 다시 한 번 그리스도를 뜨겁게 모셔야 합니다.

라오디게아 교회를 향한 약속의 말씀

칭찬 한 마디 없이 책망만 들은 교회이지만 주님은 그들에게도 약속의 말씀을 주십니다. 마음의 문을 활짝 여는 자들에게는 예수님이 그들에게 들어가 더불어 먹겠다는 것입니다. 대통령과의 한 끼 식사를 대단하게 여기고, 금융 자산가 워렌 버핏과의 저녁식사 자리가 고가에 거래되는데, 온 우주의 창조주 하나님과의 식사는 정말 영광의 자리가 될 것입니다. 그것은 구원과 영생의 자리입니다. 그리고 예수님은 '이기는 자'에게 보좌에 함께 앉게 해주겠다고 하십니다. 왕의 자리에 함께 앉는 것은 엄청난 영광의 상급입니다. 성경 에스더에 나오는 모르드개가 세상에서 그런 상을 맛보았습니다. 보좌는 승리와 영광과 권세의 상징입니다.

세상이 새롭게 되어 인자가 자기 영광의 보좌에 앉을 때에 나를 따르는 너희도 열두 보좌에 앉아 이스라엘 열두 지파를 심판하리라(마 19:28)

귀 있는 자는 성령이 교회들에게 하시는 말씀을 들을지어다(계 3:22)

예수님의 뜻을 성령이 교회에 말씀하셨습니다. 성령은 우리에게 임하셔서 천국에까지 우리를 인도하십니다. 성령 때문에 모든 말씀이 현재 우리와 교회에 주시는 말씀으로 들려집니다. 성령은 하나님의 모든 말씀과 역사를 현재화시켜 주십니다. 그러므로 성령을 거역해서는 안 됩니다. 성령은 하나님 나라에 대한 보증(선수금)입니다. 성령 안에 하나님 나라가 있습니다. 성령은 결국 우리를 하나님 나라까지 데리고 가실 것입니다. 성령은 근심하시고, 탄식하시고, 죄를 깨닫게 하시면서, 우리에게 회개하라고 하십니다. 성령은 위로하시고, 중보하시고, 진리를 가르치시며 진리 가운데로 인도하십니다. 이런 성령의 음성을 듣는 신령한 귀가 열려야 합니다.

성령이 불타는 교회가 되어야 합니다. 열정을 잃어버린 라오디게아 교회는 열심을 내는 교회가 되라는 반면교사가 되는 교회입니다.

일곱 교회를 살핀 후에

지금까지 요한이 예수님의 명령을 받아 서신을 보낸 소아시아 일곱 교회를 살펴보았습니다. 일곱 교회는 예수님이 바라시는 교회의 상, 성도의 상을 반영하고 있습니다. 이 땅에서 완전한 교회는 없지만 칭찬과 책망과 권면의 말씀을 들어가면서 점점 주님의 신부다운 교회로 만들어져야 할 것입니다. 점과 흠 없이, 부끄러움 없이 서야 할 것입니다.

① 에베소 교회는 처음 사랑, 처음 행위를 일깨웁니다.
② 서머나 교회는 핍박 가운데도 충성하도록 격려해 줍니다.
③ 버가모 교회는 정치적, 종교적으로 타협하지 말라고 합니다.
④ 두아디라 교회는 죄의 유혹에 넘어가지 말라고 합니다.
⑤ 사데 교회는 살아 있는 믿음, 믿음의 순결을 지키라고 합니다.
⑥ 빌라델비아 교회는 열린 문과 기둥 그리고 열쇠와 면류관을 약

속받았습니다.

⑦ 라오디게아 교회는 자기기만에 빠지지 말고 물질의 풍요보다는 영혼의 풍요를 위해 열심을 내라고 합니다.

모든 교회에게 예수님을 향한 사랑, 고난을 받으려는 각오, 진리, 성결, 순결, 열정을 품으라고 말합니다. 지금 우리와 교회에게도 칭찬과 책망과 권면과 약속이 필요합니다.

교회의 본질

구원사에 비추어 볼 때, 교회는 구약에서 출애굽과 가나안 사이에 놓여 있는 광야에 해당하는 단계입니다. 우리는 성금요일과 부활주일 사이에 있습니다.

교회는 광야에 위치합니다. 따라서 교회에 대한 구약의 병행을 찾으려면 고정된 성전보다는 이동식 성막에 합당합니다. 교회는 광야에 있기 때문에 애굽도 아니고 가나안도 아닙니다. 애굽의 종살이에서 벗어났지만 젖과 꿀이 흐르는 가나안 복지도 아직 아닙니다. 광야에 있기 때문에 유혹과 위험도 많습니다. 바로의 군대는 이스라엘을 추격하여 다시 노예 삼고자 하고, 때때로 애굽으로 회귀하려는 유혹들이 있습니다. 그러나 죄와 다툼과 원망이 있더라도 뒤로 물러서서는 안 됩니다. 앞으로 나가야 합니다. 광야의 힘겨운 삶에서 서로 의심하고 원망하고 불평을 늘어놓고 싸우기도 합니다. 그러나 구름 기둥과 불 기둥이 광야 백성을 인도했듯이, 성령이 교회를 인도하고 계십니다. 그 과정에서 점점 가나안에 가까워지고 있습니다. 이것이 바로 교회의 본질입니다.

교회는 종종 방주에 비유되고 그래서 방주 모양으로 교회를 만들기도 하지만 방주는 밀폐된 부유물입니다. 교회는 방향없이 떠다니는 부유물이나 유람선이 아니라 구조선, 더 나아가 군함이어야합니다. 여기 일곱 교회 모두에 '이기는 자'라는 말씀이 언급되어 있는데, 교회의 전투하는 이미지와 맞물려 있습니다. 죄악된 세상에서 성도와 교회는 부단히 선한 싸움을 싸워 사람을 살리고 세상을 구하는 사역을 계속해야 합니다.

예수님께 많은 기대를 받고 있지만 현실적으로 볼 때 교회는 여전히 문제투성이의 모습으로 세상에 서 있습니다. 주님이 우리를 포기하지 않으시는 것처럼 우리도 주님 앞에 다시 돌이키기를 포기하지 말아야 합니다. 교회는 우리가 조직하는 것이 아니고, 하나님이 주시는 것이며, 우리가 함께 있고 싶은 사람들이 아니라 하나님이 우리에게 함께하라고 주신 사람들입니다.

사도 요한은 교회들에 대해 불평하지도 찬미하지도 않습니다. 있는 그대로 수용합니다. 일곱 교회가 가르쳐 주는 것은, 교회는 모든 것이 완전하게 구비되어 사람들을 맞이하는 완전한 것이 아니라는 사실입니다. 교회도 생물입니다. 변화의 과정을 계속해 나가야 합니다. 예수님이 의인이 아니라 죄인을 불러 회개하게 하는 일을 계속하시는 한 교회는 진통을 거듭할 것입니다.

사도 요한이 본 환상에서는 교회가 촛대였습니다. 교회 자체가 빛이 아니라는 것입니다. 교회는 특별히 광채를 발하는 곳도 아니고 그렇다고 부끄러운 곳도 아닙니다. 우리가 교회가 우리의 기대에 미치지 못할 때 대해 분노를 느끼고 실망합니다. 우리는 사랑과 은혜가 넘치는 성숙한 신자들이 모인 공동체를 기대합니다. 하지만 실상은 냄새 나는 인간들의 모임입니다. 그러나 교회는 성령의 강림으로 창조된 공동체이며, 불완전하지만 주님의 몸을 이루어 가고 있습니다. 마음에 안 드는 부분도, 장애를 가진 부분도, 병든 부분도 있습니다. 그러나 몸을 버리면 더 이상 인간이 아닙니다. 따라서 우리는 교회를 이상적인 모습으로 들어 올려서는 안 됩니다. 한탄하는 소리도 자제해야 합니다. 교회에 대한 칭찬도 있고 책망도 있습니다. 우리 자신의 모습과 매한가지입니다.

교회, 세상의 소망

현실 교회가 우리 눈에 흠이 많고 문제가 많아 보여도, 심지어 사회로부터 손가락질을 당한다고 해도, 교회야말로 세상에 대한 하나님의 마지막 대안입니다. 그래서 우리는 교회를 비판하고 떠날 것이 아니라 더욱 적극적으로 참여해야 합니다. 하나님은 우리가 믿을 (Believing) 뿐 아니라 소속(Belonging)하도록 하셨습니다. 교회에 소속되게 하심으로 수직적으로는 하나님과 사귐이 있게 하시고, 수평적으로는 성도들과 사귐이 있게 하셨습니다. 교회는 아브라함을 선택하시고 이스라엘 민족을 선택하셔서 인류 구원사를 시작하신 하나님의 마지막 계획이기 때문입니다.

목회는 궁극적으로 교회를 통해 하나님이 하시는 것입니다. 따라서 우리는 교회 안에서 서로 지체된 형제자매를 향해 사랑과 이해와 배려의 마음을 품고, 소망의 항구에 도달할 때까지 구조선인 교회에 머물러야 합니다.

요한계시록 4장에서는 지상 교회에서 하늘의 열린 문을 통하여 천상 교회로 이동합니다. 거기에서 완성되고 완전해진 예배의 모습을 보게 됩니다. 요한계시록 2, 3장의 일곱 교회는 그곳으로 나가는 중간 과정이었습니다.

"내가 교회입니다. 당신이 교회입니다. 예, 우리 모두가 교회입니다." 이런 의식을 가지고 서로 돌아보면서 천국을 향한 순례길로 나아가야 합니다.

『지명을 읽으면 성경이 보인다』(구약 전3권) 차례

1권

1 **에덴** Eden | 네가 어디 있느냐?

2 **아라랏 산** Mt. Ararat | 내 무지개를 구름 속에 두었나니

3 **시날 평지** Plain in Shinar | 바벨과 오순절 사이

4 **갈대아 우르** Ur of Chaldeans | 말씀을 따라 갔고

5 **술 길 샘** Spring beside the road to Shur | 살피시는 하나님

6 **모리아 산** Mt. Moriah | 하나님이 친히 준비하시리라

7 **브엘세바** Beersheba | 옛 우물들을 다시 파며

8 **벧엘 I** Bethel | 여호와께서 과연 여기 계시거늘

9 **얍복 나루** Ford of the Jabbok | 하나님과 겨루어 이김

10 **벧엘 II** Bethel | 야곱의 신앙부흥운동

11 **고센** Goshen | 하나님이 나를 먼저 보내셨나니

12 **호렙 산** Mt. Horeb | 내가 여기 있나이다

13 **광야** Desert | 하나님과 함께 춤을

14 **홍해** Red Sea | 너희를 위하여 행하시는 구원을 보라

15 **술 광야와 신 광야** Desert of Shur & Sin | 하나님을 보고 먹고 마시는 생활

16 **시내 산** Mt. Sinai | 율법과 성막

17 **바란 광야 가데스** Kadesh in the Desert of Paran | 곧 올라가서 그 땅을 취하자

18 **느보 산** Mt. Nebo | 여호와께서 대면하여 아시던 자

2권

19 **요단** Jordan | 후일에 너희 자손이 묻거든

20 **여리고** Jericho | 여호와께서 이 성을 주셨느니라

21 **아이** Ai | 내일을 위하여 스스로 거룩하라

22 **세겜** Shechem | 오직 나와 내 집은 여호와만 섬기겠노라

23 **다볼 산** Mt. Tabor | 깰지어다, 깰지어다, 일어날지어다

24 **오브라** Ophrah | 큰 용사여, 일어나라

25 **그리심 산** Mt. Gerizim | 여호와께서 너희를 다스리시리라

26 **길르앗** Gilead | 입다의 서원

27 **소라** Zorah | 하나님께 바쳐진 나실인

28 **소렉 골짜기** Valley of Sorek | 여호와께서 떠나신 줄을 깨닫지 못하더라

29 **베들레헴** Bethlehem | 기업을 무를 자

30 **실로** Shiloh | 하나님이 들으셨다

31 **미스바** Mizpah | 여호와만 섬겨라

32 **길갈** Gilgal | 순종이 제사보다 낫고

33 **엘라 골짜기** Valley of Elah | 나 여호와는 중심을 보느니라

34 **아둘람** Adulam | 실패라는 이름의 굴

35 **마온 광야** Desert of Maon | 지혜로운 여인

36 **길보아 산** Mt. Gilboa | 요나단 되기

3권

37 **여부스 성** The Fortress of Jebus | 다윗의 승승장구

38 **다윗 성** The City of David | 하나님의 마음에 합한 자

39 **예루살렘 왕궁 Ⅰ** The Palace of Jerusalem | 다윗 스캔들

40 **헤브론** Hebron | 압살롬이 왕이 되다

41 **예루살렘** Jerusalem | 다윗의 유훈

42 **기브온** Gibeon | 솔로몬의 기도

43 **예루살렘 왕궁 Ⅱ** The Palace of Jerusalem | 솔로몬이 마음을 돌려

44 **그릿 시내와 사르밧** The Kerith Ravine and Zarephath | 부족한 가운데 있는 축복

45 **갈멜 산** Mt. Carmel | 여호와를 향한 열심

46 **브엘세바와 호렙 산** Beersheba and Mt. Horeb | 하나님의 세미한 음성

47 **요단 언덕** The Bank of the Jordan | 갑절의 영감이 임하기를

48 **요단 강** Jordan River | 큰일을 행하라 하였더라면

49 **사마리아 성문** The Gate of Samaria | 오늘은 아름다운 소식이 있는 날

50 **스바다 골짜기** The Valley of Zephathah | 여호와를 찾으라

51 **드고아 들** The Desert of Tekoa | 오직 주만 바라보나이다

52 **아하와 강가** The Ahava Canal | 하나님의 선하신 손의 도움

53 **수산** Susa | 거룩한 슬픔

54 **수산 왕궁** The Palace of Susa | 이때를 위함이라

『지명을 읽으면 성경이 보인다』(신약 전2권) 차례

4권

1 **베들레헴** Bethlehem │ 작은 곳에서 가장 위대한 일이

2 **요단 강** The Jordan River │ 하늘이 열리고

3 **시험산** Mt. Temptation │ 기록되었으되

4 **나사렛** Nazareth │ 은혜의 해를 전파하라

5 **가나** Cana │ 항아리에 물을 채우라

6 **게네사렛 호수** Lakeside of Gennesaret │ 네가 사람을 취하리라

7 **사마리아** Samaria │ 물을 좀 달라

8 **축복산** Mt. Beatitudes │ 너희는 먼저 그의 나라와 그의 의를 구하라

9 **가버나움** Capernaum │ 이만한 믿음을 만나 보지 못하였다

10 **나인 성** Nain │ 청년아 일어나라

11 **벳새다 들판** Plain of Bethsaida │ 너희가 먹을 것을 주라

12 **다볼 산** Mt. Tabor │ 너희는 그의 말을 들으라

13 **베다니** Bethany │ 네가 많은 일로 염려하고 근심하나

14 **베데스다** Bethesda │ 네가 낫고자 하느냐?

15 **빌립보 가이사랴** Caesarea Philippi │ 주, 그리스도, 하나님의 아들

16 **예루살렘** Jerusalem │ 호산나 찬송하리로다

17 **비아 돌로로사** Via Dolorosa │ 슬픔의 길, 승리의 길

18 **엠마오** Emmaus │ 마음이 뜨겁지 아니하더냐?

5권

19 **예루살렘** Jerusalem | 오순절의 사람

20 **다메섹** Damascus | 나의 택한 그릇

21 **욥바와 가이사랴** Joppa and Caesarea | 더 넓은 비전

22 **안디옥** Antioch | 복음의 전진기지

23 **루스드라** Lystra | 우리도 여러분과 같은 사람이라

24 **빌립보** Philippi | 어떻게 하여야 구원을 받으리이까?

25 **아덴** Athens | 알지 못하는 신에게

26 **고린도** Corinth | 하나님의 말씀에 붙잡혀

27 **에베소** Ephesus | 너희가 믿을 때에 성령을 받았느냐

28 **로마** Rome | 예수님을 위한 죄수 바울

29 **밧모** Patmos | 성령에 감동되어

30 **에베소 교회** The Church of Ephesus | 처음 행위를 가지라

31 **서머나 교회** The Church of Smyrna | 네가 죽도록 충성하라

32 **버가모 교회** The Church of Pergamum | 진리를 수호하는 교회

33 **두아디라 교회** The Church of Thyatira | 나날이 좋아지는 교회

34 **사데 교회** The Church of Sardis | 살아 있는 교회

35 **빌라델비아 교회** The Church of Philadelphia | 열린 교회

36 **라오디게아 교회** The Church of Laodicea | 열심을 내는 교회